新世纪普通高校医学专业系列教材

生物化学与分子生物学实验教程

主　编：张维娟　王玉兰
副主编：谷敬丽
编　者：张维娟　王玉兰
　　　　谷敬丽　葛振英
　　　　房　娜

河南大学出版社
·郑州·

图书在版编目(CIP)数据

生物化学与分子生物学实验教程/张维娟,王玉兰主编.—郑州:河南大学出版社,2014.1(2019.1 重印)

ISBN 978-7-5649-1456-1

Ⅰ.①生… Ⅱ.①张…②王… Ⅲ.①生物化学-实验-医学院校-教材 ②分子生物学-实验-医学院校-教材 Ⅳ.①Q5-33 ②Q7-33

中国版本图书馆 CIP 数据核字(2014)第 020227 号

责任编辑 李亚涛
责任校对 付会娟
封面设计 王四朋

出版发行	河南大学出版社
	地址:郑州市郑东新区商务外环中华大厦 2401 号 邮编:450046
	电话:0371-86059712(高等教育出版分社)
	0371-86059713(营销部) 网址:www.hupress.com
排 版	郑州市今日文教印制有限公司
印 刷	河南育翼鑫印务有限公司
版 次	2014 年 2 月第 1 版 印 次 2019 年 1 月第 2 次印刷
开 本	787mm×1092mm 1/16 印 张 13
字 数	285 千字 定 价 26.00 元

(本书如有印装质量问题,请与河南大学出版社营销部联系调换)

前　言

生物化学与分子生物学是从分子水平了解生命现象、揭示生命奥秘的重要课程，也是医学院校各专业学生必修的主干课程。20世纪50年代，以生物大分子为主要研究对象的新兴学科——分子生物学出现，它的建立和迅猛发展，带动了整个生命学科的发展，成为21世纪科技发展的领头学科。目前，生物化学与分子生物学已形成完整的理论体系，先进的实验技术和实验方法，不但有力的推动了本学科理论不断进步，也为生物医学相关学科的发展提供了研究工具。

生物化学与分子生物学是一门实验学科，实验教学是整个教学体系的重要组成部分。掌握生物化学与分子生物学实验的基本技术、实验设计和实验方法，不仅能够培养学生科学严谨的工作态度和思维方式，而且通过实验过程和实验结果，学生能更加直观的观察分子水平的生命现象，提高学生对相关理论的认识水平和分析解决问题的能力。这些实验课程的完成也为学生将来从事科研工作奠定了基础。

本教材适合医、药、护、临床心理学等各专业学生使用，兼顾基本生物化学技术的训练和生物化学与分子生物学实验的设计和操作。在编排上力求新意，以实验技术为线索进行编排，每一节介绍一项技术，并配有相应的实验项目及图解，使学生在系统了解有关技术的同时，通过动手实验强化相应的知识和能力。教材共分四编：第一编是生物化学基本技能及操作，包括生物化学四项基本技术的原理、应用及使用方法，通过学习使学生逐步掌握生物化学基本实验方法和技术；第二编是生物化学的基础实验，所选实验项目与各专业生物化学教材相匹配，为从专业基础实验课向专业课过渡奠定基础；第三编是生物化学的综合实验，所选实验内容均是在前两编训练的基础上，完成相对完整的生物化学实验内容，使学生在较高层次认识生物化学知识和技术的实际应用，培养学生的逻辑思维和动手操作能力，有些综合实验还可以作为毕业论文的参考；第四编是分子生物学实验，主要帮助学生了解并掌握分子生物学的基本研究方法和技术，也有效提高学生对分子遗传学和基因工程等理论知识的认识水平。

本教材可作为高等院校生物类各专业本科生和研究生生物化学与分子生物学实验教材，也可供相关教学和科研工作者参考。

参加本教材编写的人员长期在教学一线工作,教材的诸多内容凝聚着编者多年的教学经验和心得体会,尽管如此,本教材仍难免有遗漏和不妥之处,恳请读者批评指正。

编者

2013 年 7 月

目　　录

第一编　生物化学基本技能及操作 ……………………………………………………（ 1 ）
　　实验 1　基本操作和实验室常识 ……………………………………………………（ 1 ）
　　实验 2　光谱光度法 …………………………………………………………………（ 6 ）
　　实验 3　层析技术 ……………………………………………………………………（ 11 ）
　　实验 4　离心技术 ……………………………………………………………………（ 21 ）
　　实验 5　电泳技术 ……………………………………………………………………（ 26 ）
第二编　生物化学的基础实验 …………………………………………………………（ 44 ）
　　实验 1　蛋白质的颜色反应 …………………………………………………………（ 44 ）
　　实验 2　蛋白质的盐析 ………………………………………………………………（ 46 ）
　　实验 3　蛋白质含量测定——紫外分光光度法 ……………………………………（ 47 ）
　　实验 4　蛋白质含量测定——改良 Lowry 法 ………………………………………（ 49 ）
　　实验 5　血清总蛋白测定——双缩脲法 ……………………………………………（ 53 ）
　　实验 6　蛋白质等电点的测定 ………………………………………………………（ 55 ）
　　实验 7　核酸组分的鉴定 ……………………………………………………………（ 57 ）
　　实验 8　维生素 C 的测定——2,4-二硝基苯肼法 …………………………………（ 59 ）
　　实验 9　温度、pH 对酶活性的影响 …………………………………………………（ 61 ）
　　实验 10　K_m 值测定——脲酶 K_m 值的简易测定法 ……………………………（ 64 ）
　　实验 11　激动剂和抑制剂对酶活性的影响及酶的特异性 ………………………（ 66 ）
　　实验 12　汞盐对脲素酶的抑制作用及其解除 ……………………………………（ 69 ）
　　实验 13　乳酸脱氢酶及其辅酶 ……………………………………………………（ 71 ）
　　实验 14　血清淀粉酶（AMS）碘－淀粉比色法 ……………………………………（ 73 ）
　　实验 15　细胞色素体系的作用及其抑制与解除 …………………………………（ 75 ）
　　　附　细胞色素体系的作用及其抑制 ………………………………………………（ 77 ）
　　实验 16　血清葡萄糖的测定 ………………………………………………………（ 78 ）

附　尿糖的定性测定 …………………………………………………（82）
　　实验17　糖耐量试验 ……………………………………………………（83）
　　实验18　胰岛素和肾上腺素对血糖浓度的影响 ………………………（84）
　　实验19　血清中胆固醇的测定 …………………………………………（85）
　　实验20　血浆中磷脂的测定 ……………………………………………（88）
　　实验21　酮体的生成及定性实验 ………………………………………（90）
　　实验22　血清中谷丙转氨酶的测定 ……………………………………（91）
　　实验23　血清中谷草转氨酶的测定 ……………………………………（94）
　　实验24　血清中无机磷的测定 …………………………………………（95）
　　实验25　血清中尿素氮的测定 …………………………………………（98）
　　实验26　血浆(清)中碳酸氢根的测定 …………………………………（101）
　　实验27　血清中钙离子的测定 …………………………………………（102）
　　实验28　血清中锌离子的测定 …………………………………………（104）
　　实验29　羟基磷灰石柱层析法分离鼠肝中RNA和DNA ……………（107）
　　实验30　氯化物的测定 …………………………………………………（109）

第三编　生物化学的综合实验 ……………………………………………（111）
　　实验1　血清γ-球蛋白的分离、纯化及鉴定 ……………………………（111）
　　实验2　核酸的提取、分离及鉴定 ………………………………………（116）
　　实验3　亚麻子油脂肪酸的制备及定量测定 …………………………（120）
　　实验4　离子交换层析法——乳汁过氧化物酶的纯化 ………………（125）

第四编　分子生物学实验 …………………………………………………（136）
　　实验1　SDS碱裂解法制备质粒DNA …………………………………（136）
　　附1　质粒提取试剂盒纯化质粒DNA …………………………………（139）
　　附2　细菌的冻存和复苏 ………………………………………………（142）
　　附3　聚乙二醇沉淀纯化质粒DNA ……………………………………（142）
　　实验2　质粒DNA的酶切与琼脂糖电泳鉴定 …………………………（144）
　　实验3　从琼脂糖凝胶中分离回收DNA片段 …………………………（148）
　　附　胶回收试剂盒回收DNA片段 ……………………………………（152）
　　实验4　DNA片段的连接反应 …………………………………………（154）
　　实验5　用重组质粒DNA转化大肠杆菌 ………………………………（156）
　　实验6　聚合酶链反应技术(PCR) ……………………………………（159）

实验 7　蛋白质免疫印迹分析 ……………………………………………… (163)

　　实验 8　Southern 印迹法 …………………………………………………… (168)

　　实验 9　Northern 印迹法 …………………………………………………… (173)

　　附　聚丙烯酰胺凝胶电泳银染分析 DNA ………………………………… (178)

　　实验 10　GST 融合蛋白的表达与纯化 …………………………………… (181)

附录 Ⅰ　常用缓冲液及酸碱指示剂的配制方法 ……………………………… (186)

附录 Ⅱ　几种动物生化常数表 ………………………………………………… (192)

附录 Ⅲ　离心机的转速与相对离心力间的换算 ……………………………… (194)

附录 Ⅳ　SDS 聚丙烯酰胺凝胶配方表 ………………………………………… (196)

第一编 生物化学基本技能及操作

实验 1 基本操作和实验室常识

生物化学实验中有多种基本操作,如各种玻璃仪器和测量仪的使用,技术操作中样品的混匀、搅拌、振荡、加热、保温、沉淀、过滤、离心等。如果这些操作不规范,将影响实验结果的准确性。因此,应对生物化学实验的一些基本操作深入理解和熟练掌握,这对完成实验来说是非常重要的。

生物化学的实验方法基本上是化学实验方法,也就是用定性和定量的分析方法来观察物质代谢的规律,必须做到定性的清楚及定量的准确。为了做好实验,应先对一些常用仪器的使用方法和实验过程中的基本操作技术反复练习,熟练掌握。

一、基本操作

1. 吸量管的使用

常用的吸量管有以下三种。

(1) 刻度吸量管

刻度吸量管有 0.1mL、0.2mL、0.5mL、1.0mL、2.0mL、5.0mL、10.0mL 等规格。刻度吸量管又分刻度到尖端和刻度不到尖端两种。使用前者时,要将吸量管中的全部液体放出,才能达到指定体积。使用刻度不到尖端的吸量管时,仅需将吸量管内的液体放到下端指定的刻度时,即达到指定体积。

(2) 移液吸量管

也称容量吸量管或胖肚吸量管,是一种单一刻度的吸量管,中间呈圆柱状膨大,为定量移出整量液体之用。移液吸量管有 5mL、10mL、15mL、20mL、25mL、50mL、100mL 等规格,其容量是根据液体自内流出量来计算。流放溶液时,将管尖紧靠容器内壁,使液体自行流出,流完后管尖在容器内壁上停留 15s~30s 即可,管尖残余液体不要吹出。如管壁刻有"吹"字,则应吹出。

(3) 奥氏吸量管

也称欧氏吸量管,也是一种单一刻度的吸量管,中下部呈环形膨大,所以液体与吸量管表面接触面积较小,用于吸取血液及胶粘液体。流放标本时,应让其自然缓慢地流出,以减少内壁粘附。若为吹出式,管尖最后一小滴应吹出。在实验室常用的有1.0mL,2.0mL,5.0mL等规格。

吸量管的使用方法:使用吸量管时,操作者左手持吸耳球,右手持吸量管上端,将吸量管浸入液体内大约0.1cm深处,不得过深以免管的外壁粘附的溶液太多,也不可太浅,防止空气突然进入管中,将溶液吸入吸耳球内。当吸取液体至刻度上方时,立即用右手食指按住管口。将吸量管下端提出液面,慢慢放开食指使液面下降至所需刻度处,以管尖端接触瓶壁,去除多余液体。然后将吸量管插入另一容器中,再放开食指,使液体流出。观察刻度时,应保持吸量管呈垂直状态,吸量管的刻度面要面对操作者,操作者的视线应与液面处于同一平面上,使弧形液面与刻度线成切线。见图1-1所示。

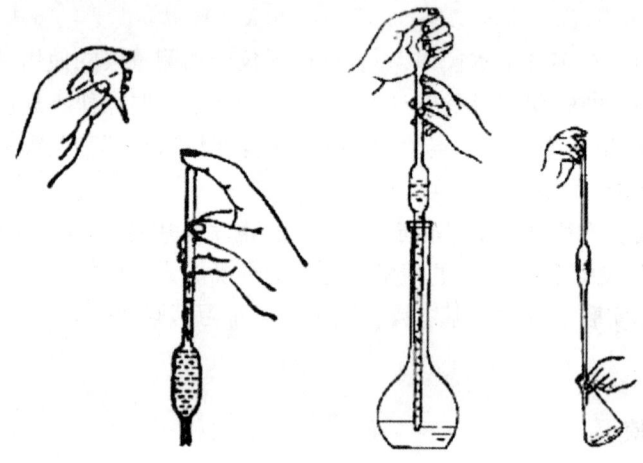

图1-1 吸量管使用方法

2. 微量移液器的使用

微量移液器又称为微量移液枪或微量加样枪,是移液器的一种,常用于实验室少量或微量液体的移取,规格有很多种,不同规格的移液枪需配套使用不同大小的枪头。移液枪属精密仪器,使用及存放时均要小心谨慎,防止损坏,避免影响其量程。操作方法如下:微量移液器拧到需要的量程,装上枪头,然后手握住枪柄,大拇指按住上面的取液按钮至第一档位,枪头插入试剂液面下,轻轻松开拇指按钮,待试剂吸入后移出移液器,把枪头插入要加入试剂的容器,拇指按下取液按钮,为了把枪头里面的残留试剂都打出去,拇指要用力按至第二档位。用过的枪头如果不用了,可以用拇指按住枪顶端的另一个按钮,把枪头打到废液缸里。见图1-2、1-3、1-4所示。

图1-2 微量移液器握持方法

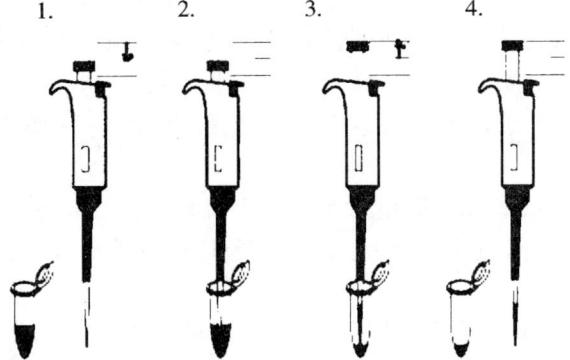

图1-3 吸取溶液:1.将取液按钮压至第一档;2.尽可能保持微量移液器垂直,将吸嘴尖端浸入溶液;3.缓慢释放按钮,吸取溶液;4.将微量移液器移出。

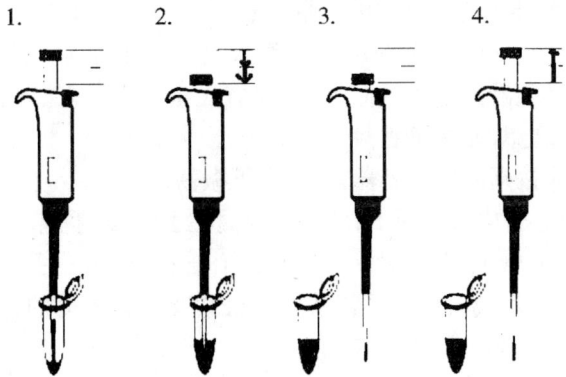

图1-4 释放溶液:1.将已吸取溶液的加样枪移至指定容器中;2.慢慢压下取液按钮至第二档,把溶液完全释放;3.从容器中撤出加样枪;4.吸嘴离开液面后,放开按钮。

注意事项

① 如果是酶等比较贵的试剂,只需轻轻接触液面即可,以防止枪头潜入过深粘上多余液体,造成浪费。

② 使用完毕,把枪调到最大量程,有利于枪的保养。

③ 吸取具有腐蚀性的溶液时,不可过快吸取,以防止溶液涌进枪内腐蚀枪。
④ 不可超量程使用,过大过小都不行,影响枪的准确性。

3. 玻璃仪器的洗涤

玻璃仪器用完后,应按下列要求清洗：

① 普通玻璃仪器,如烧杯、烧瓶、锥形瓶、试管等,先用自来水冲洗,再以毛刷蘸肥皂液洗刷数遍,以自来水彻底冲刷,最后以少量蒸馏水冲洗,倒置于试管架上。

② 吸量管等量器一般先用自来水冲洗,再以蒸馏水冲洗即可。必要时应该用铬酸洗液浸泡过夜,再以自来水彻底冲洗,最后用蒸馏水冲洗,倒置于吸量管架上,使其自行干燥。

③ 吸取含血液或蛋白质等物质的吸量管或其他容器,必须立即用水冲洗。否则,因凝结不易洗净,如欲浸泡洗液中,也必须先用水冲净、晾干,再浸入其中。

④ 滴定管玻璃塞上如有凡士林,清洗前应将凡士林擦去。

⑤ 一切玻璃仪器洗净后,器皿壁应透明光亮,没有水滴。洗净的仪器不能再用布擦其内壁。

铬酸洗液配制法：取重铬酸钾 5g 置于 250mL 烧杯中,加水 5mL,摇动使其充分溶解,慢慢加入浓硫酸 100mL,随加随摇；冷却后,贮存于广口容器内,加盖防止吸水。

4. 搅拌和振荡

① 配制溶液时,必须随时搅拌或振荡混合。配制完时,必须充分搅拌或振荡混合。

② 搅拌使用的玻璃搅棒,必须两头都烧圆滑。

③ 搅棒的粗细长短,必须与容器的大小和所配制的溶液的多少呈适当比例关系。不能用长而粗的搅棒去搅拌小离心管中的少量溶液。

④ 搅拌时,尽量使搅棒沿着管壁运动,不搅入空气,不使溶液飞溅。

⑤ 倾入液体时,必须沿器壁慢慢倾入,以免有大量空气混入。倾倒表面张力低的溶液(如蛋白质溶液)时,更需缓慢仔细。

⑥ 振荡溶液时,应按圆圈转动容器,不应上下振荡。

⑦ 振荡混合小离心管中液体时,可将离心管握在手中,以手腕、肘或肩作轴来旋转离心管；也可由一手持离心管上端,用另一手弹动离心管；也可用一手大拇指和食指持管的上端,用其余三个手指弹动离心管。手指持管的松紧要随着振动的幅度变化。还可以把双手掌心相对合拢,夹住离心管,来回搓动。

⑧ 在容量瓶中混合液体时,应倒持容量瓶摇动,用食指或手心顶住瓶塞,并不时翻转容量瓶。

⑨ 在分液漏斗中振荡溶液时,应用一手在适当角度下倒持漏斗用食指或手心顶住瓶塞,并用另一手控制漏斗的活塞。一边振荡,一边开动活塞,使气体可以随时由漏斗排出。

⑩ 研磨配制胶体溶液时,要使杵棒沿着研钵的单方向进行,不要来回研磨。

5. 沉淀的过滤和洗涤

（1）沉淀的过滤

① 过滤沉淀一般使用滤纸。

② 应根据沉淀的性质选择不同的滤纸。胶体沉淀,应使用质松孔大的滤纸。一般大小颗粒的结晶形沉淀,应使用孔径较小的致密滤纸。而极细的沉淀,则应使用孔径最小的致密滤纸。滤纸越致密,过滤就越慢。

③ 滤纸的大小要由沉淀量来决定,并不是由溶液的体积来决定。沉淀量应装到滤纸高度的1/3左右,最多不超过1/2。通常使用直径为7cm～9cm的圆形滤纸。

④ 折叠滤纸应先整齐的对折,错开一点再对折,打开后形成一边一层、一边三层的圆锥体。折叠尖端时不可过于用力,以免容易出洞。放入漏斗中时,滤纸边缘应与漏斗壁完全吻合。撕去三层一边的外面两层部分的尖端,使滤纸上缘能更好的贴在漏斗的壁上,不留缝隙。而下面部分要有空隙,以利于提高过滤速度。

⑤ 滤纸上缘一般应低于漏斗口上周0.5cm～1cm。润湿滤纸时,应用指尖轻压滤纸,赶净滤纸和漏斗间的气泡,使滤纸紧贴漏斗壁。同时漏斗颈内必须充满液体,这样,才可借液柱的重量而对滤液产生吸滤作用。

⑥ 过滤时,为了防止沉淀堵塞滤纸的孔洞,通常采用倾泻法,即先小心地把溶液倾入漏斗而不使沉淀流入,只在过滤的最后一步才把沉淀转移到漏斗中。

⑦ 过滤时,将玻璃棒直立在三层滤纸的中间部分,其下端接近但不能触及滤纸,并使盛器紧贴玻璃棒,使液体顺玻璃棒缓缓流入漏斗。液体最多加到距滤纸上缘3mm～4mm处,过多则沉淀会因滤纸的毛细管作用而爬到漏斗壁上。

（2）沉淀的洗涤

① 在容器中洗涤沉淀一般采用倾注法,洗涤时,采用少量多次的方法最为有效。通常,容易洗涤的粗粒晶体洗2～3次,难洗涤的黏稠无定形沉淀则需洗5～6次。注意,每次都应尽量倾干以增加洗涤效率,并防止沉淀流失。

② 转移沉淀时,先向沉淀中加入滤纸一次所能容纳量的洗涤液,搅拌成混悬液,不要等待沉淀下沉,立即按倾注清液的同样方式倾入漏斗。容器内剩余的沉淀可以用少量洗涤液按上述方法重复数次,直到全部转移到漏斗内。

③ 在漏斗内洗涤沉淀时,先将沉淀轻轻摊开在漏斗下部,再用滴管(或洗瓶)将洗涤液加入到漏斗上缘稍下的地方,同时转动漏斗,并使洗涤液沿着漏斗不断向下移动,直到洗涤液充满滤纸一半时立即停止。待漏斗中洗涤液完全漏出后,再进行第二次洗涤。通常,完全洗去沉淀所吸附的不挥发物质,需8～10次左右。确定沉淀已经洗净,需要进行必要的检验。必须注意,沉淀的过滤和洗涤工作一定要一次完成,不可间断。

二、实验室常识

① 挪动干净玻璃仪器时,勿使手指接触仪器内部。

② 量瓶是量器,不准用量瓶作盛器。量瓶等带有磨口玻璃塞的塞子,不要盖错。带有玻璃塞的仪器和玻璃瓶等,如果暂时不使用,要用纸条把瓶塞和瓶口隔开。

③ 洗净的仪器要放在架上或干净纱布上晾干,不能用抹布擦拭,更不能用抹布擦拭仪器内壁。

④ 不要用棉花代替橡皮塞或木塞堵瓶口或试管口。

⑤ 不要用纸片覆盖烧杯和锥形瓶等。

⑥ 不要用滤纸称量药品,更不能用滤纸做记录。

⑦ 不要用石蜡封闭精细药品的瓶口,以免掺进杂质。

⑧ 标签纸的大小应与容器相称,或用大小相当的白纸,绝对不能用滤纸。标签上要写明物质的名称、规格(或浓度)、配制的日期及配制人。标签应贴在试剂瓶或烧杯的2/3处,试管等细长形容器则贴在上部。

⑨ 使用铅笔写标记时,要写在玻璃仪器的磨砂玻璃处。如用玻璃蜡笔,则写在玻璃容器的光滑面上。

⑩ 取用试剂和标准溶液后,需立即将瓶口塞严,放回原处。取出的试剂和标准溶液,如未用完,切勿倒回原瓶内,以免掺混。

⑪ 凡是发生烟雾、有毒气体和有臭味气体的实验,均应在通风橱内进行。橱门应紧闭,非必要时不要打开。

⑫ 进行动物实验时,不许戏弄动物。进行杀死或解剖等操作,必须按规定方法进行。绝对不能拿动物、手术器械或药品开玩笑。

⑬ 使用贵重仪器,如天平、比色计、离心机等,应十分重视,加倍爱护。使用前,应熟知使用方法,若有问题,随时请指导实验人员解答。使用时,要严格遵守操作规程。发生故障时,应立即关闭仪器,请示报告,不得擅自拆修。

实验2 光谱光度法

利用各种化学物质(包括原子、基团、分子)所具有的发射、吸收或散射光谱谱系(带状或线状)的特征来确定其性质、结构及含量的技术,称为光谱光度分析技术。可见光、紫外线及红外线照射某些物质后,引起物质内部分子、电子或原子核间运动状态的变化,消耗一部分能量,然后透射出来,再通过棱镜,可得到一组不连续的光谱,此光谱称为吸收光谱。由物质产生吸收光谱的原埋建立的分析方法,有比色法和分光光度法。

应用发射光谱而设计的分析仪器主要有火焰光度计、原子荧光光谱仪和荧光比色计等。根据物质的吸收光谱设计的定量分析仪器有:光电比色计、可见光区分光光度计、紫外光区分光光度计、红外光区分光光度计以及原子吸收分光光度计等。

一、原 理

光是电磁波的一种,具有不同的波长。波长的范围在400nm～750nm,肉眼可以观察到的光叫可见光;波长范围在 200nm~400nm,肉眼观察不到的光叫紫外光。当一束单色光通过溶液时,溶液吸收了一部分光能,其余部分透过溶液。不同物质的分子结构不同,对光的吸收能力也不同。在特定的波长条件下,可通过测定溶液的吸光度,对溶液中的物质进行定量测定。

Lambert – Beer 定律阐明了吸光物质对单色光吸收的强弱与该物质溶液的浓度、光径长度之间的定量关系如下

$$A = -\lg T = -\lg(I_t/I_0) = Ecl$$

式中:E 为吸光系数;

c 为溶液的浓度;

l 为溶液的厚度;

I_0 为入射光强度;

I_t 为出射光强度;

I_t/I_0 称为透光率,用 T 表示。

在实际应用中,为了方便用 A 代表 $-\lg T$,并称为吸光度。Lambert – Beer 定律不仅适用于可见光,也适用于紫外光和红外光。

从 Lambert – Beer 定律可知,吸光度与吸光物质溶液的浓度和溶液的厚度的乘积成正比关系。当待测物质与标准物质溶液的成分相同时,吸光系数 E 相等,而待测物质与标准物质溶液的厚度也相等时,吸光度则与溶液的浓度呈正比。在实际工作中,常用已知浓度求算法和标准曲线法测定物质溶液的浓度。

1. 已知浓度求算法

在相同的条件下测定已知浓度(c_1)标准溶液的吸光度(A_1),同时测定未知浓度(c_2)样品溶液(待测溶液)的吸光度(A_2),如一种物质的两种不同浓度的溶液,与吸光度的关系则为

$$\frac{A_1}{A_2} = \frac{c_1}{c_2}$$

在测得待测溶液和标准溶液的吸光度后,即可算出待测溶液的浓度为

$$c_2 = \frac{A_2}{A_1} c_1$$

2. 标准曲线法

配制已知浓度的标准物质的梯度溶液(呈梯度递增的浓度),用与被测溶液相同的方法处理显色,分别读取特定波长下各已知浓度的标准溶液的吸光度。以各已知浓度为横坐标,以其相应的吸光度为纵坐标,在坐标纸上作图即得标准曲线。依据待测溶液的吸光度在标准曲线上便可查找到其对应浓度。

已知浓度求算法比标准曲线法的误差小。标准曲线法适合于大批量样品的测定,可节约人力和试剂。但应注意,制作标准曲线时,标准溶液的测定必须与待测溶液的测定在

同一台仪器上进行,而且要求操作步骤和其他条件完全一致,否则,会引起很大误差。另外,所作标准曲线只能供短期使用,且应定期进行校验。

二、可见光分光光度计

1. 722 型光栅分光光度计

722 型光栅分光光度计由光源、单色器、试样室、光电管、线性运算放大器、对数运算放大器及数字显示器等部件组成。见图 1-5 所示。

操作方法

① 预热:开启电源,开亮指示灯,使仪器预热 20min;

② 调节波长:旋动波长旋钮,调节所需波长;

③ 调节灵敏度:将灵敏度旋钮置于放大倍数最小的"1"档;

④ 调节选择开关:将选择开关置于"T"位;

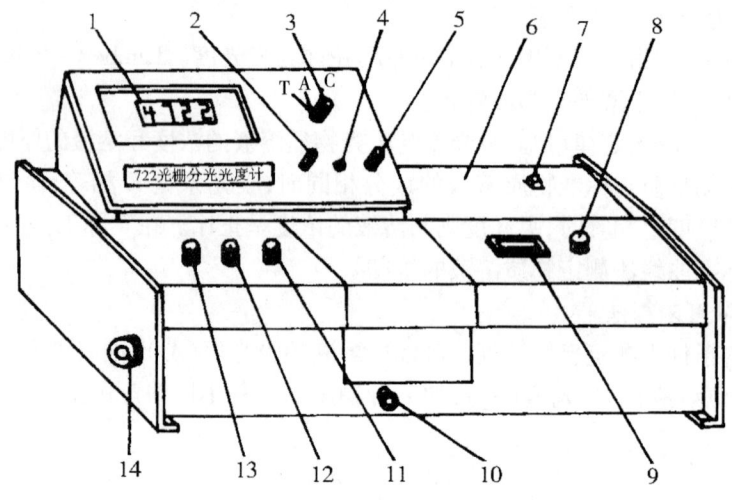

图 1-5　722 型光栅分光光度计

1. 数字显示器　2. 吸光度调节旋钮(消光零)　3. 选择开关　4. 吸光度调斜率电位器
5. 浓度旋钮　6. 光源室　7. 电源开关　8. 波长旋钮　9. 波长刻度窗　10. 试样架拉手
11. 100%T 旋钮　12. $0T$ 旋钮(0 旋钮)　13. 灵敏度调节旋钮　14. 干燥器

⑤ 调透光率"0":打开试样室盖(光门自动关闭),将盛有溶液的比色皿置于比色皿架中,依次为空白溶液或对照溶液、标准溶液、样品液 1 和样品液 2。使空白溶液或对照溶液比色皿置于光路位置,调节"0"旋钮,使数字显示为"00.0";

⑥ 调节透光率"100":合上试样室盖,调节"100"旋钮,使数字显示为"100.0",若显示不到,适当增大灵敏度档位。再重复步骤⑤和步骤⑥,保证"00.0"和"100.0"分别到位;

⑦ 调节吸光度"0":将选择开关置于"A",仍保持空白或对照溶液置于光路,旋动"消

光零"旋钮,使数字显示器即显示为"00.0";

⑧ 测定吸光度 A:将选择开关置于"A",拉动试样架拉手,依次将标准溶液或被测溶液移入光路,在数字显示器上读取吸光度(A)。

⑨ 收尾工作:打开试样室盖,取出比色皿,将试样架拉手推入,灵敏度重新调为"1",选择开关置于"T",关闭电源,拔掉插头。

如需测定透光率 T,⑦略去不做,⑧改为:将标准溶液推入光路,数字显示器即显示出位于光路溶液的透光率 T,其余步骤一致。

如需测定浓度 c,⑦略去不做,⑧改为:把选择开关置于"C",将标准溶液推入光路,调节浓度旋钮,使数字显示为其浓度值,再将被测溶液推入光路,数字显示器上即显示出被测溶液的浓度,其余步骤一致。

2. 7200 型分光光度计

7200 型分光光度计是一款数字式、带计算机接口的可见光分光光度计,自动化程度较高,使用更方便。见图 1-6。

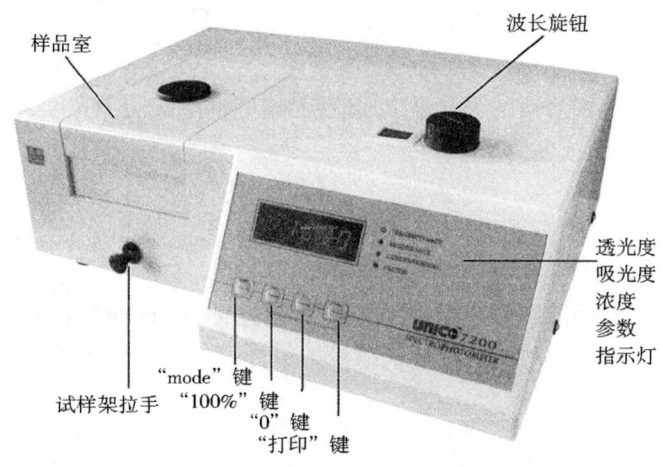

图 1-6 7200 型分光光度计

操作方法

① 预热:开启电源,仪器自检,预热 15min;

② 调节波长:旋动波长旋钮,调节所需波长;

③ 放入样品:打开样品室盖,依次放入校具(黑体),空白溶液,标准溶液和样品液 1,使校具(黑体)置入光路,盖上盖子;

④ 调透光率"0":按 MODE 键,点亮"T"位指示灯,再按"0%"键,此时仪器自动校正后显示"100";

⑤ 调节透光率"100":将空白溶液拉入光路中,按"100%"键,此时仪器显示"BLA",进行自动校正,校正完毕后显示"0.000";

⑥ 调节吸光度"0":按 MODE 键,点亮"A"位指示灯,仪器自动校正后显示"0.000";

⑦ 测定吸光度 A：拉动试样架拉手，依次将标准溶液或被测溶液移入光路，在数字显示器上读取吸光度(A)；

⑧ 收尾工作：打开样品室盖，取出比色皿，将试样架拉手推入，灵敏度重新调为"1"，选择开关置于"T"，关闭电源，拔掉插头。

如需测定透光率 T，⑥略去不做，⑦改为：将标准溶液推入光路，数字显示器即显示出位于光路溶液的透光率 T，其余步骤一致。

如需测定浓度 c，⑥略去不做，⑦改为：把选择开关置于"C"，将标准溶液推入光路，调节浓度旋钮，使数字显示为其浓度值，再将被测溶液推入光路，数字显示器上即显示出被测溶液的浓度，其余步骤一致。

3. **硫酸铜溶液的测定**

（1）硫酸铜溶液的测定

用蒸馏水作空白，调节波长 590nm，用 722 或 7200 型分光光度计测定标准硫酸铜溶液和待测溶液的吸光度，每一数据重复读取 3 次，取平均值。

（2）结果处理

已知浓度求算法

将 6g/L 标准硫酸铜溶液的吸光度 A_1 和待测硫酸铜溶液的吸光度 A_2 代入以下公式，求出待测硫酸铜溶液的浓度为

$$c_2 = \frac{A_2}{A_1} c_1$$

标准曲线法

在坐标纸上，以各标准硫酸铜溶液的浓度为横坐标，以各浓度相应的吸光度为纵坐标，绘制标准曲线。用待测浓度的硫酸铜溶液的吸光度便可在标准曲线上查得相应的浓度。

（3）注意事项

① 预热是保证仪器准确、稳定的重要步骤。

② 722 型分光光度计仪器连续使用不应超过 2h，每次使用后需要间歇 0.5h 以上才能再用。

③ 比色皿与分光光度计应配套使用，否则，会引起较大的实验误差。

④ 向比色皿内倒入溶液时，不得在仪器上操作，以免液体溅出，损坏仪器。

⑤ 拿放比色皿时，应持其"毛面"，杜绝接触光路通过的"光面"。

⑥ 比色皿内盛液应为其容量的 2/3，过少会影响实验结果，过多易在测量过程中外溢，污染仪器。

⑦ 如比色皿外表面有液体，只能用擦镜纸拭干，不得用滤纸等擦，以保证光路通过时不受影响。

⑧ 每次使用后，及时清洗比色皿，先用自来水反复冲洗，然后用蒸馏水淋洗，倒立于

滤纸片上晾干,切忌用毛刷刷洗,以免损坏石英的透光性。

(4) 实验材料

试剂

a. 已知浓度系列的标准硫酸铜溶液配制浓度分别为 1g/L,2g/L,4g/L,6g/L,8g/L 的硫酸铜溶液备用。

b. 空白溶液(蒸馏水)。

c. 待测浓度硫酸铜溶液配制浓度范围为 4g/L～8g/L 的硫酸铜溶液备用。

器材

722s 型分光光度计,722 型光栅分光光度计,7200 型分光光度计。(根据情况选用)

思考题

1. 已知浓度求算法和标准曲线法各有什么优缺点?它们分别适用于什么具体情况?
2. 同时改变空白、标准和待测溶液的光径,为什么不会影响测定结果?

实验3　层析技术

层析分离法又称色层分离法,因早期用于分离植物色素而得名。层析分离法是一类物理分离方法。任何层析体系均由两相组成,一相为固定相,另一相为流动相。固定相可以是固体,也可以是液体,但此时的液体必须附载于某种固体物质上,该固体物质称为载体;流动相一般是液体或气体。由于混合物中各组分的吸附力、分子大小、分子形状、分子极性、分子亲和力、溶解度等理化性质不同,随流动相流经固定相时,不断进行着交换、分配、吸附、解吸等过程,产生了移动速度的差别,从而彼此分离。

层析分离法有多种,按照原理不同可分为吸附层析、分配层析、离子交换层析、凝胶层析和亲和层析等;按照装置形式不同,可分为纸上层析、薄层层析和柱层析等;按照流动相状态不同,可分为气相层析和液相层析等。现将几种层析分离法的原理简介如下。

1. 吸附层析

吸附层析是最早建立的一种层析分离法。当混合物各组分随流动相流经固定相吸附剂时,在两相界面不断发生着吸附－解吸过程,由借助吸附剂对各组分的吸附力不同,从而使各组分彼此分离。吸附过程包括物理吸附和化学吸附,前者的作用力为范德华力,吸引力小、无选择性、易解吸;后者的作用力为化学键,吸附力大、有选择性、不易解吸。常用硅胶、氧化铝、活性炭、聚酰胺(俗称尼龙或锦纶)、聚苯乙烯、羟基磷灰石等作吸附剂,用液态烷、卤代烷、醇、醚、酮、有机酸作洗脱剂。

2. 分配层析

分配层析是利用混合物各组分在互不混溶的两相溶剂中的分配系数不同,而将其彼此分离的层析方法。分配系数是指某物质在两相溶液中溶解达到平衡时的浓度比。层析时一般将极性溶剂(例如水)吸着在多孔的固体载体上作为固定相,有机溶剂作为流动相。载体常有滤纸、硅胶、硅藻土、纤维素粉、淀粉、微孔聚乙烯粉等。

3. 离子交换层析

离子交换层析是以离子交换剂作为固定相,当流动相中的带电粒子流经固定相时,将固定相中带同性电荷的离子交换下来,而自身被固定相结合。不同组分的离子交换能力不同,从而将组分彼此分离。常用的离子交换剂有三类:a. 离子交换纤维素,如二乙基氨基乙基纤维素(DEAE-纤维素)、三乙基氨基乙基纤维素(TEAE-纤维素)、胍基乙基纤维素(GE-纤维素)、羧甲基纤维素(CM-纤维素)等;b. 离子交换树脂,如聚苯乙烯阳离子交换树脂、聚苯乙烯阴离子交换树脂等;c. 离子交换葡聚糖凝胶,如二乙基氨基乙基葡聚糖凝胶(DEAE-Sephadex)、羧甲基葡聚糖凝胶(CM-Sephadex)等。洗脱液常用具有一定 pH 的酸类、碱类或盐类缓冲液。

4. 凝胶层析

凝胶层析是分子排阻过滤。凝胶层析所选用的支持物为凝胶颗粒,在由单体聚合成凝胶时,形成大分子交联的分子网格,故有分子筛之称。当混合物各组分随流动相流经凝胶颗粒时,分子直径大于凝胶网络孔径的组分不能进入凝胶颗粒,而从颗粒间的空隙流下,所受阻力小,流动速度快;分子直径小于凝胶网络孔径的组分则进入凝胶颗粒,经分子网络流下,所受阻力大,流动速度慢,据此可将分子大小及形状不同的组分分离。所用凝胶可分为两大类:a. 天然凝胶,如淀粉凝胶、琼脂凝胶、琼脂糖凝胶等;b. 人工合成凝胶,如聚丙烯酰胺凝胶(PAG)、交联葡聚糖凝胶(Sephadex)等。洗脱剂常用有机溶剂或具有一定 pH 的盐类缓冲液。

5. 亲和层析

亲和层析是利用生物大分子之间的专一亲和力而将混合物中不同组分分离的层析方法。具有专一亲和力的分子对可以是:酶-底物(或竞争性抑制剂、辅助因子),抗原-抗体,激素-受体,DNA-互补 DNA 等。在分子中,假如一方是将被分离的亲和物,另一方就称为配体。层析时要将配体结合于载体上,常用的载体有琼脂糖、PAG 等。将配体结合到载体上的方法,一般是先将载体功能基活化,再与配体以共价键结合。当流动相中待分离的亲和物流经固定相时,与配体专一结合,其他杂质随流动相洗涤下来,然后再用洗脱剂将亲和物洗脱收集。亲和层析过程见图 1-7 所示。

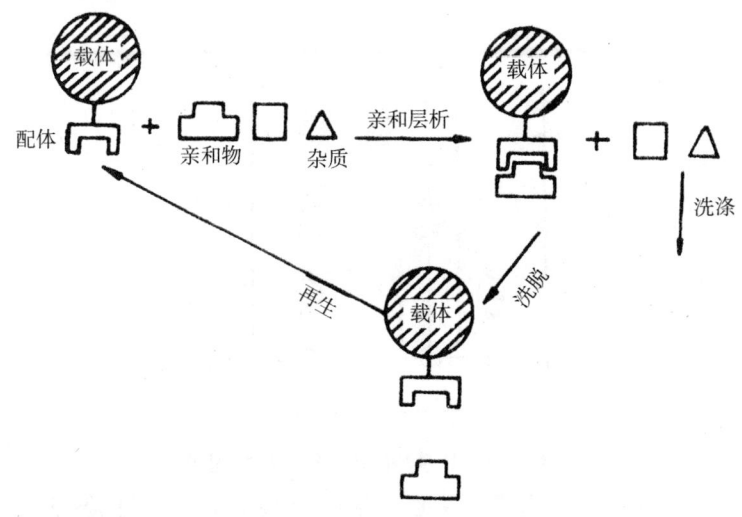

图1-7 亲和层析过程示意图

层析分离技术具有分离效果好、操作简便的优点,与检测系统和微机结合,还可组成各种自动化的分离、分析仪器,如高效气相色谱仪、高效液相色谱仪等,广泛用于化学物质和生物大分子的分离、分析。

一、氨基酸的单向纸上层析

1. 原理

氨基酸的纸上层析属于分配层析。以滤纸及其结合水作为固定相,把欲分离的混合氨基酸样品加于滤纸上,使流动相(展开剂)经此移动,样品中各组分就在两溶剂间发生分配现象。在固定相中分配比例较大的氨基酸,随流动相移动的速度就慢;在流动相中分配比例较大的氨基酸,随流动相移动的速度就快。由于各种氨基酸的分配系数不同,就逐渐集中于滤纸上不同的部位,使彼此分离。层析完毕后,可用茚三酮无水乙醇溶液喷洒滤纸,使氨基酸显色形成斑点。组分的比移值(Rf),表示如下

$$Rf = \frac{点样原点中心到层析点中心距离(r)}{点样原点中心到溶剂前沿距离(R)}$$

r 和 R 的测量见图 1-8。

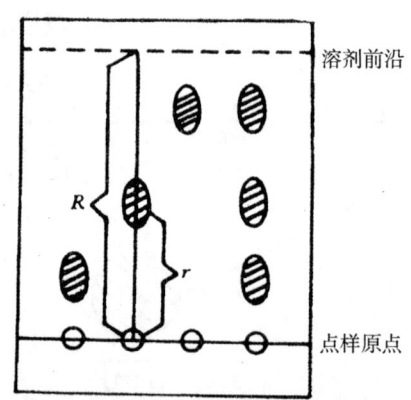

图1-8 氨基酸的单向纸上层析图谱

各种氨基酸都有其特征的 Rf 值,因此,可根据 Rf 值鉴定被分离的氨基酸。

2. 操作

(1) 点样

操作者戴上橡胶手套,取 10cm×15cm 层析滤纸 1 张,在一端距边沿约 2.5cm 处,用铅笔轻轻画一直线。在此线上用微量吸管或毛细管分别点上氨基酸标准液和氨基酸混合溶液,每一点的直径不超过 0.5cm,两点间隔约 1.5cm,用热吹风机吹干。

(2) 展开

将适量展开剂倒入培养皿中,将培养皿放到层析缸底部,加盖密闭,保持 10min,使缸中展开剂蒸气达到饱和。

将滤纸条点样端朝下悬挂于层析缸盖中心的挂钩上,放入层析缸,使点样端浸入展开剂中约 0.5cm,不要使点样点直接与溶剂接触,加盖紧闭,进行层析。待展开剂上升至距滤纸上端 2cm 处时,取出滤纸,用铅笔画上溶剂前沿,室温干燥或吹干。

(3) 显色

用玻璃喷雾器向滤纸均匀喷洒浓度为 0.1% 的茚三酮无水乙醇溶液,待乙醇挥干后,置 80℃~100℃ 烘箱中烘烤 5min,即出现被染成紫红色的氨基酸斑点(图1-8)。

(4) 计算

用铅笔画出各斑点之位置,测量 r 和 R,计算其 Rf 值。

3. 注意事项

① 尽量用高质量的层析滤纸。
② 点样应集中,每点直径不应超过 0.5cm,点样干燥后再层析。
③ 滤纸下端浸入展开剂 0.5cm 为宜,点样点切不可浸入展开剂中。

④ 不可用手直接接触滤纸,以防止皮肤分泌物的污染。

4. 实验材料

(1) 试剂

① 0.1mol/L 盐酸:吸取浓盐酸 0.84mL,加入适量蒸馏水中,再加蒸馏水至 100mL。

② 氨基酸混合液:称取甘氨酸 100mg、酪氨酸 100mg、亮氨酸 50mg 共同加入小烧杯中,加 0.1mol/L 盐酸 10mL,使溶解。

③ 氨基酸标准液:称取甘氨酸 100mg、酪氨酸 100mg、亮氨酸 50mg,分别放入三只小烧杯中,各加 0.1mol/L 盐酸 10mL,使溶解。

④ 展开剂:正丁醇:冰醋酸:蒸馏水 =4:1:5(体积比),混匀,静置 2h,待分层后取上层液备用。

⑤ 显色剂:0.1% 茚三酮无水乙醇溶液。

(2) 器材

托盘式扭力天平,立式层析缸,玻璃喷雾器,热吹风机,烘箱,刻度吸管(1mL、10mL),量筒(25mL、100mL),烧杯(50mL,4 只),培养皿,微量吸管或毛细管(4 支),橡胶手套,铅笔,直尺,层析滤纸(10cm×15cm)。

思考题

1. 氨基酸纸上层析的固定相和流动相各是什么?
2. Rf 值的意义是什么?
3. 怎样鉴别层析斑点系何种氨基酸?

二、氨基酸的硅胶薄层层析

1. 原理

氨基酸的硅胶薄层层析是一种快速、微量的吸附层析方法,该方法是利用混合物中各种氨基酸组分被吸附剂吸附的程度不同,而将它们彼此分离。吸附剂的吸附能力受其含水量的影响,可将吸附剂在较高温度下烘烤,去除水分,提高吸附能力。

层析完毕后,可用茚三酮无水乙醇溶液喷洒薄板上,使氨基酸斑点显色。组分比移值(Rf)的意义和计算方法与"氨基酸的单向纸上层析"实验相同。

2. 操作

(1) 铺板

按硅胶 G:蒸馏水 =1:2(W/W)的比例,将硅胶 G 在研钵中研磨成糊,加乙醇数滴驱除气泡。取 5.5cm×20cm、厚约 2mm 玻璃板一块,在其纵向两侧用 1.5cm×20cm、厚约 3mm 的玻璃条夹住,水平放置。在玻璃板的一端加上调好的硅胶 G 糊,然后用玻璃棒将硅胶 G 糊刮向另一端,即成 1mm 厚的薄板,室温干燥。

(2) 活化

将薄板置 105℃烘箱中,烘烤 60min 使活化,置干燥器中备用。

(3) 点样

见"氨基酸的单向纸上层析"实验。点样后用热吹风机吹干。操作者需戴上橡胶手套。

(4) 展开

将适量展开剂倒入卧式层析缸,加盖密闭,保持 10min,使缸内展开剂蒸气达到饱和。将硅胶 G 薄板放进卧式层析缸,使点样端浸入展开剂中约 0.5cm,注意不可使点样点浸入展开剂,加盖密闭,进行层析。当展开剂前沿到达薄板 3/4 高度时,将薄板自层析缸内取出,用铅笔划上溶剂前沿,用热吹风机吹干。

(5) 显色

用玻璃喷雾器向薄板均匀喷洒浓度为 0.1% 的茚三酮无水乙醇溶液,待乙醇挥干后,将薄板置 105℃烘箱中烘烤,至呈现紫红色氨基酸斑点为止。

(6) 计算

用铅笔画出各斑点之位置,测量 r 和 R,计算其 Rf 值。

3. 注意事项

① 铺板要均匀,中间要连续,不得有气泡或断纹。
② 点样应集中,每点直径不应超过 0.5cm,点样干燥后再层析。
③ 点样端浸入展开剂 0.5cm 为宜,点样点切不可浸入展开剂中。
④ 层析缸密闭性能要好,保证其中展开剂蒸气达到饱和。

4. 实验材料

(1) 试剂

① 0.1mol/L 盐酸:吸取浓盐酸 0.84mL,加入到适量蒸馏水中,再加蒸馏水至 100mL。
② 氨基酸混合液:称取甘氨酸 100mg、酪氨酸 100mg、亮氨酸 50mg,共同加入小烧杯中,加 0.1mol/L 盐酸 10mL,使溶解。
③ 氨基酸标准液:准确称取甘氨酸 100mg、酪氨酸 100mg、亮氨酸 50mg,分别放入三只小烧杯中,各加 0.1mol/L 盐酸 10mL,使溶解。
④ 展开剂:正丁醇:冰醋酸:蒸馏水 =4∶1∶1(体积比),充分振荡混匀,静置 2h,待分层后取上层液备用。
⑤ 显色剂:0.1% 茚三酮无水乙醇溶液。
⑥ 硅胶 G:按 180 目硅胶:煅石膏 =17∶3(W/W)混匀,得硅胶 G。

(2) 器材

托盘式扭力天平,卧式层析缸,玻璃喷雾器,热吹风机,烘箱,玻璃板(5.5cm×20cm、厚度约2mm),玻璃条(1.5cm×20cm、厚度约3mm,2条),刻度吸管(1mL、10mL),量筒(25mL、100mL),烧杯(50mL,4只),微量吸管或毛细管(4支),研钵,玻璃棒,橡胶手套,铅笔,直尺。

思考题

1. 吸附层析与分配层析在实验原理上有什么区别?
2. 硅胶 G 铺板后要进行烘烤,其作用是什么?

三、凝胶层析分离丙种球蛋白与核黄素

1. 原理

凝胶过滤是广泛应用于蛋白质、酶、核酸等生物高分子分离分析的有效方法之一,它是以被分离物质的分子量差异为基础的一种层析方法。此类层析的固相载体是具有分子筛性质的凝胶,目前使用较多的是具有各种孔径范围的葡聚糖凝胶(商品名为 Sephadex)、聚丙烯酰胺凝胶(商品名为 Biogel)以及琼脂糖凝胶(商品名为 Sepharose),此外还有这些凝胶的各类衍生物。本实验以葡聚糖凝胶为例,学习凝胶过滤的一般原理及方法。

葡聚糖凝胶是由一定分子量的葡聚糖(右旋糖苷)和甘油基以醚桥

$$(-O-CH_2-CH-CH_2-O-)$$
$$|$$
$$O$$

形式相互交联形成三维网状结构的一种水不溶性物质。通过控制交联剂环氧氯丙烷和葡聚糖的配比以及交联时的反应条件可控制交联度而获得具有不同"网眼"的凝胶。"网眼"的大小决定了被分离物质能够自由出入凝胶内部的分子量范围,可分离的分子量从几百到数十万不等。

由于凝胶骨架中的多糖链含有大量 OH 基,因此凝胶具有极强的亲水性,能在水和电解质溶液中膨胀,凝胶的交联度越大,孔径和吸水量越小,因而膨胀度也愈小。不同型号的交联葡聚糖用 G 表示(如 G-25,G-100 等),G 后面的数字为凝胶的吸水量(mL/g 干胶)乘以 10 得到的数,如 G-25 即表示此型号凝胶吸水量是 2.5mL/g 干胶。根据交联度的高低,Sephadex 分为 G-10 ~ G-200,号越高,凝胶孔径越大。其物理特性如下表。

交联葡聚糖凝胶的物理特性

商品名称 Sephadex	分离范围（分子量）	水容值（mL/g 干胶）	柱床体积（mL/g 干胶）	水化所需时间(小时) 22℃	100℃
G-10	700	1.0 ±0.1	2～3	3	1
G-15	1,500	1.5 ±0.2	2.5～3.5	3	1
G-25	1,000～5,000	2.5 ±0.2	4～6	3	1
G-50	1,500～30,000	5.0 ±0.3	9～11	3	1
G-75	3,000～70,000	7.5 ±0.5	12～15	24	3
G-100	4,000～150,000	10 ±1.0	15～20	72	5
G-150	5,000～400,000	15 ±1.5	20～30	72	5
G-200	5,000～800,000	20 ±2.0	30～40	72	5

进行工作时一般根据欲分离物质的大小及工作目的来选择合适的葡聚糖凝胶装层析柱。待分离的物质通过此柱时,各组分相互之间由于分子量大小各不相同以及在固定相上的阻滞作用的差异而在柱中以不同的速率移动。分子量大于允许进入凝胶"网眼"范围的物质完全被凝胶排阻,不能进入凝胶颗粒内部,阻滞作用小,随着溶剂在凝胶颗粒之间流动,因此流程短,移动速度快而先流出层析柱;分子量小的物质可完全渗入凝胶颗粒,阻滞作用大,流程长,移动速度慢,从层析柱中流出就较晚。若物质分子量介于完全排阻和完全渗入的凝胶物质的分子量之间,则在二者之间从柱中流出。由此就可达到分离的目的。

对于混合物中某一被分离成分在凝胶层析柱内的洗脱行为,常用分配系数 K_d 来度量。

$$K_d = \frac{V_e - V_0}{V_i}$$

式中:V_0——外水体积,即凝胶柱中凝胶颗粒之间所含水和缓冲液体积;

V_i——内水体积,即凝胶颗粒内部所含水相的体积;

V_e——洗脱体积,即被分离成分通过凝胶柱所需洗脱液的体积。

当一种被分离成分的分子全部排阻时,其洗脱体积就是 V_0。

I:全排阻成分的洗脱峰。

因为 $V_e = V_0$,所以 $K_d = \frac{V_e - V_0}{V_i} = 0$。

II:能进入部分凝胶孔隙的成分的洗脱峰。

因为 $V_0 < V_e < V_0 + V_i$,所以 $0 < K_d < 1$。

III:能进入凝胶全部内孔隙的成分的洗脱峰。

因为 $V_e = V_0 + V_i$,所以 $K_d = \frac{V_e - V_0}{V_i} = \frac{V_0 + V_i - V_0}{V_i} = 1$。

而如果其分子量直径小于凝胶孔径下限时,其洗脱体积为 $V_0 + V_i$,见图 1-9。

故在一般条件下,K_d 分布在 0 和 1 之间,即 $0 \leq K_d \leq 1$,而洗脱峰都出现在 $V_0 \leq V_e \leq V_0 + V_i$ 之间。

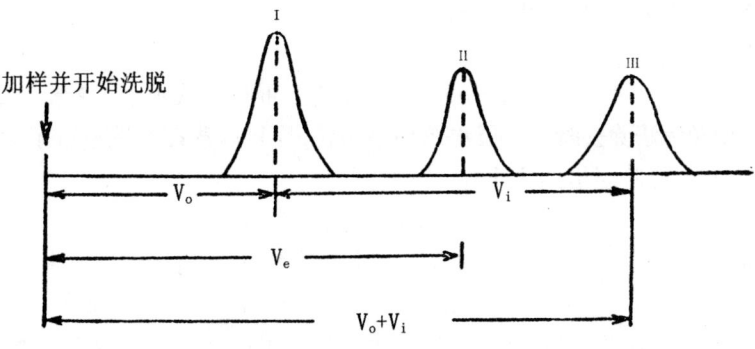

图 1-9

本实验采用葡聚糖凝胶 G-50 作为固相载体,它适用于分子量范围在 1500~30000 之间的多肽与蛋白质的分离。当丙种球蛋白(分子量 16 万)和核黄素(分子量 267)混合物流经层析柱时,丙种球蛋白不能渗入凝胶颗粒内部,较先流出,核黄素完全渗入凝胶颗粒内部而最后流出。通过作洗脱曲线可以清楚地表示出葡聚糖凝胶 G-50 对两种物质的分离效果。

鉴于凝胶是一种不带电荷的惰性物质,本身不会与被分离物质相互作用,因此分离效果好,重复性高。凝胶过滤所需仪器设备简单,操作简便,每次样品洗脱完毕则已经再生,可反复使用。见图 1-10、图 1-11 所示。这些优点使凝胶过滤法成为一种应用广泛的分离分析方法。

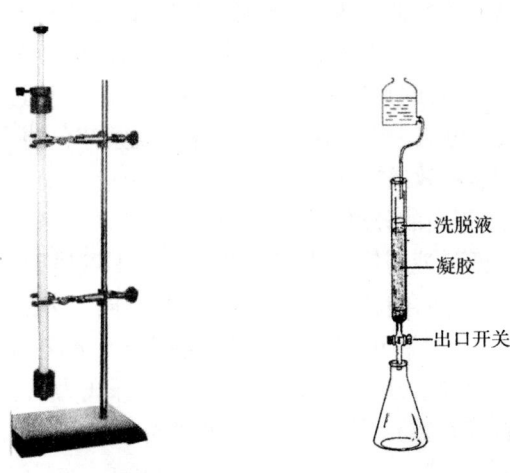

图 1-10 层析柱　　图 1-11 凝胶层析示意图

2. 操作

（1）样品的准备

取饱和核黄素 1mL，加 0.5mL 丙种球蛋白混匀即可。

（2）凝胶的准备

称取 3g Sephadex G-50，加蒸馏水 50mL，室温溶胀 6h 以上或沸水浴溶胀 2h，一般常采用后一种方法。用倾泻法除去凝胶上层水及细小颗粒，反复以蒸馏水洗涤直至无细小颗粒为止（细小颗粒存在会影响层析的流速）。

（3）装柱

取 1.5cm×25cm 的洁净层析柱，检查底部薄膜是否完整，将其固定于铁架台上，保持垂直。

首先，加入约 1/3 洗脱液（本实验用蒸馏水），打开出口，检查排水是否通畅并排出管内气体；然后，关闭出口，将溶胀后的凝胶搅匀并小心加入柱中，待凝胶沉积 2cm 后，打开出口，使液体流出，凝胶慢慢沉积，至约 10cm 即可。

要求凝胶床无气泡、无断层、无干裂、表面平整。如凝胶床表面不平整，可用细玻璃棒轻轻将凝胶床上部颗粒搅起，待其自然下沉，即可使表面平整。凝胶床表面要保留约 1cm 高的缓冲液。

（4）装柱效果检查及外水体积测定

将层析柱出口打开，使柱面上溶液流出，直至床面与液面刚好齐平为止（注意，不可使柱面溶液流干）。关闭出口，用滴管沿管壁轻轻滴加 7 滴 0.5% 蓝色葡聚糖溶液，切勿搅动柱床表面。打开出口，使蓝色葡聚糖溶液进入柱床，直至与柱面齐平，关闭出口。同上法加入洗脱液，高约 1cm，同时打开出口，开始收集洗脱液入试管，每管 5 滴，至蓝色液全部流出。从开始收集至颜色最深的一管的总体积相加，即为外水体积。该过程中，持续加入缓冲液，并始终保持高度约 1cm，不可流干。操作时，还应注意观察蓝色葡聚糖在柱中的移动行为，若蓝色谱带较集中，表明装柱效果良好。

（5）核黄素与丙种球蛋白的分离

蓝色全部流出后，待洗脱液与床面刚好齐平（注意，不可使床面液体流干），关闭出口，将 7 滴丙种球蛋白及核黄素混合液沿管壁轻轻加于柱面，同上法，进行洗脱收集。控制流速大约 4 滴/min，每管收集 10 滴，共收集 20 管。并在无黄色的各收集管中加入 7 滴双缩脲试剂（与丙种球蛋白络合形成紫红色），以紫红色颜色的深浅为纵坐标（代表洗脱液内物质浓度的变化），以毫升数（或管数）为横坐标，绘出洗脱曲线。

3. 注意事项

① 在处理凝胶时，应使之充分吸水溶胀，注意避免剧烈搅拌，以防止破坏交联结构。

② 装柱时，凝胶液不可太稀或太黏稠。若太稀，分几次装出的凝胶床往往是不均匀的；

而过于黏稠时,会吸留气泡。

③ 为了获得较好的分离效果,得到清晰的分离区带,起始区带必须尽量狭窄。因此加样量要少,一般最多不能超过床体积的25%~40%。

④ 严格控制洗脱速度,不宜过快,否则会导致分离不完全。

4. 实验材料

(1) 试剂

① Sephadex G-50;

② 0.5%蓝色葡聚糖溶液;

③ 丙种球蛋白;

④ 核黄素;

⑤ 双缩脲试剂:取 1.50g $CuSO_4 \cdot 5H_2O$,6.0g 酒石酸钾钠,加约 500mL 水溶解后,加入 10% NaOH 溶液 300mL,用蒸馏水配至 1L。

(2) 器材

玻璃层析柱 1.2cm×20cm 1 支,100 mL 烧杯 1 支,乳胶管 1 根,再字夹 1 支,滴管 1 支、玻璃棒 1 支,1.5cm×10cm 小试管 20~30 支,5mL 吸量管 1 支、0.5mL 吸量管 1 支,试管架 1 支。

思考题

凝胶层析法分离混合样品时,怎样才能得到较好的分离效果?

实验4　离心技术

离心分离法是利用微粒绕轴旋转时借惯性的离心运动,将混合物中密度不同的各组分分离的方法。

分散在某种介质中的微粒将受到重力、浮力、介质阻力等多种作用力的作用。设微粒的质量为 m_1、体积为 V、密度为 ρ_1,相当于微粒同样大小、形状的介质的质量为 m_2、密度为 ρ_2、重力加速度为 g,则微粒所受到的重力与浮力如下:

$$重力 = m_1 g = V\rho_1 g$$

$$浮力 = m_2 g = V\rho_2 g$$

如果不考虑其他力的作用,则该微粒所受到合力 f 为:

$$f = 重力 - 浮力 = V\rho_1 g - V\rho_2 g = Vg(\rho_1 - \rho_2)$$

由上式可见,微粒的移动方向可能有三种,且由微粒与介质的密度差决定:

$\rho_1 > \rho_2$ 时，f 向下，微粒下沉；

$\rho_1 < \rho_2$ 时，f 向上，微粒上浮；

$\rho_1 = \rho_2$ 时，f 为零，微粒平衡悬浮。

当微粒密度与介质密度相差较小时，自然沉浮往往需要很长时间，为加速这一过程，可将其置于离心力场中进行离心分离。

当微粒和介质在离心场中绕轴旋转做圆周运动时，就要受离心力的作用。设微粒所受离心力为 F_1，相当于微粒同样大小、形状的介质所受离心力为 F_2，离心加速度为 α，则

$$F_1 = m_1\alpha = V\rho_1\alpha$$
$$F_2 = m_2\alpha = V\rho_2\alpha$$

由于 F_2 为离心力场中的浮力，因此，作用于微粒上的合力 F 为：

$$F = F_1 - F_2 = V\rho_1\alpha - V\rho_2\alpha = V(\rho_1 - \rho_2)\alpha$$

由上式可见，在离心力场中微粒的移动方向仍由微粒与介质的密度差决定，但是由于离心机旋转时所施加的离心加速度可以比重力加速度大许多倍，因此，可以大大加快微粒沉降或上浮的速度，并可通过调节离心力场的大小和介质的密度，对混合物中不同组分进行离心分离。

离心力场的大小常用重力来表示，称为相对离心力（RCF）。一般情况下，在低速或高速离心时常用转速 n 即每分钟的转数（r/min）来表示；超速离心时常用重力加速度 g 的倍数来表示。离心加速度取决于角速度和旋转半径，设角速度为 ω（rad/s），旋转半径为 R（指离心管中心线至旋转轴中心的距离，cm），则

$$\alpha = \omega^2 R$$

$$RCF = \frac{离心力}{重力} = \frac{m\omega^2 R}{mg} = \frac{\omega^2 R}{g}$$ 式中，g 为 980（cm/s²），ω 为 $2\pi n$，代入上式得：

$$RCF = \frac{(2\pi r/60)^2 R}{980} = \frac{[4 \times 3.14^2 \times r^2/3600]R}{980}$$
$$= 1.12 \times 10^{-5} \times r^2 \times R$$

在实际工作中，RCF 可由列线图很方便地查出。[见附录Ⅲ离心机转速（n）与相对离心力（RCF）的换算]

亚细胞器和蛋白质、核酸等大分子物质的分子在离心场中沉降时，可用沉降系数（S）描述其沉降行为。物质分子在每克每万分之一牛顿离心力作用下，每沉降或上浮 10cm～13cm 为 1S。沉降系数与微粒的密度、体积、形状及溶剂的密度、黏度等因素有关，与相对分子质量并不成正比，只是大体上表示相对分子质量的大小。

离心机可分为多种类型。按离心管在离心时所处的位置不同，可分为斜角式离心机和水平式离心机（图 1-12），前者离心时离心管纵轴与旋转轴成 45°～50°夹角，微粒所走路径较短，沉淀较快，但沉淀面与离心管纵轴成斜面，难以准确观察到沉淀体积；后者离心时离心管纵轴与旋转轴垂直，微粒所走路径较长，沉淀较慢，但沉淀面与离心管纵轴垂直，在刻度离

心管中可以准确观察沉淀体积。按最大转速不同,可分为低速离心机、高速离心机和超速离心机。一般将转速在10000r/min以下的离心机归为低速离心机,转速在10000r/min~30000r/min的离心机归为高速离心机;转速在30000r/min以上的离心机归为超速离心机。按用途不同,分为制备用离心机、分析用离心机。按操作温度不同可分为无冷冻离心机和冷冻离心机,后者附带有制冷设备,适应于较高温度时易分解或酶解的生物大分子的分离。

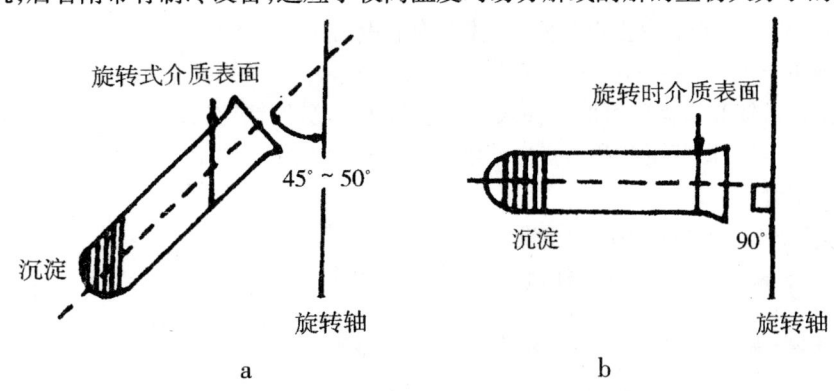

图1-12 斜角式和水平式离心机离心示意图
a. 斜角式　b. 水平式

一、离心分离法分离血浆球蛋白和清蛋白

1. 原理

利用盐析法沉淀血浆球蛋白和清蛋白,利用离心分离法分离。向血浆中加入硫酸铵至半饱和时,血浆球蛋白析出,将其离心沉淀分离;至饱和时,清蛋白析出,将其离心沉淀分离。

2. 操作

(1) 盐析

吸取血浆或血清5mL,加入离心管,边搅拌边加入硫酸铵饱和液5mL,搅拌均匀,静置10min。

(2) 平衡

将离心管放入管套,另取一支空离心管,放入一管套,将两支离心管连同管套分别置于托盘天平的两盘上,向空离心管加入蒸馏水,直至两边等重。

(3) 离心

将两管连同管套置于离心机转子的对角线位置上,将其余空管套全部取出,锁紧离心机上盖,接通离心机电源,调节调速器,逐渐增加转速至2000r/min,离心10min。调节调速器,逐渐减低转速,断开离心机电源,待自然停止后取出离心管。

(4) 转移

用滴管将上清液全部转移至另一离心管中,沉淀即为球蛋白。

(5) 盐析

向上清液边搅拌边加入硫酸铵粉末,至不能再溶解为止,静置10min。

(6) 离心

方法同(3)。离心后弃去上清液,沉淀即为清蛋白。

(7) 透析

向球蛋白沉淀和清蛋白沉淀各加入蒸馏水1mL,用玻璃棒搅匀,分别置于透析袋中用蒸馏水透析除盐,最后得球蛋白和清蛋白溶液。

(8) 结果处理

① 观察离心管中蛋白质沉淀情况;
② 用双缩脲试剂定性检查蛋白质。

3. 注意事项

① 避免强力搅拌或振摇,防止产生过多泡沫。
② 离心前一定要细心平衡,要将离心管连同管套一起平衡。
③ 要将平衡好的两支离心管连同管套置于离心机转子的对角线位置。
④ 离心时,应逐渐加速或减速,在转子尚未停止前,不得打开离心机盖。
⑤ 离心时,如发生离心管碎裂,应迅速关机,以免损坏离心机轴。

4. 实验材料

(1) 试剂

① 血浆或血清。
② 硫酸铵。
③ 硫酸铵饱和溶液:将蒸馏水加热至50℃左右,边搅拌边加入硫酸铵粉末,直至不再溶解为止。将溶液温度降至室温,应有少量硫酸铵结晶析出,用时取上清液。
④ 生理盐水。

(2) 器材

普通台式离心机,托盘天平,离心管(15mL,3支),刻度吸管(1mL、5mL(2支)),试管架,滴管,玻璃棒,烧杯(250mL),透析袋(2只)。

思考题

1. 离心分离法的基本原理是什么?
2. 离心分离时要注意哪些操作?

二、差速离心法分离亚细胞结构

1. 原理

首先将组织细胞破碎,释放出亚细胞结构,然后将其悬浮于一定密度的蔗糖溶液中,在不同的离心力场下离心,使其分级沉淀。

本实验采用大鼠肝脏作标本,分离细胞核、线粒体和微粒体。线粒体和微粒体中含有多种氧化酶,在有氧时,可将 α-萘酚和 N,N-二甲基对苯二胺氧化缩合为蓝色的吲哚酚蓝,反应式如下:

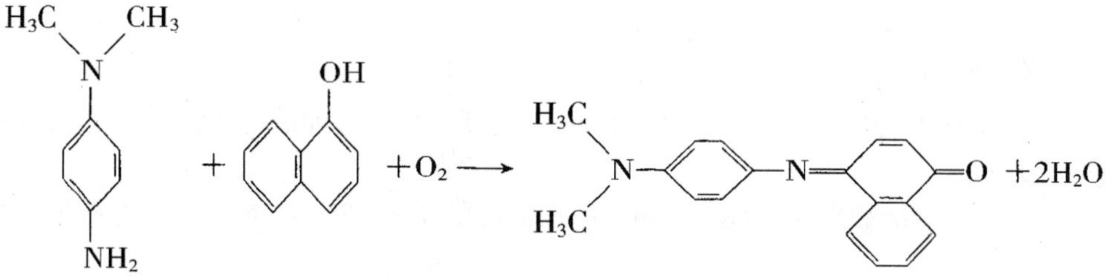

N,N-二甲基对苯二胺 + α-萘酚 + O_2 → 吲哚酚蓝 + $2H_2O$

不同亚细胞结构所含氧化酶的活性不同,显色深度也不同,以资鉴别。

2. 操作

(1) 制备组织匀浆

取大白鼠 1 只,处死,迅速开腹摘取肝脏,保留肝脏血管,用注射器吸取冷的磷酸盐缓冲液灌洗肝内血管,洗去血液,并用冷的磷酸盐缓冲液将肝脏表面冲洗干净,用滤纸吸去多余水分,称重。将肝脏剪碎,置匀浆器中,加入少量冷的蔗糖溶液,置冰水浴中匀浆,勿使细胞破碎。再加冷的蔗糖溶液稀释,使其浓度达到 10%(W/V)。

(2) 离心

按实验室所用超速离心机的具体操作程序进行离心操作。1000g 离心 10min,取出离心管,得沉淀为细胞核。将上清液转移至另一离心管中,15000g 离心 30min,取出离心管,得沉淀为线粒体。将上清液转移至另一离心管中,100000g 离心 60min,取出离心管,得沉淀为微粒体,弃去上清液。

(3) 测定

向 3 管沉淀各加入磷酸盐缓冲液 2mL,用玻璃棒将沉淀搅起,混匀,各加入 1% α-萘酚溶液 2 滴、1% N,N-二甲基对苯二胺盐酸水溶液 2 滴,混匀,置 37℃ 水浴中保温,至呈现明显蓝色为止,对比 3 管颜色深度,有否区别。如区别不明显,可加磷酸盐缓冲液稀释,直至区别明显。

(4) 结果处理

量出旋转半径,并按旋转半径和所需要的离心力在列线图上查出所需的转速(r/min)。

3. 注意事项

① 破碎细胞应在冷环境下进行,以减缓细胞器中酶的失活。
② 超速离心机必须精细操作,要按所用超速离心机的操作规程严格掌握。

4. 实验材料

(1) 试剂

① 0.1mol/L(pH=7.0)磷酸盐缓冲液:量取 0.1mol/L 磷酸氢二钠 610mL 和 0.1mol/L 磷酸二氢钠 390mL,混匀。

② 0.25mol/L 蔗糖溶液:称取蔗糖 85.6g,加适量磷酸盐缓冲液溶解,再加磷酸盐缓冲液定容至 1000mL。

③ 1% α-萘酚溶液:称取 α-萘酚 1g,加适量 95%乙醇溶解,再加 95%乙醇至 100mL,贮存于棕色瓶中。

④ 1% N,N-二甲基对苯二胺盐酸水溶液。

(2) 器材

超速离心机,超速离心管(6支),托盘天平,电热恒温水浴箱(37℃),手术刀,剪刀,镊子,匀浆器,冰水浴,注射器(10mL),刻度吸量管(2mL),量筒(50mL),滴管(4支),玻璃棒,大白鼠。

思考题

1. 差速离心分离法的原理是什么?
2. 超速离心时怎样求得 RCF?

实验 5 电 泳 技 术

电泳是指溶液中的带电粒子在电场作用下,向着与其电荷相反的电极移动的现象。利用电泳现象,将生物分子混合物中各组分分离、鉴定的技术称为电泳技术。

电泳现象最早发现于 1808 年,直到 1937 年瑞典 Tiselius 才将这一现象应用于生物化学的研究中。1948 年,Wieland 等建立了滤纸电泳法,开创了在支持物上进行电泳的技术。近年来,随着各种新型电泳支持物和先进仪器设备的相继出现,适合各种目的的电泳法应运而生。目前电泳分析技术已得到广泛的应用,生化制药工业已将电泳技术列为最常采用的分析鉴定技术之一。

假设带电粒子为圆球形,根据 Stoke 定律,带电粒子在电场中的电泳速度可用下列公式表示：

$$v = \frac{QE}{6\pi r \eta}$$

式中：v 为带电粒子的电泳速度(cm/s)；

Q 为带电粒子所带净电荷量(C)；

E 为电场强度(V/cm)；

r 为带电粒子半径(cm)；

η 为介质的粘度系数；

6π 为球形带电粒子的经验常数。

由公式可见，带电粒子的电泳速度和粒子本身的性质、粒子表面所带电荷量、粒子的大小及形状、电场强度等有密切关系。所以，在一定电场强度下，不同种类的带电物质粒子其电泳速度不完全一致，当其移动一段时间后，便会集中到确定的位置上，呈现一条致密的区带。这种电泳速度的差异和致密区带的形成，就是电泳分析技术的基本原理。

为区别不同带电粒子的电泳特征，常采用电泳迁移率表示。电泳迁移率是指带电粒子在单位电场强度下的泳动速度（或泳动度）。可用下列公式表示：

$$\mu = \frac{v}{E}$$

式中：v 为带电粒子电泳速度(cm/s)；

E 为电场强度(V/cm)。

在实验测定中，电泳迁移率常用下列公式求得：

$$\mu = \frac{v}{E} = \frac{l/t}{E}$$

式中：l 为带电粒子在 t 秒内的移动距离(cm)；

E 为电场强度(V/cm)；

t 为通电时间(s)。

因此，电泳迁移率的单位为 $cm^2 s^{-1} V^{-1}$。

不同的带电粒子具有不同的电泳迁移率，决定其具有不同的电泳速度。因此，电泳迁移率是物质的物化特征常数，是电泳分析的主要依据。

影响带电粒子移动速度的因素主要有：带电颗粒的性质（大小、形状及所带静电荷等）；电场强度（常压或高压）；电泳系统中溶液的性质（pH 组成成分、离子强度、黏度）以及支持介质的性质等。因此，在进行电泳分析时，必须根据分离样品性质、组成成分，通过反复试验、选择，并严格控制最佳的电泳条件，才能保证样品分离的最佳效果。

目前，在药物分析及生化制药工业中，最常用的是有支持介质的电泳技术，它属于区带电泳类。根据使用的支持介质不同，可分为滤纸电泳、琼脂糖凝胶电泳、聚丙烯酰胺凝胶电泳等。此外，根据支持介质的装置形式不同，又可分为水平式电泳、垂直板式电泳和垂直盘状电泳等。

电泳的一般操作程序,包括支持介质的准备、加样、电泳、固定、染色、脱色、定性观察及定量测定等过程。

一、琼脂糖凝胶电泳分离血清脂蛋白

1. 原理

血清中存在的脂蛋白即血清脂蛋白,不仅在脂类的组成和含量上不同,而且其蛋白质部分(即载脂蛋白)也不相同。不同的载脂蛋白,其等电点、分子大小及形状均不相同,在电场中的电泳速度也不相同。在本实验条件下,血清脂蛋白均带负电荷,利用琼脂糖凝胶作支持介质进行电泳,可将血清中脂蛋白分成四个组分。从负极到正极依次为乳糜微粒、β-脂蛋白、前β-脂蛋白和α-脂蛋白。除可定性外,还可以通过洗脱法或分光光度法对各种脂蛋白进行定量测定。

琼脂糖是从琼脂中提取的一种多糖,具亲水性,分子结构上不带电荷,当离子强度大于0.05mol/L时,对蛋白质无吸附作用,也无电渗作用。琼脂糖凝胶理化性质稳定,具有大小不等的筛孔,可允许相对分子质量达100万的大分子自由通过,因此,琼脂糖凝胶是一种很好的电泳支持介质。一般琼脂糖凝胶的浓度在0.5%~0.7%时,电泳图谱清晰,分辨率高,重复性好。凝胶无色透明,不吸收紫外光,故电泳后可直接用紫外分光光度法做定量分析。目前琼脂糖凝胶电泳已广泛应用于同工酶分离、血清脂蛋白分离及DNA的检测。

2. 操作

(1) 血清预染

取血清0.18mL于一小试管中,加饱和苏丹黑B染液0.02mL,混匀,置室温1h后,加5g/L蔗糖液0.2mL。

(2) 制板

取普通载玻片(2.5cm×7.5cm)擦净,编号,将已融化的5g/L琼脂糖溶液均匀地涂布于载玻片上,静置,室温待凝固,然后,距载玻片一端1.5cm处打一小槽(1cm×0.1cm)。

(3) 加样

吸净槽内水分,将预染的样品20μL~30μL加于样品槽内。

(4) 电泳

将上述琼脂板放在电泳槽中,用四层滤纸或纱布搭桥,样品端置负极,通电,电压控制在100V~120V之间,电泳40min~60min即可分离。

自负极端起,原点为乳糜微粒,依次为β、前β及α-脂蛋白,正常可出现二条或三条区带,即β、前β及α-脂蛋白。

关于结果判断,可按直观区带着色深、浅、宽、窄。用浅染、稍浅染、深染及消失等加以描述。用光密度计测定,可直接描出各峰及算出各区带百分比。

3. 注意事项

① 样品槽大小适中,边缘光滑整齐。
② 加样量要适中,以加满样品槽为好,千万不要将已染色的样品沾在槽外的凝胶板上。

4. 临床意义

① 正常参考值：α - 脂蛋白　　　$(31.8 \pm 5.3)\%$
　　　　　　　前 β - 脂蛋白　　$(15.1 \pm 4.1)\%$
　　　　　　　β 脂蛋白　　　　$(53.1 \pm 5.1)\%$
　　　　　　　乳糜微粒　　　　　$(-)$

② 血浆 β - 脂蛋白高者,易患动脉粥样硬化；而血浆中 α - 脂蛋白含量高的人,患动脉粥样硬化者较少。脂蛋白电泳结合其他血脂检查,对高脂血症的分型有很大的参考价值。

5. 实验材料

（1）试剂

① 250g/L 蔗糖溶液：称取蔗糖 2.5g,加蒸馏水 10mL。
② 饱和苏丹黑 B 染液：取苏丹黑 B 约 0.5g,溶于 5mL 无水乙醇中,使呈饱和溶液。
③ 电泳缓冲液（pH = 8.6,离子强度 0.075）：称取巴比妥钠 15.458g 和巴比妥 2.768g,溶于煮沸过的蒸馏水中,加蒸馏水至 1000mL。
④ 巴比妥 - 盐酸缓冲液（pH = 8.2,离子强度 0.082）：称取巴比妥钠 17.0g,溶于 600mL 蒸馏水中,再加 1mol/L HCl 溶液 23.5mL 后,加蒸馏水至 1000mL。
⑤ 乙二胺四乙酸二钠（10mmol/L $EDTANa_2$）：称取 $EDTANa_2$ 372mg,溶于 100mL 蒸馏水中。
⑥ 5g/L 琼脂糖凝胶：称取琼脂糖 0.5g,加巴比妥 - 盐酸缓冲液 50mL,$EDTANa_2$ 1.2mL,蒸馏水 50mL,加热溶解并摇匀,分装于大试管中,冷却后,置冰箱备用。

（2）器材

电泳仪,载玻片,打槽器,微量加样器。

思考题

1. 琼脂糖凝胶电泳有何优缺点？最常用在哪些物质的分离中？
2. 为什么正常人血清脂蛋白电泳时见不到乳糜微粒区带？

二、血清蛋白质醋酸纤维素薄膜电泳

1. 原理

采用醋酸纤维素(Cellulose acetate)薄膜为支持物的电泳方法,叫做醋酸纤维素薄膜电泳。醋酸纤维素是纤维素的羟基经乙酰化所形成的纤维素醋酸酯。将它溶于有机溶剂(如丙酮、氯仿、氯乙烯、乙酸乙酯等)后,涂抹成均匀的薄膜,则成为醋酸纤维素薄膜。该膜具有均一的泡沫状的结构,有强渗透性,对分子移动无阻力。

由于醋酸纤维素薄膜作为电泳支持物时比滤纸电泳时的电渗小、分离速度快、区带清晰、样品用量少、操作简便,因此,在实验室及临床化验中已取代滤纸电泳而广泛使用。目前已广泛用于血清蛋白、脂蛋白、血红蛋白、糖蛋白、同工酶等的分离测定及免疫电泳等方面。

血清蛋白质的等电点均低于pH7.6,电泳时常采用pH8.6的缓冲液。此时,各蛋白质解离成负离子,在电场中向正极移动。因各种血清蛋白质的等电点不同,在同一pH下带电数量不同,各蛋白质的分子大小也有差别,故在电场中的移动速度不同。分子小而带电荷多的蛋白质泳动较快,分子大而带电荷少的泳动较慢,从而可将血清蛋白质分离成数条区带。

醋酸纤维素薄膜电泳可把血清蛋白质分离为:白蛋白及 α_1、α_2、β、γ 球蛋白等五条区带。将薄膜置于染色液中使蛋白质固定并染色后,不仅可看到清晰的色带,并可将色带染料分别溶于碱溶液中进行定量测定,从而计算出血清中各种蛋白质的百分含量。

正常人血清蛋白质中各种组分的含量百分比为:

白蛋白为 57% ~72%

α_1 球蛋白为 2% ~5%

α_2 球蛋白为 4% ~9%

β 球蛋白为 6.5% ~12%

γ 球蛋白为 12% ~20%

临床上常用此法测定血清蛋白质,供诊断肝、肾病变用。

2. 操作

(1) 点样

将薄膜切成 2.5cm×7cm 的小片,在薄膜无光泽面距一端 1.5cm 处用铅笔画一线,表示点样位置,放入巴比妥缓冲液中充分浸透,约 0.5h 后取出,用滤纸吸取水分。用微量吸管沿线加 3μL 血清;或将血清涂在软片边缘,把软片边缘紧压在薄膜上,使血清通过软片间接地印吸在薄膜上。待血清渗入薄膜,将薄膜光面向上,无光泽面向下,平贴在电泳槽的支持板上。支持板上预先贴好二层纱布(或四层滤纸)浸湿在巴比妥缓冲液中成桥架状。薄膜紧贴在纱布(或滤纸)上,置 10min,使薄膜中的液体获得平衡。

(2) 通电

通电前先检查薄膜上血清样品是否处在阴极一侧。通电后调节电压至110V～130V,电流为0.4mA/cm～0.6mA/cm宽,通电45min～60min(只调电流即可)。

(3) 染色

电泳停止,关闭电源,将薄膜从电泳槽中取出,直接浸入氨基黑染色液中,染色3min～5min。从染色液中取出薄膜,浸入漂洗液中漂洗3～4次,至薄膜的底色洗净为止。用滤纸吸干薄膜。

(4) 结果判断

一般在染色后的薄膜上可显现清楚的五条区带,从正极端起依次为白蛋白及 α_1、α_2、β、γ 球蛋白。

(5) 定量

取6支试管,编好序号,将电泳薄膜按蛋白区带剪开,分别置于试管中,另于空白部位剪一平均大小的薄膜条放入空白管中,各管中加0.4mol/L NaOH 溶液5mL。需反复振摇使其充分洗脱。用分光光度计进行比色,波长650nm,以空白管作对照,读取白蛋白及 α_1、α_2、β、γ 球蛋白各管的吸光度。

如需保存电泳结果,可将染色后之干燥薄膜浸于透明液中20min,取出后将薄膜平贴于玻璃板上。干燥过程中,薄膜渐变透明。此透明薄膜用扫描光密度计可绘出电泳曲线,并可根据曲线的面积计算各组分的百分数。

(6) 计算

吸光度总和: $A_T = 2A_A + A_{\alpha_1} + A_{\alpha_2} + A_\beta + A_\gamma$。

若以总吸光度为100,则各部分蛋白质的百分数为:

$$白蛋白(\%) = \frac{A_A \times 2}{A_T} \times 100 \qquad \alpha_1 球蛋白(\%) = \frac{A_{\alpha_1}}{A_T} \times 100$$

$$\alpha_2 球蛋白(\%) = \frac{A_{\alpha_2}}{A_T} \times 100 \qquad \beta 球蛋白(\%) = \frac{A_\beta}{A_T} \times 100$$

$$\gamma 球蛋白(\%) = \frac{A_\gamma}{A_T} \times 100$$

3. 注意事项

① 点样要均匀。

② 点样端要置于阴极端,切勿放反。

③ 电泳过程中,应注意控制电压和电流,防止过高或偏低。

④ 注意控制染色和漂洗时间,防止背景过深或某些色带太浅。

4. 临床意义

人患肝硬化时,通常白蛋白降低,γ 球蛋白升高 2~3 倍;患肾病综合征时,白蛋白降低, α_2、β 球蛋白升高。

5. 实验材料

(1) 试剂

① 巴比妥缓冲液:称取巴比妥钠 12.76g 及巴比妥 1.66g,用蒸馏水加热溶解后,再加蒸馏水至 1000mL,此缓冲液 pH8.6,离子强度 0.06。

② 氨基黑染色液:取氨基黑 10B 0.5g 溶于 50mL 甲醇中,再加入冰醋酸 10mL 及蒸馏水 40mL。

③ 漂洗液:用 95% 乙醇 45mL 加冰醋酸 5mL 及蒸馏水 50mL,混匀即可。

④ 0.4mol/L NaOH 溶液:称取 16g 的 NaOH(分析纯),用少量蒸馏水溶解后定容到 1000mL。

⑤ 透明液:于 80mL 浓度为 95% 的乙醇中加入冰醋酸 20mL。

(2) 器材

电泳仪,分光光度计,醋酸纤维素薄膜,加样器,染色缸,漂洗缸,滤纸片,试管(6 支),刻度吸管(5mL),镊子,试管架,载玻片。

思考题

1. 电泳中,血清样品点在支持物的哪一端?为什么?
2. 醋酸纤维素薄膜做支持物的优点有哪些?
3. 引起电泳图谱不整齐的原因是什么?

三、聚丙烯酰胺凝胶电泳分离血清蛋白质

1. 原理

凝胶电泳比薄膜电泳分辨率高,目前广泛使用的聚丙烯酰胺凝胶电泳(Polyacrylamide gel electrophoresis,PAGE)远比其他电泳分辨率高。

聚丙烯酰胺凝胶(PAG)是一种人工合成的凝胶,具有机械强度好、弹性大、透明、化学稳定性高等特点。电泳时,仅需小量样品即可进行。人工聚合形成凝胶时还可控制凝胶孔径,以适应于分子大小不同物质的分离。

根据凝胶装置形式可分为盘状电泳(Disc electrophoresis)及板状电泳(Slab electrophoresis)。盘状电泳是在直立的玻璃管内进行,通常利用不连续的缓冲液、pH 值及凝胶孔径来进行电泳,故称不连续电泳(Discontinuity electrophoresis);混合物分离后形成很窄的区带,在凝

胶中呈圆盘状(Discoid shape),故又名圆盘电泳,实质上盘状电泳是包含了不连续及盘状二重意义的双关语。见图 1-13。

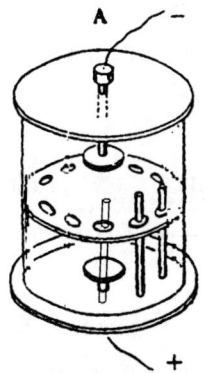

图 1-13　圆盘电泳

现将聚丙烯酰胺凝胶制备及电泳的原理介绍如下。

(1) 丙烯酰胺的聚合

聚丙烯酰胺凝胶是由丙烯酰胺(Acrylamide,Acr)单体和少量的交联剂甲叉双丙烯酰胺(N, N-methylene bisacrylamide,Bis)在催化剂的作用下聚合成含酰胺基侧链的脂肪族长链,相邻的两条链之间通过甲叉桥交联起来,形成三维网状结构的凝胶。单体及聚合物化学结构式如下:

$$CH_2=CH-\overset{O}{\overset{\|}{C}}-NH_2 + CH_2=CH-\overset{O}{\overset{\|}{C}}-NH-CH_2-NH-\overset{O}{\overset{\|}{C}}-CH=CH_2 \xrightarrow[催化剂]{聚合}$$

丙烯酰胺　　　　　　　甲叉双丙烯酰胺

$$-CH_2-CH-[CH_2-CH]_x-CH_2-CH-[CH_2-CH]_x--CH_2-$$
$$\underset{NH_2}{\overset{C=O}{|}}\quad\underset{NH}{\overset{C=O}{|}}\quad\underset{NH_2}{\overset{C=O}{|}}$$
$$\overset{CH_2}{|}$$
$$\overset{NH}{|}$$
$$\overset{C=O}{|}$$
$$-CH_2-CH-[CH_2-CH]_x--CH_2-CH-[CH_2-CH]_x--CH_2$$

聚丙烯酰胺凝胶

聚合反应需要催化剂参加,常用的催化剂有过硫酸铵及核黄素。在水溶液中,过硫酸铵可形成游离基 $SO_4^- \cdot$,后者使丙烯酰胺单体的双键打开,活化形成游离基丙烯酰胺,通过游离基丙烯酰胺和甲叉双丙烯酰胺作用就能聚合并形成凝胶。这个催化系统需要在碱性条件下进行,如7%丙烯酰胺在pH8.3时,30min内可聚合完毕。为避免溶液中有氧气而妨碍聚合,所以,在聚合前有必要将溶液抽气去氧。

$$S_2O_8^{2-} \rightarrow 2SO_4^- \cdot$$

$$SO_4^- \cdot + CH_2=CH\underset{CONH_2}{|} \rightarrow CH_2-\underset{CONH_2}{\underset{|}{\overset{}{C}H}} \xrightarrow{\times n} CH_2-\underset{CONH_2}{\underset{|}{CH}}-CH_2-\underset{CONH_2}{\underset{|}{CH}}-CH_2-\underset{CONH_2}{\underset{|}{CH}}$$

丙烯酰胺　　　　游离基丙烯酰胺　　聚丙烯酰胺凝胶　　　↓甲叉双丙烯酰胺

核黄素在光照下分解,其黄素部分被还原成无色型,但在有氧条件下,无色型又被氧化成带有游离基的黄素。后者也能使丙烯酰胺聚合形成凝胶。

为加速聚合,在合成凝胶时还加用四甲基乙二胺(N,N,N',N'-Tetramethylethylenediamine,TEMED)作为加速剂。因为 TEMED 也能以游离基形式存在,促进了丙烯酰胺的聚合。

聚丙烯酰胺凝胶因富含酰胺基,使凝胶具有稳定的亲水性,又不带电荷,故该凝胶在电场中几乎没有电渗作用,是一种比较理想的电泳支持物。

(2) 凝胶的机械性能

凝胶太软不易操作,凝胶太硬易于断裂。凝胶的机械性能、弹性、透明度和粘着度取决于凝胶总浓度,通常用 $T\%$ 表示,即100mL凝胶溶液中含有 Acr 和 Bis 的总克数,Acr 和 Bis 的比例通常用交联度 $C\%$ 来表示,即交联(甲叉双丙烯酰胺)占单体与交联剂总量的百分数。

$$T\% = \frac{a+b}{m} \times 100$$

$$C\% = \frac{b}{a+b} \times 100$$

式中:a 为凝胶溶液中所含 Acr 的数量(g);

b 为凝胶溶液中所含 Bis 的数量(g);

m 为凝胶溶液中缓冲液的体积数(mL)。

$a/b < 10$ 时,凝胶变脆;$a/b > 100$ 时,T 为5%的凝胶呈糊状,易于断裂。通常要求:

　　　T 为2%~5%时,应使 Acr/Bis = 20;

　　　T 为5%~10%时,应使 Acr/Bis = 40;

　　　T 为15%~20%时,应使 Acr/Bis = 125~200。

即当 Acr 的浓度增加时,Bis 的浓度要作适当的降低。为了得到比较合适的凝胶,可参考下面的经验式:

　　　丙烯酰胺(g) × 甲叉双丙烯酰胺(g) = 1.3

(3) 凝胶的孔径

凝胶是三维网状结构,网孔的孔径主要受丙烯酰胺和甲叉双丙烯酰胺总浓度 $T\%$ 的控制。$T\%$ 越大,孔径越小。而交联度 $C\%$ 的大小则与凝胶筛孔最大直径有关。

要想将蛋白质或核酸之类的大分子混合物很好地分离,并在凝胶柱上形成明显的区带,选择一定孔径的凝胶是很关键的。实用中常按样品的分子大小来选择适宜的凝胶浓度。

蛋白质分子量范围	适用的凝胶浓度
$<10^4$	20% ~ 30%
$10^4 \sim 10^6$	7.5% ~ 15%
$>10^6$	3.75% ~ 7.0%
核酸(RNA)分子量范围	
$<10^4$	15% ~ 20%
$10^4 \sim 10^5$	5% ~ 10%
$10^5 \sim 2 \times 10^6$	2% ~ 2.6%

常用的标准凝胶是指浓度为 7.5% 的凝胶,大多数生物体内的蛋白质在此凝胶中电泳能得到满意的结果。(常用 2.4% 聚丙烯酰胺凝胶分离核酸)

(4) 缓冲液系统的选择

选用适当的缓冲液系统是电泳的关键问题,特别是注意 pH 范围及离子强度。电泳所选择的 pH 应能使蛋白质分子处于较大的电荷状态,同时能使样品中各种蛋白质分子表现出泳动率的差别最大,因此,pH 要远离蛋白质的等电点,使蛋白质分子中羧基或氨基的解离度尽量增大,但也要避免由于缓冲液 pH 过高或过低而损坏样品的稳定性。通常酸性蛋白质在较高的 pH 下、碱性蛋白质在较低的 pH 下,可得到较好的分离。

离子强度通常选用 0.01mol/L ~ 0.1mol/L。因为低离子强度的缓冲液电导性低,能产生较好的电压梯度而加速电泳的过程,产热也少,分离效果也好。但浓度过低,pH 不易稳定,也需注意。

(5) 十二烷基硫酸钠

SDS 是十二烷基硫酸钠(Sodiom Dodecyl Sulfate)的简称,它是一种阴离子表面活性剂,加入到电泳系统中能使蛋白质的氢键、疏水键打开,并结合到蛋白质分子上(在一定条件下,大多数蛋白质与 SDS 的结合比为 1.4gSDS/1g 蛋白质),使各种蛋白质 – SDS 复合物都带上相同密度的负电荷,其数量远远超过了蛋白质分子原有的电荷量,从而掩盖了不同种类蛋白质分子间原有电荷的差异。这样就使蛋白质分子的电泳迁移率只取决于它的分子量的大小这一因素,而其他影响蛋白质电泳迁移率的因素几乎可以忽略不计。实验证明,在这种情况下电泳迁移率与其分子量的对数之间呈负相关。所以将已知分子量的标志蛋白质电泳迁移率与其分子量的对数作图,可制得一条校正曲线。在相同条件下,只要测得未知分子量蛋白质的电泳迁移率,即可从校正曲线上求得其近似分子量。

(6) 不连续系统聚丙烯酰胺凝胶电泳的原理

根据凝胶各部分缓冲液的种类及 pH 值、筛孔大小等是否相同,分为连续系统和不连续系统。在连续系统中,各部分均相同;不连续系统中则不相同。不连续系统的优点在于对样品的浓缩效应好,能在电泳分离前就将样品浓缩成极薄的区带,从而提高分辨率。若样品浓度大、成分不复杂时,用连续系统也可以得到满意的分离效果。

不连续盘状聚丙烯酰胺凝胶电泳分离血清蛋白质时,该系统的电极缓冲液通常为 pH8.3 的 Tris – 甘氨酸缓冲液,样品及凝胶中缓冲液则为 Tris – HCl 缓冲液,在电泳柱中其组成如图 1 – 14 所示。

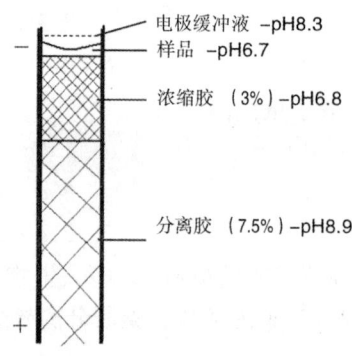

图 1 – 14　连续聚丙烯酰胺凝胶电泳柱中各部分的组成

其分离效应可分述如下。

浓缩效应

第一,两层凝胶孔径不同,浓缩胶是大孔径凝胶,分离胶为小孔径凝胶。待分离样品在大孔凝胶中受到的阻力小,移动速度快,一走到小孔凝胶处时,突然阻力加大,速度变慢。这样在两种凝胶的交界处使待分离样品的区带变窄,浓度升高。

第二,此系统中含有大小不同的 Cl^-、Pr^-(蛋白质离子)和 $H_2NCH_2COO^-$(甘氨酸离子)。在样品层和浓缩胶中,其缓冲液 pH 为 6.7,HCl 几乎全部解离为 Cl^-,但仅极少部分的甘氨酸分子解离为 $H_2NCH_2COO^-$。血清蛋白质的等电点一般为 pH5 左右,在此条件下其解离度在 HCl 和甘氨酸之间。当电泳系统通电后,这三种离子同时向正极移动,其有效泳动率是 $Cl^- > Pr^- > H_2NCH_2COO^-$,故 Cl^- 称为快离子,而 $H_2NCH_2COO^-$ 称为慢离子。在电泳开始时,由于 Cl^- 的泳动率最大,很快超过蛋白质,在快离子的后边形成一离子浓度低的区域即低电导区。电导与电压梯度成反比,所以低电导区具有较高的电压梯度。这种高电压梯度使蛋白质和慢离子在快离子后面加速移动,其时,可以在快离子和慢离子之间形成一稳定而不断向正极移动的界面。由于在这个界面中蛋白质离子的有效迁移率恰好位于 Cl^- 和 $H_2NCH_2COO^-$ 之间,因此,蛋白质离子就集聚在 Cl^- 和 $H_2NCH_2COO^-$ 之间,被浓缩形成一狭小的中间层。原来 1cm 厚的样品层此时可被浓缩为 $0.25\mu m$ 的厚度。高度的浓缩效应,大大提高了电泳分离的分辨率,特别适用于低浓度样品的分离。

电荷效应

蛋白质混合物在界面处被高度浓缩,堆积成层,形成一狭小的高浓度蛋白质区。但由于每种蛋白质分子所载有效电荷不同、泳动率不同,通过此种电荷效应,各种蛋白质以一定的顺序排列成一个一个圆盘状。

分子筛效应

蛋白质分子在电场作用下泳动时,受到两种力的影响,即静电引力和介质阻力的作用。在聚丙烯酰胺凝胶电泳中,静电引力与其他电泳一样,主要取决于蛋白质颗粒自身带电状态,但所受到的介质阻力则与其他电泳不同。当夹在快离子和慢离子中间的蛋白质通过浓缩胶时,pH 增大,凝胶孔径变小,使慢离子的解离度增大,有效泳动率也增加,超过了所有蛋白质的有效泳动率,从而赶上并超过所有的蛋白质分子,以致高电压梯度不复存在。此时,蛋白质样品则处在均一的电压梯度中通过分离胶。分子大小和构象不同的蛋白质,通过一定孔径的分离胶时,所受摩擦力不同,受阻滞的程度不同,因此也表现出不同的迁移率。即使蛋白质所带的净电荷相似,也会由于分子筛效应而在分离胶中被分离开来。

(7) 染色与脱色

由于蛋白质没有颜色,无法观察,因此,电泳之后需把一些颜色鲜明的染料结合到蛋白质上面,这个过程就是染色。染色之后,需要脱色,把那些没有和蛋白质结合在一起的染料洗掉,使蛋白质清晰可辨,这个过程叫脱色。常用的蛋白质染色方法有:有机试剂染色如考马斯(Coomassie)亮蓝 R250 或氨基黑染色、银染、荧光染色及同位素显色。

血清蛋白通过聚丙烯酰胺凝胶电泳一般可分出 12~26 条区带,Coomassie 亮蓝 R250 能通过范德华力与蛋白质结合,灵敏度很高,故可使蛋白质电泳区带染色而显示出来。

2. 操作

(1) 圆盘电泳

电泳凝胶制备

凝胶管下层用 7.5% 凝胶作为分离胶,上层用 3% 凝胶作为浓缩胶,其制备方法如下。

a. 分离胶的制备:按下表操作制备分离胶:

试剂	7.5% 分离胶 (mL)
凝胶贮备液	5.0
分离胶缓冲液	2.5
蒸馏水	12.1
100g/L SDS	0.2
100g/L 过硫酸铵	0.2
TEMED	0.012

混匀后,立即用细长头滴管将凝胶液加入到垂直放置、且下端用橡皮泥或胶带封闭的玻璃柱内,每管约 2mL 凝胶液,然后小心地用注射器在胶面加一层蒸馏水(约 3mm ~ 4mm),用于隔绝空气,使胶面平整。室温下静置约 30min ~ 60min。当凝胶完全聚合时,可看到清晰的胶-水界面。

b. 浓缩胶的制备。

用滤纸吸去分离胶上层多余的水,但不要碰破胶面。再用注射器取浓缩胶缓冲液洗涤胶面数次,即可制备浓缩胶。按下表操作制备浓缩胶。

试剂	3.0 % 浓缩胶(mL)
凝胶贮备液	1
浓缩胶缓冲液	1.25
蒸馏水	7.5
100g/L SDS	0.1
100g/L 过硫酸铵	0.1
TEMED	0.05

混匀后,立即用细长头滴管将凝胶溶液加到分离胶的上方,约 1cm 厚,上面同样加一层水,静置 40min,使其充分聚合。凝胶聚合后,用去离子水冲洗以除去未聚合的丙烯酰胺。用滤纸吸去浓缩层多余的水,准备加样。

样品预处理和加样

取血清 0.1mL,上样缓冲液 0.9mL,混匀,在沸水中煮沸 5min。将制备好的凝胶柱去除下端的橡皮泥或胶带,垂直插入到电泳槽中。用微量注射器依次将样品加到各柱孔内,上样量一般为 $20\mu L$ ~ $40\mu L$。然后在样品上小心加入电极缓冲液至满管,切勿搅动样品。

电泳

将已加好样的凝胶柱去除下端的橡皮泥或胶带,垂直插入到电泳槽中。在上下槽中加入电极缓冲液,上槽的液面要超过玻璃柱上端 4cm ~ 6cm,下槽缓冲液要全部浸没凝胶柱下端,端末不能有气泡。盖好电泳槽盖,上槽接负极,下槽接正极。接通电源,开始电泳,电流控制在 2mA/管 ~ 5mA/管。2h 左右,当指示染料抵达距分离胶下端约 1cm 处,断开电源,停止电泳。

凝胶分离

电泳结束后,取出凝胶柱,用带长针头的注射器小心地沿着凝胶与玻璃柱壁之间慢慢注入水并转动一周,凝胶就能脱离滑出。或用洗耳球在玻璃柱的一端稍加压力,凝胶自然地压出。在凝胶柱的一端插一东西作为标记,将凝胶移至大培养皿中。

染色及脱色

a. 氨基黑染色:将凝胶放入氨基黑染色液中,染色 1h 左右。倒去染色液,用蒸馏水漂洗数次,然后加入5%冰醋酸溶液漂洗,室温浸泡凝胶或37℃加热使其脱色,并多次更换漂洗液,至蛋白质条带清晰为止。

b. 考马斯亮蓝 R250 染色:将分离凝胶浸入考马斯亮蓝染色液中 1h。倒去染色液,用蒸馏水漂洗数次,再用脱色液室温浸泡凝胶或37℃加热使其脱色 1~2 天,更换几次漂洗液,至蛋白质条带清晰为止。

(2) 垂直板电泳

① 安装垂直平板电泳胶模并将其固定于电泳槽中。见图 1-15。

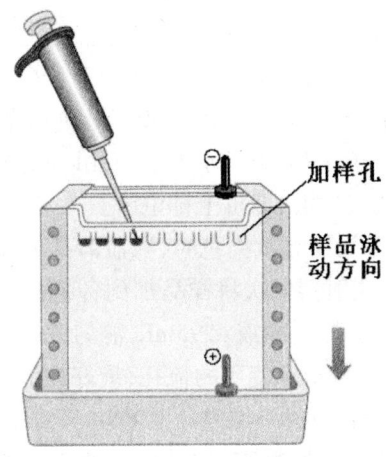

图 1-15　垂直板电泳

② 电泳凝胶制备。分离胶的制备,按下表操作制备分离胶:

试剂	7.5% 分离胶 (mL)
凝胶贮备液	5.0
分离胶缓冲液	2.5
蒸馏水	12.1
100g/L SDS	0.2
100g/L 过硫酸铵	0.2
TEMED	0.012

混匀后,立即用细长头滴管将凝胶溶液加于凝胶模内,直至距样品模板梳齿下缘约 1cm。在凝胶表面轻轻加一层蒸馏水(约 3mm~4mm),用于隔绝空气,使胶面平整。室温下静置约 30min~60min。当凝胶完全聚合时,可看到清晰的胶-水界面,此胶浓度为 7.5%。

浓缩胶的制备,用滤纸吸去分离胶上层多余的水,但不要碰破胶面。再用注射器取浓缩胶缓冲液洗涤胶面数次,即可按下表操作制备浓缩胶。

试剂	3.0% 浓缩胶(mL)
凝胶贮备液	1
浓缩胶缓冲液	1.25
蒸馏水	7.5
100g/L SDS	0.1
100g/L 过硫酸铵	0.1
TEMED	0.05

混匀后,立即用细长头滴管将凝胶溶液加到分离胶的上方,直至距玻璃板上缘约0.5cm处,再轻轻插入样品槽模板(梳子),静置40min,使其充分聚合,此胶浓度为3%。

凝胶聚合后,小心拔去梳子,用去离子水冲洗梳孔以除去未聚合的丙烯酰胺。在两电极槽中加入10倍稀释的电极缓冲液,即可上样电泳。

③ 样品预处理和加样:考马斯亮蓝染色时,取血清0.1mL,上样缓冲液0.9mL,混匀,在沸水中煮沸5min。用微量注射器依次将样品加到各梳孔中,上样量一般为$5\mu L \sim 7\mu L$。作银染色时,取血清0.05mL,上样缓冲液4.95mL,混匀,其他操作同上。注意添加已知分子量的蛋白质标准品Marker。对于未使用的梳孔,最好加上上样缓冲液。

④ 电泳:上槽接负极,下槽接正极,调电压为8V/cm 凝胶,开始电泳。当指示染料进入分离胶后,将电压增加到15V/cm 凝胶,继续电泳直至染料抵达距分离胶下端约1cm处,停止电泳,断开电源。

⑤ 凝胶分离:电泳结束后,取出电泳胶模,移去硅橡胶框,用不锈钢药铲轻轻将一块玻璃板撬开移去,在胶板一端切除一角作为标记,将胶板移至大培养皿中。精确量取并记录凝胶长度(分离胶)和指示染料的迁移距离(分离胶上缘到染料条带中心距离)。

其他操作同圆盘电泳。

⑥ 染色及脱色。

氨基黑染色:将凝胶放入氨基黑染色液中,染色1h左右。倒去染色液,用蒸馏水漂洗数次,然后加入5%冰醋酸溶液漂洗,室温浸泡凝胶或37℃加热使其脱色,并多次更换漂洗液,至蛋白质条带清晰为止。

考马斯亮蓝R250染色:将分离凝胶浸入考马斯亮蓝染色液中1h,倒去染色液,用蒸馏水漂洗数次,再用脱色液室温浸泡凝胶或37℃加热使其脱色1~2天,至蛋白质条带清晰为止。

银染色:电泳结束后,取出凝胶,量取凝胶长度和指示染料迁移距离的操作同考马斯亮蓝染色法。

a. 用5~10倍凝胶体积的固定液固定1h。

b. 去离子水洗凝胶3次,每次15min。

c. 50%甲醇浸泡凝胶至少1h或过夜。

d. 弃甲醇溶液,加入10倍凝胶体积的去离子水,于室温平缓摇动10min。

e. 弃去离子水,加入5倍凝胶体积的1g/L的硝酸银应用液(新鲜配制),于室温平缓摇动30 min。

f. 弃硝酸银溶液,用去离子水流动冲洗凝胶两次(每次20s)。

g. 将凝胶浸泡在5倍凝胶体积的显色液中,于室温平缓摇动进行温育,仔细观察凝胶,蛋白质条带通常在数分钟内出现,继续温育直至达到所需要的对比度。

h. 1%冰醋酸洗涤凝胶数分钟以终止显色反应,然后用去离子水洗涤凝胶数次,每次10min。

⑦ 校正曲线的数据处理和分子量测定精确量取并记录染色后凝胶长度、各标志蛋白质和各待测蛋白质区带的迁移距离(分离胶上缘到各蛋白质区带中心),按下式计算各蛋白质的相对迁移率(Rm值):

$$Rm = \frac{蛋白质染色区带迁移距离 \times 染色前凝胶的长度}{指示染料的迁移距离 \times 染色后凝胶的长度}$$

在半对数纸上,以各蛋白质标准的Rm值为横坐标(普通尺度),相应的分子量为纵坐标(对数尺刻度)作图,即得分子量校正曲线。根据各待测蛋白质的Rm值,查此校正曲线,可求得各待测蛋白质的相对分子量。

⑧ 自动化分析将经过染色和漂洗过的凝胶利用凝胶图像分析系统进行自动化分析,计算出各区带的迁移率、百分比及相应分子量。

3. 注意事项

① 银染色时,实验中的玻璃器皿必须干净并用去离子水冲洗,否则,可大大降低银染色法的灵敏度。凡接触凝胶表面,须戴手套。

② 制胶过程中用蒸馏水封住胶面是为了阻止空气中的氧气对凝胶聚合的抑制作用。

③ 本法也适合于其他生物样品中蛋白质的分析。上样量不宜过大,否则会出现过载现象。尤其是考马斯亮蓝R250染色,在蛋白质浓度过高时,染料与蛋白质的氨基($-NH_3^+$)形成的静电键不稳定,其结合不符合Lambert – Beer定律,使蛋白质定量不准确。

④ 丙烯酰胺具有很强的神经毒性,并可以通过皮肤吸收,其作用具有累积性。称量丙烯酰胺和亚甲双丙烯酰胺时应戴手套和口罩。可认为聚丙烯酰胺无毒,但也应谨慎操作,因为它有可能含有少量未聚合成分。

4. 实验用品

(1) 试剂

① 30%丙烯酰胺(Acr)29g及甲叉双丙烯酰胺(Bis)1g,于总体积约为60mL的双蒸水中充分搅拌溶解,再加双蒸水定容至100mL,用0.45μm孔径的滤器过滤除去杂质,贮

棕色瓶中于4℃保存。

② 分离胶缓冲液:取 1mol/L HCl 溶液 48mL,三羟甲基氨基甲烷(Tris)36.6g,加双蒸水至 80mL,使其溶解,调 pH 值至 8.9,然后用双蒸水稀释至 100mL,置棕色瓶中,4℃贮存。

③ 浓缩胶缓冲液:取 1mol/L HCl 溶液 48mL,Tris 5.98g,加双蒸水至 80mL,调 pH 至 6.7,用双蒸水稀释至 100mL,置棕色瓶中,4℃保存。

④ 电极缓冲液:称取 Tris 6g,甘氨酸 28.8g,加蒸馏水 850mL,调 pH 至 8.3,加蒸馏水到 1000mL,4℃贮存。用时可作 10 倍稀释。

⑤ 100g/L 过硫酸铵:称取过硫酸铵 0.5g,加双蒸水 5mL,最好新鲜配制。

⑥ 四甲基乙二胺(TEMED)或 β-二甲基氨基丙腈(DMAPN)。

⑦ 100g/L SDS:称取 SDS 1g,加蒸馏水 10mL 使其溶解。

⑧ 上样缓冲液:取浓缩胶缓冲液 6.25mL,蔗糖 10g,SDS 2.3g,1g/L 溴酚蓝 10mL,加蒸馏水溶解,混匀至 100mL。

⑨ 标准分子量蛋白质溶液:浓度为 2mg/mL,注意其分子量分布范围要能满足需要,各种蛋白质的浓度基本相等。

⑩ 样品:人血清。

⑪ 氨基黑染色试剂。

  a. 0.5% 氨基黑染色溶液:称取氨基黑 10B 0.5g,溶解于 100mL,浓度为 7% 的冰醋酸溶液中。

  b. 5% 冰醋酸溶液。

⑫ 考马斯亮蓝染色试剂。

  a. 考马斯亮蓝 R250 染色液:浓度为 2.5g/L,用甲醇:醋酸:蒸馏水 = 5:1:5 的溶液配制(V/V)。

  b. 考马斯亮蓝脱色液:取冰醋酸 7.5mL,甲醇 5mL,加蒸馏水至 100mL。

⑬ 银染色法试剂。

  a. 固定液:25% 异丙醇 - 10% 冰醋酸(V/V),用去离子水配制。

  b. 50% 甲醇(去离子水配制)。

  c. 200g/L 硝酸银贮存液,去离子水配制,贮于密闭的棕色玻璃瓶中,置于室温。

  d. 1g/L 硝酸银应用液,将 200g/L 硝酸银贮存液用去离子水稀释 200 倍。临用时配制。

  e. 显色液:25g/L 碳酸钠,0.2g/L 甲醛水溶液。临用时配制。

  f. 1% 冰醋酸溶液。

(2) 器材

电泳仪,垂直板或圆盘电泳槽,微量移液器,玻璃柱(内径 0.6cm,长度 10cm)等。

思考题

1. 简述 SDS 在本实验中的作用。
2. 电泳过程中,向正极泳动的蓝色条带是什么物质?请简述其在电泳中的作用。

第二编 生物化学的基础实验

实验1 蛋白质的颜色反应

一、双缩脲反应

1. 原理

所谓双缩脲反应是指在碱性条件下,双缩脲与二价铜离子作用,生成紫红色配合物反应。当加热至180℃时,两分子尿素缩合脱去一分子氨,生成双缩脲。

在肽和蛋白质分子中具有肽键,其结构与双缩脲类似,也能发生此反应,生成蓝紫色或紫红色的配合物。该反应常用于蛋白质的定性或定量测定。

应当指出,该反应的干扰因素较多,一些含有一个肽键和一个—NH_2,—CS—NH_2,—CH_2—NH_2 等基团的物质以及 O=C—C=O（NH_2 NH_2）也有双缩脲反应。并且 NH_3 对此反应具有严重的干扰,因为 NH_3 与铜离子可生成深蓝色的铜氨配合物。因此,可以说蛋白质和多肽都有双缩脲反应,但有双缩脲反应的物质不一定都是蛋白质或多肽。

2. 操作

① 取少量尿素结晶,放入干燥试管中。用微火加热使尿素熔化。熔化的尿素开始硬化时,停止加热,尿素放出氨,形成双缩脲。冷却后,加 10% 的 NaOH 溶液约 1mL,振荡混匀,再加入 1% 的 $CuSO_4$ 溶液 3 滴,振荡之。观察出现的粉红颜色。避免添加过量硫酸铜,否则,生成的蓝色氢氧化铜能掩盖粉红色。

② 取另一支试管,加 1mL 卵清蛋白溶液和 10% NaOH 溶液 2mL,摇匀,再加 1% 的 $CuSO_4$ 溶液 2 滴,随加随摇,观察紫红色的出现。

二、茚三酮反应

1. 原理

除脯氨酸、羟脯氨酸和茚三酮反应生成黄色物质外,所有的 α-氨基酸及一切蛋白质都能和茚三酮反应生成蓝紫色物质。该反应分两步进行,首先是氨基酸被氧化,产生 CO_2、NH_3 和醛,而水合茚三酮被还原成还原型茚三酮;第二步是所生成的还原型茚三酮再与另一个水合茚三酮分子、氨缩合生成有色物质。反应如下:

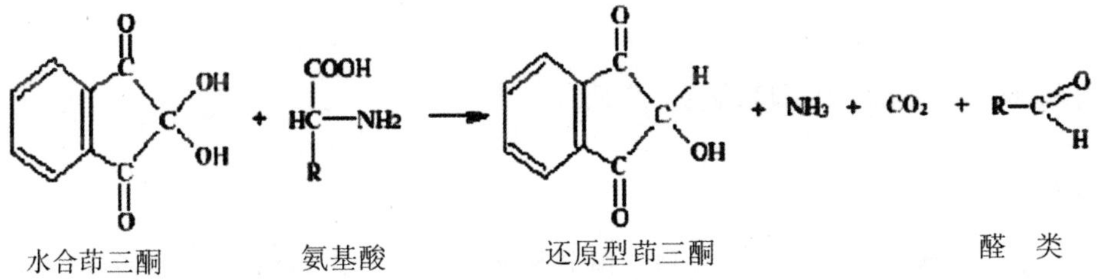

水合茚三酮　　　氨基酸　　　还原型茚三酮　　　　　　醛 类

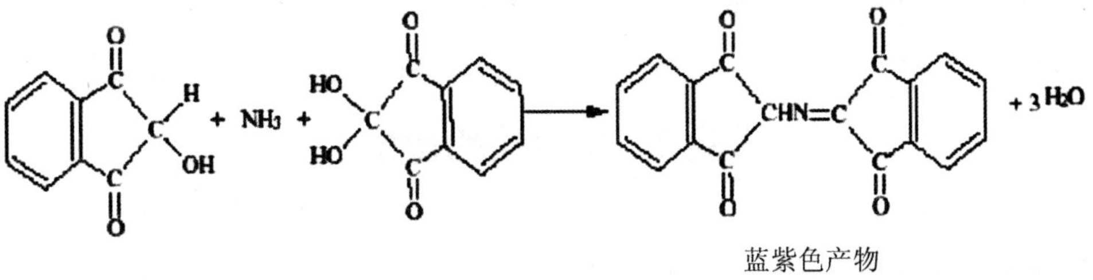

蓝紫色产物

此反应的适宜 pH 值为 5~7,同一浓度的蛋白质或氨基酸在不同 pH 条件下的颜色深浅不同,酸度过大时甚至不显色。该反应十分灵敏,1:500000 浓度的氨基酸水溶液即能显示反应,因此是一种常用的氨基酸定量方法。

但有些物质对茚三酮也呈类似的阳性反应,如 β-丙氨酸、氨和许多一级胺等。所以定性或定量测定中,应严防干扰物存在。

2. 操作

① 取 2 支试管分别加入蛋白质溶液和 0.5% 甘氨酸溶液各 1mL,再加入 0.5mL 0.1% 茚三酮水溶液混匀,在沸水浴中加热 1min～2min。观察颜色由粉红色变成紫红色再变蓝。

② 在一小片滤纸上滴 1 滴 0.5% 的甘氨酸溶液,风干后,再在原处滴 0.1% 的茚三酮乙醇溶液 1 滴,在微火旁烘干显色。观察紫红色斑点的出现。

3. 实验材料

(1) 试剂(供一、二用)

① 蛋白质溶液:取 5mL 蛋清,用蒸馏水稀释至 100mL,搅拌均匀后,用纱布过滤。
② 0.1% 茚三酮乙醇溶液:称取 0.1g 茚三酮,溶于 100mL 95% 乙醇中。临用前配制。
③ 尿素粉末。
④ 1% 硫酸铜溶液。
⑤ 10% NaOH 溶液。
⑥ 茚三酮水溶液:0.1mg 茚三酮溶于 50mL 水中,配制后应在两天内用毕,放置过久,易变质失效。

(2) 器材

试管及试管架,吸管,酒精灯,滴管,滤纸。

思考题

1. 如果蛋白质水解作用一直进行到双缩脲反应呈阴性结果,此时可对水解程度作出什么结论?
2. 能否用茚三酮反应可靠地鉴定蛋白质的存在?

实验 2　蛋白质的盐析

1. 原理

蛋白质是亲水胶体,向蛋白质胶体溶液中放入中性盐类(硫酸铵、硫酸钠、氯化钠、硫酸镁等),到一定浓度时,蛋白质即发生沉淀,此作用称为盐析。盐析作用只是改变了蛋白质的胶粒外面水化层和所带的电荷,而蛋白质内部结构并未改变,仍具有原来蛋白质的一切天然性质,因此,盐析所致的蛋白质沉淀,可用透析或加入水使盐类浓度降低而复溶。

第二编　生物化学的基础实验

因不同蛋白质的亲水性不同,所以盐析时所需盐类浓度也不同。例如:清蛋白在半饱和硫酸铵溶液中可以溶解而不沉淀,球蛋白不溶解而析出沉淀;在饱和硫酸铵溶液中清蛋白才能析出沉淀,所以,可以利用这种性质使不同的蛋白质彼此分离。

2. 操作

① 2%的蛋白质溶液 3mL 与等量饱和硫酸铵溶液在试管中混匀,放置 15min,待球蛋白完全沉淀后过滤。取滤液 3 滴加双缩脲试剂 20 滴,检查其中有无蛋白质。

② 向上述滤液中加固体硫酸铵直到饱和,使清蛋白沉淀,过滤。取滤液作双缩脲反应。以蒸馏水 1mL 洗滤渣,取洗下的溶液如上述方法作双缩脲反应,结果如何? 试解释之。

3. 注意事项

硫酸铵的溶液呈酸性(pH 约为 5.5),影响双缩脲反应,应加碱调至 pH 值为 7.2。

4. 实验材料

(1) 试剂

① 饱和硫酸铵溶液:称取硫酸铵(CP)80～85g,放入烧杯中,加蒸馏水 100mL,加热至 70℃～80℃,搅拌 20min,冷却后上清液即为饱和硫酸铵溶液。使用前用 12mol/L NaOH 和 1.5mol/L H_2SO_4 调至 pH 为 7.2 备用。

② 双缩脲试剂:硫酸铜 2.5g 加入蒸馏水 100mL 加热助溶,取酒石酸钠 5g 溶于 500mL 水中再加 20% NaOH 溶液 100mL 混合,然后将硫酸铜溶液倾入,加水至 1000mL。

③ 2%蛋白溶液:量鸡蛋清体积,加 5 倍的生理盐水混匀即成(溶液中有清蛋白和球蛋白)。

(2) 器材

试管及试管架,烧杯,点滴板,滴管,滤纸,pH 试纸,漏斗。

思考题

1. 硫酸铵为什么能使蛋白质沉淀?
2. 蛋白质经硫酸铵沉淀后是否会变性?

实验 3　蛋白质含量测定——紫外分光光度法

蛋白质是生物体的主要组成成分,也是生命活动的主要物质基础之一,体内的受体、酶、凝血因子(除钙离子)、载体、免疫球蛋白、补体和许多激素都是蛋白质。因此,不论是生物化学、免疫学、病理学、微生物学及临床各科的研究工作,还是临床化验工作中,都把蛋白质含量测定作为一个基本的实验手段。随着医学科学的不断发展,蛋白质测定方法的应用还会更广。为此,掌握和应用这些方法既是医学科学发展的需要,也是实际应用的需要。

测定蛋白质含量的方法很多,基本上都是根据蛋白质的物理、化学或者生物学的特性而建立的。目前常用的方法有:根据蛋白质的含氮量而测定的定氮法,根据蛋白质结构或组成的紫外光吸收特征而测定的紫外分光光度法;根据蛋白质与不同试剂起颜色反应,而用比色测定其含量的比色法等。

1. 原理

蛋白质组成中常含有酪氨酸等芳香族氨基酸,在紫外光 280nm 波长处有最大吸收峰,故可用 280nm 波长的光吸收,即吸光度的大小来测定一般蛋白质的含量。

由于核酸在 280nm 波长处也有光吸收,对蛋白质的测定有干扰作用,但核酸的最大吸收峰在 260nm 处,如同时测定 280nm 的光吸收,通过计算可以消除其对蛋白质测定的影响。因此,如溶液中存在核酸时,必须同时测定 280nm 及 260nm 之吸光度,方可通过计算测得溶液中的蛋白质浓度。

2. 操作

① 稀释血清(或其他蛋白质溶液):准确吸取 0.1mL 血清置于 50mL 容量瓶中,用生理盐水稀释至刻度(500 倍)。

② 测定吸光度:在紫外分光光度计上,将稀释的蛋白质溶液小心盛于石英比色皿中,以生理盐水为对照,测得 280nm 及 260nm 两种波长的吸光度(A_{280} 及 A_{260})。

3. 计算

将 280nm 及 260nm 波长处测得的吸光度,按下列公式计算蛋白质浓度。

$$蛋白质浓度(mg/mL) = 1.45 A_{280} - 0.74 A_{260} \text{(Lowry-Kalchar 公式)}$$

4. 附注

①纯蛋白样品,可根据该蛋白质在 280nm 附近的标准吸光系数,直接测定该蛋白质的含量。如牛血清白蛋白的 $E_{280}^{1\%}$ 为 6.3,则待测样品中牛血清白蛋白含量可用下式计算:

$$样品中牛血清白蛋白浓度(mg/mL) = \frac{A_{280}}{6.3} \times 10$$

为了简便起见,对于混合蛋白质溶液,可用 A_{280} 乘以 0.75 来代表其中蛋白质的大致含量(mg/mL)。

② 优缺点:

a. 方法简便,需要时间短,样品可以回收。
b. 适用于硫酸铵或其他盐类混杂的情况,这时用其他方法测定较为困难。
c. 对样品的要求比较严格,测定蛋白质浓度范围最好在 0.1mg/mL ~ 0.5mg/mL,而且样品中核酸小于 20% 或 $A_{280}/A_{260} > 1.5$ 时方可用本法测定。
d. 灵敏度较差,测定结果不很精确。

5. 实验材料

(1) 试剂
① 0.9% NaCl 溶液。
② 戊醇:消泡用。
(2) 器材
试管及试管架,吸管,紫外分光光度计。

思考题

紫外吸收法测定蛋白质含量有何优缺点,受哪些因素的影响和限制?

实验 4 蛋白质含量测定——改良 Lowry 法

1. 原理

本法主要利用酚试剂显色。酚试剂的主要成分是磷钼酸,其最终显色剂的化学成分包括 $3H_2OP_2O_5 \cdot 13WO_3 \cdot 5MoO_3 \cdot 10H_2O$ 和 $3H_2OP_2O_5 \cdot 14WO_3 \cdot 4MoO_3 \cdot 10H_2O$。蛋白质中半胱氨酸、酪氨酸、色氨酸和组氨酸均能使钨酸、钼酸或者两者同时失去 1 个、2 个或者 3 个氧原子,还原成含有多种还原型的混合酸,具有特殊的蓝色(最大吸收峰波长为 745nm ~ 750nm,反应式 1)。由于蛋白质肽键在碱性条件下发生烯醇化反应(反应式 2)。能使铜离子螯合在肽结构中,形成复合物,从而使电子易于转移到显色剂上,这大大地增强了酚试剂对蛋白质的敏感性。

颜色的深浅与蛋白的浓度相关,在一定的范围内呈直线关系。由于本法结合了福林蛋白定量的敏锐性和双缩脲法的优点,故比单用酚试剂灵敏度增加 1 ~ 5 倍,比双缩脲法高 100 倍。

$$3H_2OP_2O_5 \cdot 13WO_3 \cdot 5MoO_3 \cdot 10H_2O$$
$$3H_2OP_2O_5 \cdot 14WO_3 \cdot 4MoO_3 \cdot 10H_2O$$
$$\downarrow 蛋白质$$
$$3H_2OP_2O_5 \cdot 13WO_2 \cdot 5MoO_3 \cdot 10H_2O$$
$$3H_2OP_2O_5 \cdot 14WO_2 \cdot 4MoO_2 \cdot 10H_2O \quad (反应式1)$$

$$\begin{array}{c} H\ O \\ |\ \| \\ -N-C- \end{array} \xrightleftharpoons{烯醇化反应} \begin{array}{c} H^+ \\ + \\ O^- \\ | \\ -N=C- \end{array} \rightleftharpoons \begin{array}{c} O \\ \| \\ -N^--C- \end{array} \quad (反应式2)$$

(皆可与 Cu^{2+} 络合,使肽释放电子)

利用蓝色深浅与蛋白质浓度的关系,可制备标准曲线,测定样品中蛋白质含量。

2. 操作

（1）标准曲线的制作

取已测得蛋白质含量的血清,用生理盐水配制成一系列不同浓度的蛋白质标准溶液。

① 液:标准血清用生理盐水稀释 500 倍,为 1∶500 稀释液。

② 液:取①液 7.5mL 稀释至 10mL,为 667 倍稀释液。

③液:取①液5.0mL稀释至10mL,为1000倍稀释液。
④液:取③液5.0mL稀释至10mL,为2000倍稀释液。
⑤液:取④液5.0mL稀释至10mL,为4000倍稀释液。

或以1mg/mL的标准牛血清白蛋白(BSA)用生理盐水作适当的稀释,制成一系列标准溶液。

取6支试管,编号,用一根1mL奥氏吸量管,从稀到浓,吸取稀释好的标准溶液,每换吸一次样品之前,都要用该样品溶液淋洗二遍。按下表操作,并填入各管中之蛋白含量。

编号	1	2	3	4	5	6
蛋白质含量(μg/mL)						
标准溶液(mL)	1.0⑤	1.0④	1.0③	1.0②	1.0①	—
生理盐水(mL)	—	—	—	—	—	1.0
试剂A(mL)	0.9	0.9	0.9	0.9	0.9	0.9
混匀后,置于50℃水浴中保温10min,冷却						
试剂B(mL)	0.1	0.1	0.1	0.1	0.1	0.1
室温放置10 min						
试剂C(mL)	3.0	3.0	3.0	3.0	3.0	3.0
立即混匀,置50℃水浴中保温10min,冷却后比色						

以第6管为空白管,在分光光度计上以波长650nm比色,读取吸光度。以各标准溶液浓度为横坐标,各管的吸光度为纵坐标作图,得标准曲线。

标准曲线必须从0点出发,最好能成一直线,画好后,注明所用仪器的型号及编号,所用波长及测定方法,室温,名称及制作日期。

(2) 蛋白样品的测定
① 取2支试管,按下表操作:

	空白管	测定管
稀释的未知样品(mL)	—	1.0
生理盐水(mL)	1.0	—
试剂A(mL)	0.9	0.9
混匀后,置于50℃水浴中保温10min,冷却		
试剂B(mL)	0.1	0.1
室温放置10 min		
试剂C(mL)	3.0	3.0

② 立即混匀,置50℃水浴中保温10min,冷却后,在波长650nm处用分光光度计比

色,读取吸光度。从读数查标准曲线,根据标准曲线计算未稀释样品中的蛋白含量,以 mg/mL 为单位。如为血清样品,请计算 100mL 血清中蛋白质含量的克数。

3. 注意事项

① 测定蛋白质的浓度最好在 $15\mu g \sim 110\mu g$ 范围内。
② 各管加酚试剂必须快速,并立即摇匀,不应出现混浊。

4. 优缺点

① 灵敏度高,对多个样品可同时处理。
② 呈线性光电效应,水不溶性蛋白质经试剂 A 处理,在 50℃ 中保温 10min 后可以溶解,而不需其他预处理。
③ 显色比其他的酚试剂法深。
④ 酚试剂反应特异性问题:如样品中有还原剂等干扰物共存时,测定值较大。
本方法测定原理是利用还原反应,故大部分还原物质均有干扰作用,测定时须注意主要干扰物质:a. SH 系,如 β - 巯基乙醇、β - 巯基赤癣醇,在缓冲液中含量过高,不宜作直接测定。b. 糖类。c. 甘油,在高浓度(15%(V/V))时干扰显色反应。d. 氨基酸,如酪氨酸、色氨酸、半胱氨酸等。e. 核酸类,样品中核酸浓度在 0.5% 以下不干扰显色反应。f. 酚类,如百里酚、磺酸水杨酸。g. 钾离子等,此类物质浓度在 12mmol/L 时易使反应发生沉淀。
⑤ 由于蛋白质的种类,特别是氨基酸的组成(如酪氨酸的相对含量)的差异,显色会有相应波动。
⑥ 测定时必须保持光学上的透明度。
⑦ 操作仍较复杂。

5. 实验材料

(1) 试剂

① 试剂 A:2g 酒石酸钾钠及 100g Na_2CO_3 溶于 500mL 浓度为 1.0mol/L NaOH 溶液中。用水稀释至 1000mL。
② 试剂 B:2g 酒石酸钾钠及 1g $CuSO_4 \cdot 5H_2O$,分别溶解于少量的水中,混合后加水至 90mL,再加 10mL 1.0mol/L NaOH 溶液,即成。
③ 试剂 C

a. 市售的酚试剂按 1∶15 稀释,最后浓度为 0.15mol/L~0.18mol/L,备用(标准 NaOH 滴定)。

b. 称取 $Na_2WO_4 \cdot 2H_2O$ 及 $Na_2MoO_4 \cdot 2H_2O$ 各 25g 溶于蒸馏水 700mL 中,加入浓度为 85% H_3PO_4 溶液 50mL,浓 HCl 溶液 100mL,混合后,置圆底烧瓶中回流 10h。加入硫酸锂($Li_2SO_4 \cdot H_2O$)50g、水 50mL 及溴水数滴,继续沸腾 15min 以去除余溴。冷却后,稀

释至 1000mL,过滤溶液应为金黄色,置棕色瓶中保存。应用时稀释。

④ 0.9% NaCl 溶液。

(2) 器材

试管及试管架,电热恒温水浴,吸量管,分光光度计。

思考题

1. 试说明改良 Lowry 法的优缺点。
2. 改良 Lowry 法并不等于酚试剂法,试从作用原理上说明之。

实验 5　血清总蛋白测定——双缩脲法

1. 原理

凡分子中含有两个氨基甲酰基(—$CONH_2$—)的化合物都能与碱性铜溶液作用,形成紫红色复合物,这一反应称双缩脲反应。蛋白质分子中有许多肽键(—$CONH_2$—)都能起此反应。在严格控制条件下,双缩脲反应可作为血清蛋白总量测定的理想方法,从测定的吸光度值计算出蛋白质含量。吸光度的大小与试剂的组分、pH、反应温度有关。

2. 操作

按下表进行:

加入物(mL)	测定管	标准管
待测血清	0.1	—
蛋白质标准液	—	0.1
双缩脲试剂	5.0	5.0

混匀后,置 37℃ 环境中 10min,在波长 540nm 以空白管调零,读取各管的吸光度。

$$血清总蛋白浓度(g/L) = \frac{测定(或校正)吸光度}{标准管吸光度} \times 标准蛋白液浓度(g/L)$$

参考值:60~80g/L。

3. 附注

① 血清蛋白的含量一般用 g/L 表示,因为各种蛋白质的分子量不同,不能用 mol/L 表示。

② 酚酞、溴磺酞钠在碱性溶液中显色,影响双缩脲的测定结果。右旋糖酐可使测定

管混浊,亦影响结果。理论上这些干扰均可用相应的标本空白管来消除,如果标本空白管的吸光度太高,会影响测定的准确度。

③ 高脂血症患者血清混浊,高胆红素血症及溶血标本应作"标本空白",血清 0.1mL 加双缩脲空白试剂 5mL,以测定管吸光度减去标本空白管吸光度为测定管的校正吸光度。含脂类极多的血清显色后混浊不清,可用乙醚 3mL 抽提后再行比色。

4. 临床意义

(1) 血清总蛋白浓度增高

① 血清中水分减少,而使总蛋白浓度相对增高。凡体内水分的排出大于水分的摄入时,均可引起血浆浓缩,尤其是急性失水时(如呕吐、腹泻、高热等),变化更为显著,血清总蛋白浓度有时可达 100g/L~150g/L。又如休克时,由于毛细血管通透性的变化,血浆也可发生浓缩。慢性肾上腺皮质机能减退病人,由于钠的丢失而致继发性水分丢失,血浆也可出现浓缩现象。

② 血清蛋白质合成增加,大多发生在多发性骨髓瘤患者身上,此时主要是球蛋白的增加,其量可超过 50g/L,总蛋白则可超过 100g/L。

(2) 血清总蛋白浓度降低

① 血浆中水分增加,血浆被稀释。如静脉注射过多低渗溶液或因各种原因引起的水钠潴留。

② 营养不良和消耗增加。长期食物中蛋白含量不足或慢性肠道疾病所引起的营养不良,使体内缺乏合成蛋白质的原料;或因长期患消耗性疾病,如严重结核病、甲状腺机能亢进和恶性肿瘤等,均可造成血清总蛋白浓度降低。

③ 合成障碍,主要是肝功能障碍。肝脏是合成蛋白质的主要场所,肝脏功能严重损害时,蛋白质的合成减少,以白蛋白的下降最为显著。

④ 蛋白质丢失。严重灼伤时,大量血浆渗出;大出血时,大量血液丢失;肾病综合征,尿液中长期丢失蛋白质;溃疡性结肠炎可从粪便中长期丢失一定量的蛋白质。这些均可使血清总蛋白浓度降低。

5. 实验材料

(1) 试剂

① 6.0mol/L NaOH 溶液:溶解 240g 优级纯的 NaOH 于新鲜制备的蒸馏水或刚煮沸冷却的去离子水中,稀释至 1L。置聚乙烯瓶内盖紧保存。

② 双缩脲试剂:称取未风化没有丢失结晶水的硫酸铜($CuSO_4 \cdot 5H_2O$)3g 溶于 500mL 新鲜制备的蒸馏水或刚煮沸冷却的去离子水中,加酒石酸钾钠 9g,碘化钾 5g。待完全溶解后,加入 6mol/L NaOH 溶液 100mL,并用蒸馏水稀释至 1L。置聚乙烯瓶内盖紧保存。

③ 蛋白标准液：收集混合血清，用凯氏定氮法测定蛋白含量，亦可用定值参考血清或标准白蛋白作标准。

④ 双缩脲空白试剂：溶解酒石酸钾钠 9g、碘化钾 5g 于新鲜制备的蒸馏水中，加入 6mol/L NaOH 溶液 100mL，再加蒸馏水稀释至 1L。

（2）器材

试管及试管架，吸量管，722 型分光光度计。

思考题

1. 试说明双缩脲法的优缺点。
2. 对于作为标准的蛋白质应有何要求？

实验 6　蛋白质等电点的测定

1. 原理

蛋白质是两性电解质，其分子中含有氨基及羧基，均可解离。当溶液的 pH 值大于蛋白质的等电点时，氨基的解离受到抑制，而羧基解离，此时蛋白质为带负电的阴离子。反之，在溶液的 pH 值小于蛋白质等电点时，其羧基解离受到抑制，而氨基解离，此时蛋白质为带正电的阳离子。

$$\text{Pr}\begin{array}{c}\text{COOH}\\\text{NH}_3^+\end{array} \underset{+\text{H}^+}{\overset{+\text{OH}^-}{\rightleftharpoons}} \text{Pr}\begin{array}{c}\text{COO}^-\\\text{NH}_3^+\end{array} \underset{+\text{H}^+}{\overset{+\text{OH}^-}{\rightleftharpoons}} \text{Pr}\begin{array}{c}\text{COO}^-\\\text{NH}_2\end{array}$$

$$\text{pH}<\text{pI} \qquad\qquad \text{pH}=\text{pI} \qquad\qquad \text{pH}>\text{pI}$$
$$\text{带正电荷} \qquad\qquad \text{兼性离子} \qquad\qquad \text{带负电荷}$$

当溶液的氢离子浓度达到某一定 pH（随蛋白质的种类而异），蛋白质分子上所带的正电荷数等于负电荷数时，称兼性离子或中性离子，此时溶液的 pH 值为该蛋白质的等电点。

在等电点时，蛋白质的黏度和溶解度均降低。

本实验借观察酪蛋白在不同 pH 的溶液中的溶解度以测定其等电点。以醋酸与酪蛋白溶液中的醋酸钠构成各种不同的缓冲液。在某种缓冲液中，酪蛋白的溶解度最小时，该缓冲液的 pH 值即为酪蛋白的等电点。

2. 操作

① 取同样大小的试管 5 支,按下表分别加入各种试剂。混匀,醋酸和水的体积必须准确。

试管编号	1	2	3	4	5
蒸馏水(mL)	8.4	8.7	8.0	5.0	7.4
0.01mol/L 醋酸(mL)	0.6	—	—	—	—
0.1mol/L 醋酸(mL)	—	0.3	1.0	4.0	—
1.0mol/L 醋酸(mL)	—	—	—	—	1.6
加酪蛋白醋酸钠溶液后相应的 pH	5.9	5.3	4.7	4.1	3.5

② 用吸量管吸取酪蛋白的醋酸钠溶液 1mL(必须准确)加入各试管中,立即摇匀,观察其混浊度。静止 10min 及 30min 后,观察其混浊度。沉淀最多而上面溶液又变得最清亮的编号试管的 pH 值,即为酪蛋白的等电点。

3. 注意事项

① 使用刻度吸量管前应注意每一刻度代表多少毫升,并注意刻度是否刻到管尖。
② 酪蛋白醋酸钠溶液每加到一管后立即摇匀,勿在 5 管加完后再摇。

4. 实验材料

(1) 试剂

① 1.0mol/L 醋酸:取 6mol/L 醋酸溶液 10mL,加水至 60mL,混匀。
② 0.1mol/L 醋酸:取 1.0mol/L 醋酸溶液 10mL,加水至 100mL,混匀。
③ 0.01mol/L 醋酸:取 0.1mol/L 醋酸溶液 10mL,加水至 100mL,混匀。
④ 0.5% 酪蛋白的醋酸钠(0.1mol/L)溶液:取纯酪蛋白 0.25g 置于 50mL 量瓶中,加水约 20mL 及 1mol/L NaOH 溶液 5mL,待酪蛋白完全溶解后,加入 1.0mol/L 醋酸 5mL,用水稀释至 50mL,混匀。

(2) 器材

试管及试管架,吸量管。

思考题

为什么沉淀最多而溶液清亮管的 pH 值是酪蛋白的等电点?

实验7 核酸组分的鉴定

1. 原理

核酸是由核糖、磷酸、碱基所组成。

本实验采用酵母为样品,酵母核酸中 RNA 含量较多,DNA 少于 2%,故鉴定脱氧核糖时颜色反应较弱。核酸在强酸中水解,主要释放嘌呤碱,嘧啶碱很难在同类条件下水解释放。因此,不做嘧啶碱的测定。

RNA 在碱性溶液中的水解最好,在强酸中也可部分水解。由于脱氧核糖、核糖仍需在强酸中缩水变成相应的糠醛才可被鉴定,因此,不考虑 DNA、RNA 各自的水解条件,把二者的水解及二种戊糖的缩水过程一并完成。

① 核糖在硫酸溶液中加热,转变成糖醛衍生物,与地衣酚试剂作用可生成绿色化合物。

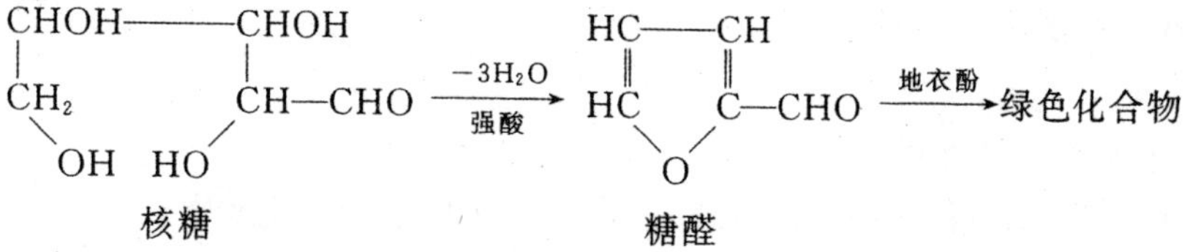

② 脱氧核糖在酸性溶液中加热生成 ω-羟基-γ-酮基戊醛,此化合物与二苯胺试剂反应生成蓝色化合物。

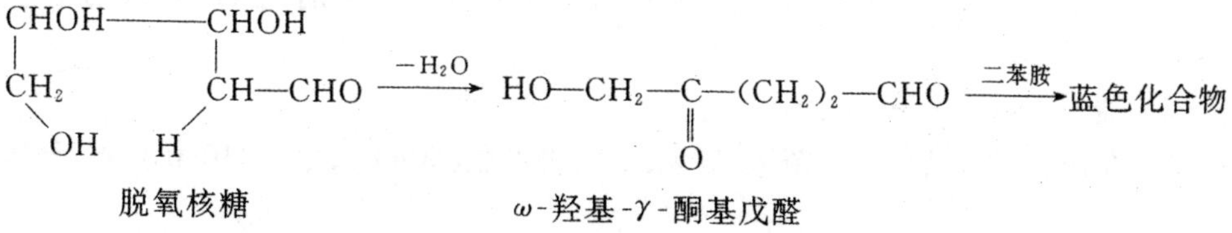

③ 磷酸与钼酸铵作用生成黄色的磷钼酸铵。

$$H_3PO_4 + 12(NH_4)_2MoO_4 + 21HNO_3 \rightarrow (NH_4)_3PO_4 \cdot 12MoO_3 + 21H_2O + 21NH_4NO_3$$

④ 嘌呤碱能与 AgOH 试剂反应生成灰褐色的絮状嘌呤银化合物。

2. 操作

(1) 水解 RNA

向锥形瓶中加入少量(0.5g)酵母 RNA 和 10% 的硫酸溶液 15mL,在瓶口上插一玻璃小漏斗,漏斗上盖一表面玻璃。然后在沸水浴中加热水解约 0.5h,过滤。取滤液进行下列实验。

(2) 嘌呤碱基的检查

取 1 支试管，加入 0.1mol/L 硝酸银溶液 1mL，再逐滴加 1mol/L 氨水至沉淀消失，然后加入 1mL 滤液，放置片刻，观察有无褐色嘌呤碱基的银化合物沉淀产生（见光变为红棕色）。

(3) 磷酸的检查

取 2mL 滤液放入 1 支试管中，加入 5 滴浓硝酸和 1mL 钼酸铵溶液后，在沸水浴中加热，观察有无黄色磷钼酸铵沉淀。

(4) 戊糖的检查

取 2 支试管各加入 1mL 滤液，分别加入等体积的地衣酚试剂和二苯胺试剂，在沸水浴中加热 10min~15min，比较两支试管的颜色变化并解释。

3. 实验材料

(1) 试剂

① 酵母核糖核酸。

② 10%硫酸。

③ 1mol/L 氨水。

④ 0.1mol/L 硝酸银溶液。

⑤ 钼酸铵试剂：将 2g 钼酸铵溶解在 100mL、浓度为 10%硫酸中。

⑥ 地衣酚试剂：100mL 浓盐酸中加入 100mg 三氯化铁，摇匀，贮存备用，使用前加入 476mg 地衣酚（又名甲基苯二酚）。

⑦ 二苯胺试剂：将 4g 二苯胺溶于 400mL 冰醋酸中，再加入 11mL 浓硫酸（密度 1.84）。

(2) 器材

试管及试管架，试管夹，水浴锅，玻璃漏斗，锥形瓶(50mL)，量筒(10mL)，滤纸，电炉。

思考题

1. 用上述方法鉴定 DNA 的水解液，应如何安排实验？估计会有什么结果？

2. 现有 3 瓶溶液，已知它们分别为蛋白质、糖和 RNA，采用什么试剂或方法进行鉴定（请自行设计简便的实验）？

实验 8 维生素 C 的测定——2,4-二硝基苯肼法

1. 原理

在体外,抗坏血酸(Vc)有三种存在形式,即:抗坏血酸、脱氢抗坏血酸和二酮古洛糖酸。前二者能相互转变,且有生理功能;第三种是脱氢抗坏血酸在 pH 5 以上,或受热后其内酯环断裂使分子构造重新排列形成的,无生理活性。上述三者合称维生素 C。

测定时先将抗坏血酸氧化成脱氢抗坏血酸,而脱氢抗坏血酸及二酮古洛糖酸都能与 2,4-二硝基苯肼相结合形成二硝基苯腙(脎)。此化合物在强酸环境下呈杏红色,其色泽深浅(光密度)与维生素 C 含量成正比。然后与同样处理的抗坏血酸标准液比色,从而测得样品中总维生素 C 的含量。

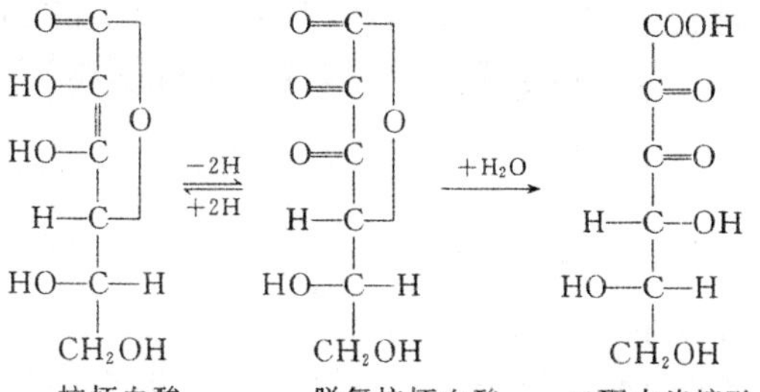

抗坏血酸 脱氢抗坏血酸 二酮古洛糖酸

2. 操作

(1) 提取

准确称取橘子(或白菜)2g 置研钵中,加少量 1% 草酸,快速研磨 5min,将提取液收集至 50mL 容量瓶中,沉渣部分继续加草酸研磨,收取提取液。如此重复提取 2～3 次,最后将容量瓶提取液加 1% 草酸至刻度(50mL),混匀。

(2) 氧化、脱色

取约 10mL 提取液加入干燥锥形瓶中,加半匙活性炭,充分振摇约 1min 后过滤;再取约 10mL 维生素 C 标准液于另一干燥锥形瓶中,同法处理。

(3) 加样

取中号试管 3 支,按下表操作:

试剂	管 号		
	空白	标准	测定
样品滤液(mL)	2.5	—	2.5
标准滤液(mL)	—	2.5	—

			续表
10%硫脲溶液(滴)	1	1	1
2% 2,4-二硝基苯肼溶液(mL)	—	1.0	1.0
混匀,置沸水浴中10min后,流水冷却			
2% 2,4-二硝基苯肼溶液(mL)	1.0	—	—
85%硫酸溶液(mL)	3.0	3.0	3.0

注意:加85%硫酸溶液时,需将试管置于冷水中,逐滴慢加,边加、边摇、边冷却。加完后混匀,静置10min,以空白管调"0"点,500nm波长下用722型分光光度计比色。

3. 计算

$$\frac{测定管吸光度}{标准管吸光度} \times 0.01 \times 2.5 \times \frac{50}{2.5} \times \frac{100}{2} = \frac{测定管吸光度}{标准管吸光度} \times 25$$

$$= 100g\ 样品中维生素\ C\ 的\ mg\ 数$$

4. 注意事项

① 取样均匀,多少适当,研磨迅速。
② 水浴时间准确(10min)。
③ 冷水浴内加硫酸时必须逐滴加入,并边加边摇,以免产生高热使结果偏低。

5. 实验材料

(1) 试剂

① 4.5mol/L H_2SO_4 溶液:小心加250mL浓硫酸(密度1.84)于700mL蒸馏水中,冷却后稀释至1000mL。

② 2% 2,4-二硝基苯肼溶液:溶解2g 2,4-二硝基苯肼于100mL 4.5mol/L H_2SO_4 溶液中,过滤。冰箱内保存,用前再过滤。

③ 1%草酸。

④ 85% H_2SO_4 溶液:小心加900mL浓硫酸(密度1.84)于100mL蒸馏水中,冷却后使用。

⑤ 10%硫脲溶液:溶解50g硫脲于500mL 1%草酸中。

⑥ 活性炭:100g活性炭,加750mL 1mol/L HCl溶液中,回流加热1h,过滤。用蒸馏水洗涤数次,至滤液中无 Fe^{3+} 为止,然后置于110℃烘箱中烘干。

⑦ 抗坏血酸标准贮存液:溶解100mg纯Vc于100mL 1%草酸中即成(1mL = 1mgVc)。

⑧ 抗坏血酸标准应用液:取贮存液1.0mL用1%草酸稀释至100mL(1mL = 0.01

mgVc)。

（2）器材

研钵,容量瓶(50mL),小漏斗,滴定管,吸量管,水浴锅。

6. 附注

抗坏血酸2,6 二氯酚靛酚滴定法简介。

该法原理是还原型抗坏血酸能还原染料2,6 二氯酚靛酚,该染料在酸性溶液中呈红色,被还原后红色消失。根据滴定时消耗的毫升数,计算样品中 Vc 的含量。

此法优点是简便快速,缺点是只能测定样品中还原型抗坏血酸,而样品中同样有生理活性的脱氢抗坏血酸则不能测出,同时易受其他因素(如还原性物质)的影响,使结果产生偏差,因此本法较少被采用。

思考题

1. 指出3~4种维生素C含量丰富的物质。
2. 试简述维生素C的生理意义。

实验9　温度、pH 对酶活性的影响

一、温度对酶活性的影响

1. 原理

酶的作用在一定的温度下活性最高。温度过高,使酶分子破坏,从而丧失催化能力,温度过低,则酶催化的反应速度变慢,人体中的酶最适温度为37℃~40℃。现以唾液淀粉酶为例,说明温度对酶的影响。

唾液中的唾液淀粉酶可使淀粉水解,酶的催化能力越强,淀粉被水解得越快。因此,检查淀粉被水解的速度,可估计淀粉酶的活性。

一般用碘液检查淀粉的存在,淀粉及其水解产物遇碘液生成不同的颜色,反应如下：

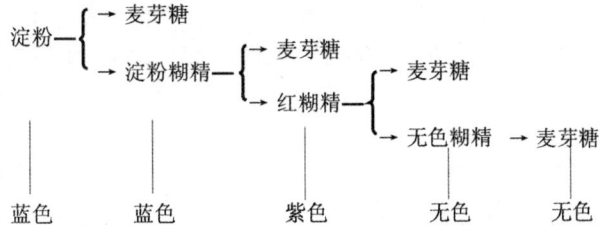

2. 操作

(1) 唾液的收集

先漱口,然后任唾液自然流入试管,用蒸馏水稀释 5 倍备用。亦可口含蒸馏水约 10min,流入试管中备用。

(2) 水浴的准备

37℃~40℃水浴,冰水浴。

(3) 实验的准备

取 3 支试管,按下表操作:

管号 试剂	唾液(滴)	1% 淀粉 (mL)		严格控制温度
1	5	加热至沸	1.0	摇匀	置 37℃~40℃水浴
2	5		1.0	摇匀	
3	5	放冰浴	1.0(已冰浴)	摇匀	冰浴 0℃

5min 后,1、2 管中各加碘液 1 滴,比较各管颜色,从第 3 管取出一滴置点滴板,迅速加碘观察颜色,再将第 3 管放 37℃~40℃水浴 5min,取出再加碘液一滴,观察颜色变化。比较三管颜色有何差别,说明为什么?

3. 实验材料

(1) 试剂

① 1% 淀粉:取可溶性淀粉 1g,用少许水调成糊状,然后加入已煮沸的 100mL 水中,继续煮沸约 1min,冷后再用水补足到 100mL 即成。

② 碘液:取碘 4g 与碘化钾 6g 共同溶于 1000mL 水中。

(2) 器材

试管,吸量管,点滴板,滴管。

二、pH 对酶活性的影响

1. 原理

酶对酸碱度的改变非常敏感,每一种酶都有它一定的 pH 值,在这个 pH 值时该酶活性最大,唾液淀粉酶最适 pH 值为 6.8。酸性或碱性的增加,都可使酶的活性降低,使水解速度变慢。

2. 操作

① 唾液的收集,方法同本实验一。

② 准备 37℃~40℃水浴。
③ 取小试管 3 支,按下表操作:

试剂 管号	1%淀粉溶液 (mL)	酸或碱溶液 (滴)	唾液 (滴)
1	1.0	水 2	5
2	1.0	1.0mol/L HCl 2	5
3	1.0(已冰浴)	1.0mol/L NaOH 2	5

将 3 支试管同时放入 37℃~40℃水浴中 5min 后,1、2 管加碘液试之,3 管先用 1mol/L HCl 溶液 2 滴中和(因在碱性中,碘不能与淀粉起颜色反应),再加碘液试之,观察各管颜色并解释。

3. 注意

第 3 管应事先以 1mol/L HCl 溶液中和,因为,在碱性溶液中碘以 NaI 形式存在。无自由的碘,不能与淀粉或糊精起作用。

$$3I_2 + 6NaOH \longrightarrow 5NaI + NaIO_3 + 3H_2O$$

加酸后则可释出分子碘,它可与多糖起反应。

$$5NaI + NaIO_3 + 6HCl \longrightarrow 3I_2 + 6NaCl + 3H_2O$$

所以必须加酸中和,否则,由于碱作用而不显颜色,影响实验结果。

4. 实验材料

(1) 试剂
① 1%的淀粉;
② 碘液;
③ 1mol/L HCl 溶液;
④ 1mol/L NaOH 溶液。
(2) 器材
试管,吸量管,滴管。

思考题

1. 影响酶促反应速度的主要因素有哪些?
2. 举例说明温度、pH 与酶活性的关系。

实验10 K_m 值测定——脲酶 K_m 值的简易测定法

1. 原理

脲被脲酶催化分解,产生碳酸铵。碳酸铵在碱性环境中与奈氏试剂作用,产生橙黄色的碘化双汞铵。在一定范围内,呈色深浅与碳酸铵多少成正比,故借比色法可测定单位时间所产生的碳酸铵量,从而求得酶促反应速度。其反应式如下:

$$O=C\begin{pmatrix}NH_2\\NH_2\end{pmatrix} + 2H_2O \xrightarrow{\text{脲酶}} (NH_4)_2CO_3$$

$$(NH_4)_2CO_3 + 8NaOH + 4K_2[HgI_4] \longrightarrow 2O\begin{pmatrix}Hg\\Hg\end{pmatrix}NH_2I + 6NaI + 8KI + Na_2CO_3 + 6H_2O$$

碘化双汞铵(橙黄色)

在保持恒定的合适条件下(时间、温度、pH),以同一浓度的脲酶催化不同浓度的脲分解。在一定限度内,酶促反应速度与脲浓度成正比,因此,用酶促反应速度的倒数(1/v)为纵坐标,脲浓度倒数(1/S)为横坐标,依LB法作图,即可求出脲酶的 K_m 值。

K_m 一般可看作酶促反应中间产物的解离常数。测定 K_m 值对研究酶的作用机制、观察酶与基质间亲和力大小、鉴别酶类及区分竞争性与非竞争性抑制上具有重要意义。

2. 操作

① 取5支试管,依下表加入试剂后,在37℃恒温水浴箱保温5min。

试剂(mL)	1	2	3	4	对照管
0.1mol/L 脲液	0.5	0.3	0.25	0.2	0.2
蒸馏水	0.5	0.7	0.75	0.8	0.8
磷酸盐缓冲液(pH 7.0)	3	3	3	3	3

② 向测定管内分别加入脲酶液1mL,对照管加煮沸脲酶液1mL,摇匀后,置37℃恒温箱(或水浴)中保温10min。

③ 预先另取5支试管,与上述各管对应,各加蒸馏水5mL及10%硫酸锌液1mL。在上述各管保温刚到10min时,迅速取出其中保温液1mL,加入事先准备好的各管中,并立即摇匀,最后各加1mol/L的NaOH溶液0.5mL,摇匀,静置5min后过滤。

④ 再取5支试管与上述各管对应,向其中加入上述滤液1mL,蒸馏水5mL,10%酒石

酸钾钠液 0.5mL 及奈氏试剂 1mL,迅速摇匀后,在 420nm 处立即用 722 型分光光度计比色,对照管作空白,求出各个不同浓度测定管的吸光度。

3. K_m 值求法

以酶促反应速度倒数(用 1/v 表示,详见注意事项)为纵坐标,保温混合液中脲浓度倒数(1/S)为横坐标,依 LB 法作图,即可求出脲酶的 K_m 值。如图 2-1 所示。

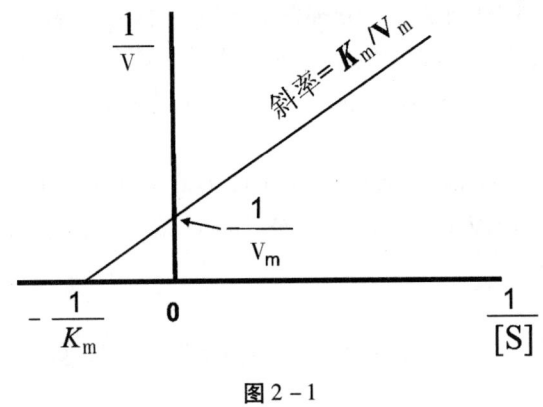

图 2-1

4. 注意事项

① 因米氏方程换算成林贝氏方程式系线性方程,而酶反应速度 v∝A,即 1/v∝1/A,因此,以 1/A 表示 1/v 来作图求 K_m,方法简便,且结果不受影响。

② 本试验系酶的定量试验,因此,酶促反应所要求的基质及酶的浓度、酶作用的条件及作用时间应严格掌握,量必须要准。

③ 所用仪器,特别是试管必须干净,否则,奈氏试剂呈色混浊。有干扰物质影响酶促反应。因此,试管等仪器必须用洗液浸泡,洗净,干燥后备用。

④ 加奈氏试剂时要快,且立即摇匀,马上比色,否则,容易混浊,妨碍效果。本实验用酒石酸钾钠,目的在于防止奈氏试剂混浊以利比色进行。

5. 实验材料

(1) 试剂

① 脲酶液,称刀豆粉 5g,加硅铝酸半匙,再加入 70% 甘油溶液 100mL,振荡 20min,室温过夜。次日,用 800r/min 离心,取上清液备用。因刀豆粉中含脲酶不均一,酶浓度有赖于实验决定,最终呈色深浅以吸光度在 A 值 0.05~1.00 之间最适宜。此酶液较稳定,冰箱可保存半月。

② 0.1mol/L 脲液。

③ 1/15mol/L(pH 7)磷酸盐缓冲液。

a. 称取 $Na_2HPO_4 \cdot 12H_2O$ 100g(或无水 Na_2HPO_4 40g),加水至 4200mL;

b. 称取无水 KH_2PO_4 16.4g,加水至 1800mL,将 a 和 b 两种溶液混匀至 6000mL。

④ 0.5mol/L NaOH 溶液,临用前需用标准 HCl 溶液标定。

⑤ 10% $ZnSO_4$ 溶液。

⑥ 10% 酒石酸钾钠溶液。

⑦ 奈氏试剂(富林-吴氏法)。

原液:取碘化钾 150g,碘 110g,水 100mL,汞 140g~145g 同置于 500mL 平底烧瓶内,强力振摇 7min~15min,待碘之红色将退尽,用冷水使之冷却,继续振摇,至有绿色出现为止。倾出上清液,用少许水冲洗剩余之汞,将洗液与上清液合并,用水稀释至 2000mL,贮于棕色瓶中备用。

稀释液:向烧瓶(5000mL)内注入 10% NaOH 溶液 1000mL,加上述原液 750mL 及水 750mL,再加 10% NaOH 溶液至 5000mL(10% NaOH 溶液可由饱和 NaOH 溶液制成,先去掉溶液中的 Na_2CO_3)。

(2)器材

试管及试管架,吸量管,玻璃漏斗及滤纸,恒温水浴箱,722 型分光光度计。

思考题

1. K_m 值的意义是什么?与酶促反应速度的关系如何?
2. 若所测各值不在一条直线上,分析影响准确定量的原因,如何克服?

实验 11 激动剂和抑制剂对酶活性的影响及酶的特异性

一、激动剂和抑制剂对酶活性的影响

1. 原理

酶的活性常受到某些物质的影响。在酶反应体系中加入某些物质能增高酶的活性,即加速酶促反应的进行;而另有一些物质则能降低酶的活性,即减缓甚至完全停止酶促反应的进行。前者称激动剂,后者称抑制剂。动物体内有各种激酶,例如,肠液中的肠激酶能激活胰蛋白酶原成为有活性的胰蛋白酶,相反,在动物体内也存在有抗酶,使酶活性不能表现出来。

许多电解质是酶的激动剂,某些重金属盐则是酶的抑制剂。通常激动剂与抑制剂影响酶活性的需要量是很小的,并常具有特异性。本实验利用氯离子和铜离子来说明其对唾液淀粉酶的激活和抑制作用。

2. 操作

（1）唾液收集

先用少量蒸馏水漱口，清除口腔内食物残渣，然后用一试管对准口腔使唾液自然流入管内约1mL～2mL，再用蒸馏水稀释5～10倍，混匀备用。

（2）操作

取4支试管，按下表操作。

试 剂	1	2	3	4
1% 淀粉液（mL）	2.0	2.0	2.0	2.0
1% NaCl（滴）	2	—	—	—
1% $CuSO_4$（滴）	—	2	—	—
1% Na_2SO_4（滴）	—	—	2	—
蒸馏水（滴）	—	—	—	2
稀释唾液（滴）	10	10	10	10

将各管摇匀，置37℃～40℃水浴中。取点滴板一个，先加碘液1～2滴，每间隔2min，从第1管吸取保温液1滴，测碘反应，直至第1管呈浅棕色时，向各管加碘液1～2滴，混匀，观察结果并解释之。

3. 实验材料

（1）试剂

① 1% 淀粉溶液；

② 1% NaCl 溶液；

③ 1% $CuSO_4$ 溶液；

④ 1% Na_2SO_4 溶液；

⑤ 碘液：称取碘4g，碘化钾6g，溶于1000mL蒸馏水中，贮于棕色瓶内备用。

（2）器材

试管及试管架，恒温水浴箱。

思考题

1. 何为激动剂与抑制剂。
2. 抑制剂与变性剂有何不同？

二、酶的特异性

1. 原理

酶对于其作用的底物有严格的选择性,这种对底物的选择性,称为酶的特异性,例如,唾液淀粉酶能使淀粉水解,而不能使蔗糖水解。

本实验是利用唾液淀粉酶能够使淀粉水解,产生具有还原性的葡萄糖的特性。但是淀粉酶不能使蔗糖水解,所以没有还原性的糖产生。

具有还原性的糖,在碱性溶液中能使高价铜还原成砖红色的氧化亚铜,利用此法可以鉴别酶反应产物是否有还原性糖产生。

$$Cu^{2+} + 糖 \xrightarrow{\triangle} Cu_2O\downarrow + 糖的氧化产物$$
$$砖红色沉淀$$

2. 操作

① 先用班(BeNedict)氏试剂鉴定原有蔗糖溶液,如果蔗糖很纯净,则应是阴性反应(班氏试剂本身颜色)。

取班氏试剂 2mL,加热煮沸,此时颜色不应改变(若颜色改变则该试剂不能用),然后加入 2% 的蔗糖溶液 3 滴,再煮沸 2min～3min,应为阴性反应。

取两支试管按下表操作:

管号	1%淀粉 (mL)	2%蔗糖 (mL)	至37℃水浴中	稀释唾液 (滴)
1	1		2min	5
2		1	2 min	5

混匀,置 37℃水浴 10min,用班氏试剂 1mL 鉴定是否有还原性糖,直接加热煮沸看两管结果,颜色是否相同,两管结果是否相同,为什么?

3. 注意事项

因水解后溶液中还原性糖量多少的不同(与酶的活性有关),故在班氏试剂加热后,溶液可呈现砖红色、黄色或绿色沉淀。本实验仅为定性试验,目的在于说明酶有否催化作用。因此,只要在加热后颜色有些改变,即证明有还原性糖存在。

4. 实验材料

(1) 试剂

班氏试剂:取 17.3g $CuSO_4$ 溶于 100mL 蒸馏水中,再取柠檬酸钠 173g(用酒石酸钾钠也可),取无水 Na_2CO_3 100g,二者同时放烧杯中,加蒸馏水 400mL 溶解。待完全溶解后,与已溶解的 $CuSO_4$ 溶液混合,移入干净的 1000mL 容量瓶中,混匀,加蒸馏水至刻度即可。(注意:勿将 $CuSO_4$ 与无水 Na_2CO_3 和柠檬酸钠放在一起溶解。)

(2)器材

试管及试管架,容量瓶,水浴箱,烧杯。

思考题

1. 什么叫酶的特异性?以淀粉酶为例说明之。
2. 酶的特异性通常可分为哪几种类型?

实验12 汞盐对脲素酶的抑制作用及其解除

1. 原理

汞可抑制含巯基的酶,二巯基丙醇可解除汞的抑制,使酶恢复催化功能。现以脲素酶为例验证上述作用。

脲素酶可使尿素水解为碳酸铵。脲素酶催化能力的强弱可根据产生碳酸铵的量来判断。碳酸铵的量可用奈氏试剂测定,因为奈氏试剂可与碳酸铵反应产生黄红色化合物,此黄红色化合物的多少,即可间接表明铵盐的量。

$$\text{脲素酶}\begin{matrix}SH\\SH\end{matrix} + Hg^{2+} \longrightarrow \text{脲素酶}\begin{matrix}S\\ \\S\end{matrix}Hg$$

(有活性)　　　　　　　　　(无活性)

$$\text{脲素酶}\begin{matrix}S\\ \\S\end{matrix}Hg + \begin{matrix}CH_2-SH\\CH-SH\\CH_2OH\end{matrix} \longrightarrow \text{脲素酶}\begin{matrix}SH\\SH\end{matrix} + \begin{matrix}CH_2-S\\ \quad\quad\ Hg\\CH-S\\CH_2OH\end{matrix}$$

(无活性)　(二巯基丙醇)　　　(有活性)　(3-羟基丙二硫醇汞)

$$\begin{array}{c}\text{H}_2\text{N}\\ \phantom{\text{H}_2\text{N}}\diagdown\\ \text{C}=\text{O} +2\text{H}_2\text{O} \xrightarrow{\text{脲素酶(SH, SH)}} (\text{NH}_4)_2\text{CO}_3\\ \phantom{\text{H}_2\text{N}}\diagup\\ \text{H}_2\text{N}\end{array}$$

脲　　　　　　　　　　　碳酸铵

$$(\text{NH}_4)_2\text{CO}_3 + 2\text{NaOH} \longrightarrow \text{Na}_2\text{CO}_3 + 2\text{NH}_3\cdot\text{H}_2\text{O}$$

$$\text{NH}_3\cdot\text{H}_2\text{O} + 3\text{NaOH} + 2[\text{K}_2\text{HgI}_4] \longrightarrow \text{O}\underset{\text{Hg}}{\overset{\text{Hg}}{\diamondsuit}}\text{NH}_2\text{I} + 3\text{NaI} + 4\text{KI} + 3\text{H}_2\text{O}$$

碘化钾汞　　碘化钾汞胺
（红黄色胶体化合物）

2. 操作

① 准备40℃~50℃水浴。

② 取3支小试管(洁净干燥的)，按下表操作：

管号	0.1% 尿素 (mL)	0.01% $HgCl_2$(毒!) (滴)	中性缓冲液 (滴)	尿素酶 (滴)
1	1.0		5	3
2	1.0	1	5	3
3	1.0	1	5	3

将加完试剂的3支试管摇匀，放入40℃~50℃水浴中，10min后取出各试管，将1、2号管放置试管架上，于3号管中加入0.1%二巯基丙醇2滴，摇匀，再放入40℃~50℃水浴10min，取出。分别向3支试管中加水1mL，再加奈氏试剂二三滴，摇匀，观察结果。根据3支试管产生的颜色解释实验结果。

3. 实验材料

（1）试剂

奈氏试剂：取碘化钾150g，碘110g放入250mL锥形瓶中加蒸馏水100mL，再加入汞150g，用力振荡7min~15min，至碘完全溶解为止。此时溶液温度渐渐升高，使红色碘溶液开始褪色，溶液呈浅棕红色，即于流水下冷却继续小心振荡，仔细观察直至成为草黄色为止（勿摇动），倾出溶液至3000mL容量瓶中，沉渣洗涤数次，将洗液一并倾入3000mL容量瓶中，然后加蒸馏水至3000mL刻度处，混匀。取上述溶液30mL，加入10% NaOH溶液140mL，再加蒸馏水20mL，混匀，即为奈氏试剂（主要成分为碘化钾汞复盐）。

(2) 器材

试管,吸量管,滴管。

思考题

1. $HgCl_2$ 在此实验中起何作用?
2. 汞盐对脲素酶的抑制属哪一类抑制?

实验 13　乳酸脱氢酶及其辅酶

1. 原理

乳酸脱氢酶能催化乳酸脱氢,脱下的氢可依次传递给 NAD^+、黄酶等传递体,最后传递给氧,如无氧存在时,只要有适当的受氢体,乳酸的脱氢反应也可进行。本实验用甲烯蓝(蓝色)为受氢体,甲烯蓝如接受氢,可变成无色的甲烯白。故可借甲烯蓝的褪色与否,来判断脱氢过程是否进行。

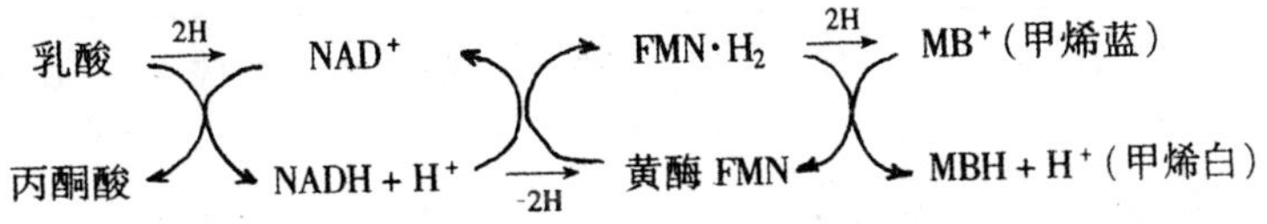

$$乳酸 \xrightleftharpoons[丙酮酸]{2H} NAD^+ / NADH+H^+ \xrightleftharpoons[黄酶\ FMN]{-2H} FMN \cdot H_2 \xrightleftharpoons{2H} MB^+(甲烯蓝) / MBH+H^+(甲烯白)$$

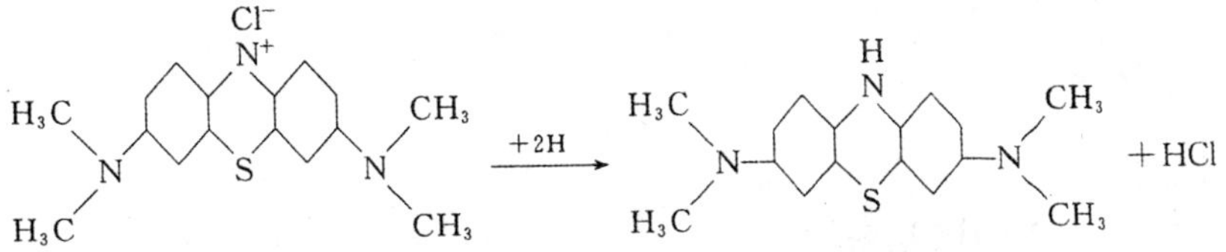

甲烯蓝(MB) $\xrightarrow{+2H}$ 甲烯白(MBH) $+ HCl$

实验用 KCN(剧毒!)产生 HCN 以固定酮酸,使反应向右进行:

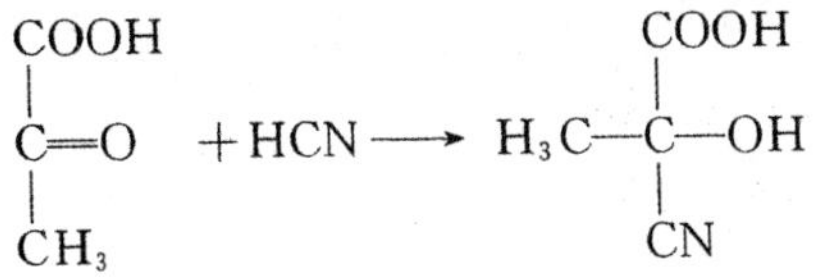

$$\begin{matrix} COOH \\ | \\ C=O \\ | \\ CH_3 \end{matrix} + HCN \longrightarrow \begin{matrix} COOH \\ | \\ H_3C-C-OH \\ | \\ CN \end{matrix}$$

丙酮酸氰醇

2. 操作

(1) 组织提取液的制备

取肝或心肌 6g,在研钵中研碎,加少量 1/15mol/L Na_2HPO_4 液少许及少量洁净细砂(或玻璃砂)研磨成匀浆,再加 1/15mol/L Na_2HPO_4 液 15mL,连续研磨使用,用纱布过滤,即得组织提取液。此液中含有许多酶,如:LDH、黄酶、细胞色素氧化酶、琥珀酸脱氢酶等,也含有 NAD^+。

(2) 酶蛋白制剂的制备

于小试管中加入 5mL 组织提取液,再加活性炭约 0.5g,用玻璃棒充分搅动,放置 0.5h(不时振摇),组织提取液中的 NAD^+ 被活性炭所吸附。离心(2500r/min)5min,除去活性炭,制得不含 NAD^+ 的 LDH 酶蛋白制剂。

(3) NAD^+ 制剂的制备

取 5mL 组织提取液于试管中,置沸水浴加热 10min,以破坏酶蛋白,用滤纸过滤,即得不含酶蛋白而含 NAD^+ 的制剂。

(4) 操作

取 4 支小试管,按下表操作:

试剂\试管号	组织提取液(滴)	酶蛋白制剂(滴)	NAD^+制剂(滴)	0.5%KCN(滴)	1%乳酸钠(滴)	0.02%甲烯蓝(滴)	蒸馏水(滴)	结果
1	—	10	—	5	10	2	10	
2	—	10	10	5	10	2	—	
3	—	—	10	5	10	2	10	
4	10	—	—	5	10	2	10	

摇匀后,加石蜡 10 滴,置 37℃~40℃水浴中,观察记录各管中变化(甲烯蓝褪色情况)。

注意:KCN 剧毒。

3. 实验材料

(1) 试剂

① 1/15mol/L Na_2HPO_4 溶液;

② 活性炭;

③ 0.5% KCN 溶液;

④ 1% 乳酸钠溶液;

⑤ 0.02% 甲烯蓝;

⑥ 液体石蜡。

(2) 器材

试管及试管架,滴管,20mL 匀浆器。

思考题

1. 根据化学组成酶可分哪两类?LDH 属何类?
2. 此实验中为什么要加盖一层石蜡?甲烯蓝在实验中是何作用?

3. 实验结果哪些管具有脱氢酶催化活性？为什么？
4. 本实验第2管不加乳酸钠能否产生甲烯白？如果产生又应考虑些什么？

实验 14　血清淀粉酶(AMS)碘-淀粉比色法

1. 原理

血清(或血浆)中 α-淀粉酶催化淀粉分子中 α-1,4 葡萄糖苷键水解，产生葡萄糖、麦芽糖及含有 α-1,6 糖苷键支链的糊精。在基质充分(已知浓度)的条件下，反应后加入的碘液与未被水解的淀粉结合成蓝色复合物，其蓝色的深浅与未经酶促反应的空白管比较其吸光度，从而推算出淀粉酶的活力单位。

2. 操作

① 血清先用生理盐水稀释 10 倍后，按下表操作：

加入物	测定管	空白管
缓冲淀粉溶液(mL) (37℃预温 5min)	1.0	1.0
稀释血清(mL)	0.2	
混匀，置于37℃水浴中保温7.5min		
碘应用液(mL)	1.0	1.0
蒸馏水(mL)	6.0	6.2

混匀，用 660nm 波长、10mm 光径比色皿，蒸馏水调零，读取各管吸光度。

② 单位定义 100mL 血清中的淀粉酶在 37℃、15min、水解 5mg 淀粉为 1 个单位。

③ 计算：

$$\text{淀粉酶单位} = \frac{A_B - A_U}{A_B} \times \frac{0.4}{5} \times \frac{15}{7.5} \times \frac{100}{0.02} = \frac{A_B - A_U}{A_B} \times 800$$

④ 参考值。

血清:90~180 单位；

尿液:100~1200 单位。

3. 注意事项

① 草酸盐、枸橼酸盐、EDTANa$_2$ 及氟化钠对 AMS 活性有抑制，肝素无抑制。

② 酶活性在 400 单位以下时与底物的水解量成线性。如测定管吸光度大于空白管吸光度一半时,应将血清加大稀释倍数,或减少稀释血清加入量,测定结果乘上稀释倍数。

③ 本法亦适用于其他体液淀粉酶的测定。尿液先作 20 倍稀释后测定,其参考值为 100～1200 单位。

④ 唾液含高浓度淀粉酶,须防止带入。

⑤ 淀粉溶液若出现混浊或絮状物,表示淀粉溶液受污染或变质,不能再用。

4. 临床意义

淀粉酶主要由唾液腺或胰腺分泌。流行性腮腺炎,特别是患急性胰腺炎时,血和尿中的 AMS 显著增高。急性胰腺炎发病的 8h～12h,血清 AMS 开始升高,12h～24h 达高峰,2～5 天下降至正常。如超过 500 单位,即有诊断意义,达 350 单位应怀疑此病。急性阑尾炎、肠梗阻、胰腺癌、胆石症、溃疡病穿孔以及吗啡注射后血清中 AMS 均可升高,但常低于 500 单位。正常人血清中的 AMS 主要由肝脏产生,故血清及尿中 AMS 见于肝病时同时降低。

淀粉酶分子量约 50000,可通过肾小球滤出。在患急性胰腺炎时,尿 AMS 约于起病后 12h～24h 开始增高,下降也比血清 AMS 慢,所以在急性胰腺炎后期测定尿中 AMS 更有价值。肾功能障碍时,血清 AMS 降低。

5. 实验材料

(1) 试剂

① 0.4g/L 缓冲淀粉溶液:在约 500mL 蒸馏水中,溶解 9g 氯化钠、22.6g 无水磷酸氢二钠(或 56.94g $Na_2HPO_4 \cdot 12H_2O$)和 12.5g 无水磷酸二氢钾,加热至沸。另取一小烧杯,精确称取 0.4g 可溶性淀粉,加入约 10mL 蒸馏水,使溶液成糊状后,加入上述沸腾之溶液中,水洗烧杯一并倒入。冷却至室温后,加入 37% 甲醛溶液 5mL,用蒸馏水稀释至 1L。该溶液 pH 为 7.0±0.1,应置冰箱保存。

② 0.1mol/L 碘贮存液:在约 400mL 蒸馏水中溶解 1.7835g 碘酸钾(KIO_3)及 22.5g 碘化钾(KI),缓慢加入 4.5mL 浓盐酸,边加边搅拌,用蒸馏水稀释至 500mL,充分混匀,贮棕色瓶,置冰箱保存。

③ 0.01mol/L 碘应用液:取碘贮存液,用蒸馏水稀释 10 倍,贮棕色瓶,置冰箱可用一个月。

(2) 器材

试管,水浴锅,722 型可见光分光光度计。

思考题

1. 急性胰腺炎血清淀粉酶为什么会升高?
2. 用此法测定血清淀粉酶应注意什么?

实验 15　细胞色素体系的作用及其抑制与解除

1. 原理

细胞色素氧化酶是电子传递体,具有将电子传递给氧的功能以保证细胞呼吸正常进行。但其辅基铁卟啉中的 Fe^{3+} 与 CN^- 结合则失去传递电子能力,使细胞呼吸中断而危及生命。本实验是通过动物活体实验和组织匀浆实验来观察细胞色素氧化酶的作用和受氰化物毒害而阻断呼吸的情况。

（1）动物实验

给小白鼠注射 KCN,则小白鼠因细胞呼吸中断而死亡（内窒息）。在注射 KCN 的同时注射 $Na_2S_2O_3$,动物体内丰富的硫氰酸酶使 $S_2O_3^{2-}$ 与 CN^- 结合生成毒性极低的 SCN^- 从尿中排出而解毒,即

$$2CN^- + 2S_2O_3^{2-} + O_2 \xrightarrow{\text{硫氰酸酶}} 2SCN^- + 2SO_4^{2-}$$

（2）组织匀浆实验

细胞色素的电子传递作用通过催化对二氨基苯生成红棕色物质而观察到,氰化物与细胞色素氧化酶中 Fe^{3+} 结合而阻断此反应进行。

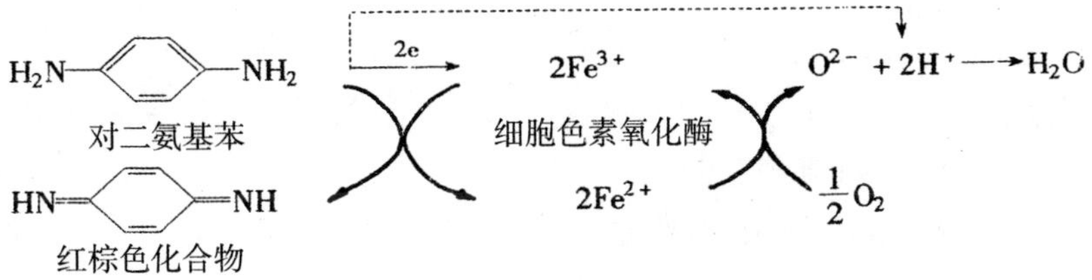

2. 操作

（1）动物实验

小白鼠 6 只,随机分组标记编号,并按下表处理:

小白鼠			腹腔注射	观察动物表现	备注
分组	编号	体重(g)			
第一组	1		5% $Na_2S_2O_3$ 溶液 0.5mL	观察5min	按每3g体重注射0.5% KCN 0.01mL
	2				
	3				
第二组	1		生理盐水 0.5mL		
	2				
	3				

（2）组织匀浆实验

取肌肉约2g，置研钵中加砂磨碎，再加入 1/15mol/L Na_2HPO_4 溶液5mL，混匀，纱布过滤，取上清液，按下表处理：

试管号	上清液（滴）	0.5% KCN（滴）	2%对二氨基苯（滴）	操作	结果
1	10	—	10	不断振摇	
2	10	—	10	混匀,静置	
3	10	1	10	不断振摇	

3. 实验材料

（1）试剂

① 0.5% KCN（新鲜配制）溶液；

② 5% $Na_2S_2O_3$ 溶液；

③ 生理盐水；

④ 0.2% 对二氨基苯（新鲜配制）；

⑤ 1/15mol/L Na_2HPO_4 溶液（见附录Ⅰ）。

（2）器材

研钵，吸量管，滴管，纱布。

思考题

1. 解释两组动物的表现。

2. 解释三管的结果。

3. 氰化物中毒者，只用氧或仅用 $Na_2S_2O_3$ 能否起到解毒作用，请结合上述实验说明。

附　细胞色素体系的作用及其抑制

1. 原理

生物通过酶的催化，能激活化学活力并不十分强大的氧气，使它在生物体内温和的生理状况下，具有强大的氧化作用。可利用氧化还原指示剂，对二氨基苯作反应指示剂，其反应可用下式表示：

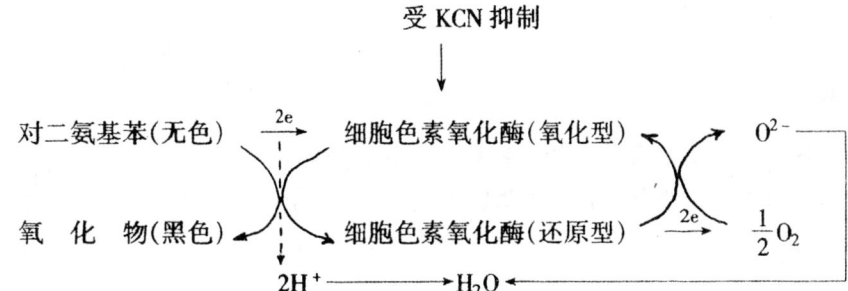

细胞色素氧化酶是一种含铁卟啉的酶，氰化物能抑制其活力。

2. 操作

按下表操作：

管号 \ 试剂	肌肉浸取液 （mL）	0.01% KCN （滴）	蒸馏水 （mL）	0.1% 对二氨基苯 （mL）
1	1.0	0	1.0	1.0
2	1.0	20	0	1.0
3	0	0	2.0	1.0

用力摇动各管（为什么），并随时注意颜色的变化，说明变化的原因及对二氨基苯在反应中所起的作用是什么？

3. 临床意义

细胞色素 C 是用于组织缺氧治疗的急救用药和辅助用药，如 CO 中毒、严重休克期缺氧、心肌炎、心绞痛、心肌梗塞等。

4. 实验材料

（1）试剂

① 肌肉浸取液：取新鲜猪心（鸽心、鸽胸肌、兔心亦可，约 3g~4g）剪成细片，置乳钵

中,加少许砂子及 1/15mol/L Na_2HPO_4 2mL 溶液研成细浆,再以 1/15mol/L Na_2HPO_4 溶液 7mL 稀释之。将上清液倾出或直接吸出,即心肌浸取液。此浸取液含丰富的细胞色素及细胞色素氧化酶。

② 0.01% KCN 溶液。

③ 0.1% 对二氨基苯。

④ 1/15mol/L Na_2HPO_4 溶液:称取 23.877g $Na_2HPO_4 \cdot 12H_2O$ 溶于 1000mL 蒸馏水中。

(2) 器材

试管及试管架,匀浆器,滴管。

思考题

1. 氰化钾在此实验中的作用与脱氢酶实验中的作用有何不同?
2. 对二氨基苯在实验中起什么作用?

实验 16　血清葡萄糖的测定

一、邻甲苯胺法

1. 原理

葡萄糖与邻甲苯胺在强酸溶液中加热,葡萄糖的醛基与邻甲苯胺缩合成葡萄糖基胺,后者脱水生成席夫氏碱(Schiff),再经结构重排,生成蓝色化合物,吸收峰在 630nm 处。反应式如下:

邻甲苯胺　　葡萄糖　　葡萄糖基胺　　蓝色席夫氏碱

2. 操作

取数支 16mm×150mm 试管,按下表操作:

第二编 生物化学的基础实验

加入物	测定管	标准管	空白管
血清(血浆、脑脊液)(mL)	0.1	—	—
葡萄糖标准液(mL)	—	0.1	—
蒸馏水(mL)	—	—	0.1
邻甲苯胺试剂(mL)	3.0	3.0	3.0

混匀后,置沸水浴中,加热12min,取出置冷水中,冷却5min,用分光光度计调波长630nm,空白管调零,读取标准管和测定管的吸光度,并作好原始记录。

3. 计算

$$体液葡萄糖(mmol/L) = \frac{测定管吸光度}{标准管吸光度} \times 5$$

参考值。
血清:3.89 mmol/L ~ 6.11mmol/L(70mg/dL ~ 110mg/dL)。

4. 注意事项

① 除葡萄糖外,其他糖在反应过程中也能产生有色化合物,它们的相对吸光度比率分别为:葡萄糖=1.00,果糖=0.06,甘露糖=0.96,半乳糖=1.42,蔗糖=0.16,麦芽糖=0.09,乳糖=0.39,木糖=0.12。但是在这些糖中,只有葡萄糖、果糖、半乳糖存在于正常人的血清中;而后两者在正常人血液中,含量甚微,不影响实际测定结果。

② 测定液的呈色强度与反应条件有关,邻甲苯胺的批号、邻甲苯胺试剂的新老(如试剂配制后过久,呈色变浅)以及加热温度和加热时间等都会影响显色强度。因此,测定管、标准管、空白管的加热时间及温度必须完全一致。每批测定管数不宜过多,以便能较好地控制反应条件。有些批号冰醋酸会产生棕色反应,影响测定结果。

③ 最终反应液偶尔会产生混浊,最常见原因是高脂血症。此时,可向3mL显色液中加入1.5mL异丙醇,充分混匀,溶解脂质,可消除浊度,所测吸光度乘以1.5。注射右旋糖酐时,由于右旋糖酐不溶于邻甲苯胺试剂,而产生浊度,冷水浴太冷时也会出现混浊。

④ 轻度的溶血不干扰测定,但1g/L血红蛋白,能假性增高葡萄糖测定结果(0.11mmol/L),胆红质也能增高测定吸光度(342μmol/L),胆红质能假性增高葡萄糖测定结果(1.39mmol/L),血标本中含有EDTA(>1mg/mL)、氟化钠(>5mg/mL)时,能增大显色强度,麝香草酚抑制颜色生成。

⑤ 邻甲苯胺法的测定结果基本上与葡萄糖氧化酶法和己糖激酶法相同,但尿毒症患者,此法略有偏高。

⑥ 邻甲苯胺的质量要求高,否则,结果不理想。另外,邻甲苯胺有毒,应避免吸入其蒸气或沾染皮肤,应避光保存。

5. 实验材料

（1）试剂

① 邻甲苯胺试剂：940mL 冰醋酸中加入硫脲 1.5g、邻甲苯胺 60mL 混合，直至硫脲完全溶解，置棕色瓶中，室温保存，新配试剂应放置 24h 后（待老化）使用。此试剂腐蚀性极强，避免接触皮肤，应用自动吸管加液。

② 12mmol/L 苯甲酸溶液：于 900mL 蒸馏水中，加入苯甲酸 1.4g，加热助溶，冷却后置于 1L 容量瓶中，加蒸馏水至刻度。

③ 葡萄糖标准贮存液（100mmol/L）：称取无水葡萄糖（预先置 80℃ 烘箱干燥至恒重，移置干燥器内保存）1.802g，溶解于 80mL 苯甲酸溶液中，移置 100mL 容量瓶中，再加苯甲酸溶液至刻度。

④ 葡萄糖标准应用液（5mmol/L）：取葡萄糖标准贮存液 5mL，置于 100mL 容量瓶中，加苯甲酸溶液至刻度。

（2）器材

722 型分光光度计，吸量管，试管及试管架。

思考题

血糖测定的原理及临床意义是什么？

二、葡萄糖氧化酶法

1. 原理

葡萄糖氧化酶（GOD）和过氧化物酶（POD）的偶联反应称为 GOD-POD 偶联反应。首先，葡萄糖受 GOD 催化转变成葡萄糖酸和过氧化氢；然后，POD 又催化过氧化氢、苯酚、4-氨基安替比林（4-AA）进行反应生成红色醌类化合物，其颜色深浅与血糖浓度成正比。用分光光度法将待测样品与相同处理的标准葡萄糖溶液进行比色，便可求得血糖浓度。

GOD-POD 偶联反应如下：

$$\text{葡萄糖} + O_2 + H_2O \xrightarrow{\text{GOD}} \text{葡萄糖酸} + H_2O_2$$

$$H_2O_2 + \text{苯酚} + 4-AA \xrightarrow{\text{POD}} \text{红色醌类化合物} + H_2O$$

本法无需除去样品中的蛋白质，可直接利用血清或血浆进行测定。但用全血测定时，需事先除去血球等固体成分和蛋白质。

2. 操作

取 3 支试管,分别编号,按下表操作:

加入物	标准管	测定管	空白管
葡萄糖标准液(μL)	10.0	—	—
血清(μL)	—	10.0	—
蒸馏水(μL)	—	—	10.0
酶酚混合试剂(mL)	1.5	1.5	1.5

混匀,置37℃水浴保温15min,用分光光度计在505nm波长处比色,以空白管调零,分别读取各管吸光度。

3. 计算

$$血糖(mmol/L) = \frac{测定管吸光度}{标准管吸光度} \times 5.55 \quad 或血糖(mg/dL) = \frac{测定管吸光度}{标准管吸光度} \times 100$$

如血糖高于22mmol/L时,将血清(浆)稀释后再进行测定,测定结果乘以稀释倍数。

参考值:血清(浆)血糖 3.9mmol/L~6.1mmol/L。

4. 注意事项

① 酶偶联反应的第一步反应(GOD 催化的反应)特异性相当强,第二步反应(POD 催化的反应)特异性较差,常因样品中存在着尿素、维生素 C、胆红素和还原型谷胱甘肽等物质抑制过氧化氢的显色反应,导致测定结果偏低。

② 本实验受温度和反应时间影响较大,应严格控制。

③ 酶试剂在冰箱存放不得超过规定时间,否则,会严重影响实验结果。

④ 葡萄糖标准液和样品液吸取体积的准确与否,对实验结果也有直接影响。

5. 实验材料

(1) 试剂

血糖测定试剂盒。

(2) 器材

722 型分光光度计,吸量管,微量移液器,试管及试管架。

思考题

酶法测定血糖的原理及临床意义是什么?

附 尿糖的定性测定

肾小管上皮细胞有重吸收葡萄糖的能力,因此,正常尿中所含葡萄糖量甚微,每日从尿中排出不超过1g。正常尿中葡萄糖不易为一般临床方法检出,因此,一般认为正常尿中无葡萄糖。

胰岛素分泌不足引起的糖尿病,以及愤怒、紧张而使肾上腺素的分泌增加均可使血糖浓度增加。当血糖浓度达到180mg/100mL以上,超过了肾小管重吸收葡萄糖的能力,尿中可出现葡萄糖。正常人肾糖阈为180mg/100mL,有些正常人肾糖阈较低,尿中常有少量葡萄糖出现,此种情况称为肾性糖尿。尿糖的定性测定较测定血糖简便,常作为糖尿病患者糖代谢紊乱指标的一种。

1. 碱性硫酸铜法(旧称班尼地氏法)

葡萄糖具有还原性,在碱性条件下可将 Cu^{2+} 还原为 Cu^+。硫酸铜($CuSO_4$)、氢氧化铜[$Cu(OH)_2$]均为蓝色,被葡萄糖还原为氧化亚铜(Cu_2O)后呈红色。尿液与碱性硫酸铜试剂煮沸后出现的颜色变化可反映出尿糖的含量。如尿中不含葡萄糖,颜色呈蓝色;尿中含大量葡萄糖,全部 Cu^{2+} 均还原成红色的 Cu_2O,溶液成红色。若尿中有少量的葡萄糖可使一部分 Cu^{2+} 还原成 Cu_2O,溶液由大量蓝色的 Cu^{2+} 与少量红色 Cu^+ 混合,故溶液呈绿色。若尿中有较多的葡萄糖,生成大量的 Cu^+,但仍有 Cu^{2+} 的存在,溶液则呈黄色。Cu_2O 溶解度低,故尿液中若有葡萄糖存在,冷却后均有 Cu_2O 的红色沉淀析出。

2. 操作

取碱性硫酸铜溶液1mL,向其中加尿液2滴,在火焰上煮沸2min或沸水中煮10min,冷却后观察结果。

现 象	记录符号	测定管
澄清蓝色不变	—	—
绿色混浊液体含细小黄色沉淀	+	<0.5
绿黄色混浊液体含显著黄色沉淀	+ +	0.5~1.0
黄色混浊液体含黄色沉淀	+ + +	1.0~2.0
橙黄色至红色沉淀	+ + + +	>2.0

3. 试剂

班尼地试剂

① 称取硫酸铜 17.4g 溶于 100mL 水中,加热使硫酸铜完全溶解。冷却后用水稀释至 150mL。

② 称取柠檬酸三钠 173g,无水碳酸钠 110g,加蒸馏水约 600mL,加热,使全部溶解。冷却后,用蒸馏水稀释至 850mL。

将①液混入②液中,随加随摇动,混匀后即可使用。

实验 17 糖耐量试验

1. 原理

葡萄糖耐量实验是服用一定量葡萄糖后,间隔一定时间测定血糖,于同样的间隔时间收集尿液标本,测定尿糖,以观察机体对葡萄糖的利用情况。

血糖测定的原理及步骤见实验 16。

2. 操作

① 受试者应在早晨空腹时(即不吃早餐及任何食物,下午做实验的同学,可照常吃早点,但不吃午饭)取血一次以测定血糖。

② 同时应收集空腹尿液标本,以检查尿中有无还原性糖存在。

③ 然后一次食入大量糖,一般用葡萄糖,按每公斤体重食用 1.5g ~ 2.0g 计算。若用蔗糖代替,则需酌量增加。糖应在短时间内吃完。为了便于服用,可溶于少量(约 300mL)水中,吃糖后不得进食其他食物,待取完 120min 时的血样品后,可吃早点(下午实验者可吃早饭)。要记住吃糖时间,以便指定的时间取血。

④ 服糖后,于 30min,60min,90min,120min 时,分别取血 1 次,每次取样品 1 个,按血糖的测定方法,测出血糖浓度(注意控制好取血时间)。

⑤ 同时在各个时间分别留尿一次,作尿糖检查。检查方法见实验 16[附]尿糖的定性测定——碱性硫酸铜法。

3. 临床意义

正常人口服大量葡萄糖后,血糖浓度暂时升高,但不至于太高。一般当服糖后 0.5h ~ 1.0h,血糖浓度可升至最高峰(多在 140mg/100mL ~ 180mg/100mL)。2h 内即可复原,此即耐糖现象。各次尿标本内一般均无糖出现,若血糖浓度超过肾糖阈,则尿中可能出现糖。糖尿病患者,空腹时血糖往往已超过正常,口服大量葡萄糖后,其血糖浓度的增加高于正常人的水平,且维持高血糖较长时间方可复原,尿中有糖出现。临床上某些其他疾病,如甲状腺机能亢进、肝功能不全、阿狄森氏病等,其糖耐量亦有不同类型的异常,故糖耐量试验有助于诊断某些疾病。

4. 结果处理

① 自己列式计算出不同时间的血糖浓度。

② 绘制耐糖曲线:以时间为横坐标,每100mL血中糖含量为纵坐标绘一曲线,并分析。

5. 实验材料

同实验16。

思考题

糖耐量试验的临床意义是什么?

实验18 胰岛素和肾上腺素对血糖浓度的影响

1. 原理

人和动物体内的血糖浓度受各种激素调节而维持恒定。胰岛素能降低血糖,其他很多激素则具有升高血糖的作用,其中以肾上腺素作用较为迅速而明显。胰岛素促进肝脏和肌肉将葡萄糖合成糖原,又加强糖的氧化利用,故可以降低血糖;肾上腺素促进肝糖原分解而增高血糖。

实验内容:家兔注射胰岛素和肾上腺素前后血糖浓度的变化。

2. 操作

(1) 动物准备

取正常家兔两只,实验前预先禁食16h,称体重(一般为2kg～3kg)。

(2) 取血

一般多以耳缘静脉取血,先去毛(去净,不伤皮肤),使其血管充血(用灯泡烤),将血液收入试管,离心。用干棉球压迫血管止血。

(3) 注射激素后取血

取禁食血后,其中一只兔腹部皮下注射胰岛素,剂量按1.5U/kg体重计算,并记录注射时间。1h后再取血,离心。取血后,立即于腹腔或皮下注射25%葡萄糖10mL,以免家兔发生胰岛素性休克而死亡。

另一只家兔皮下注射肾上腺素,剂量按0.4mg/kg体重计算,并记录注射时间。0.5h

后取血,离心。

(4) 血糖测定

见实验 16 血糖的测定。

3. 计算

计算注射胰岛素后血糖降低的百分率和注射肾上腺素后血糖增高的百分率。

4. 实验材料

(1) 试剂

① 25% 葡萄糖溶液;

② 肾上腺素 1mg/mL;

③ 胰岛素 3U/mL。

(2) 器材

注射器(2mL,10mL),针头,722 型分光光度计。

思考题

1. 实验前为什么预先需要家兔禁食?
2. 胰岛素、肾上腺素调节血糖的机理是什么?

实验19　血清中胆固醇的测定

一、异丙醇法

1. 原理

血清加入异丙醇,胆固醇被提取,向异丙醇提取液中加入硫－铁显色剂,使胆固醇显紫色,比色测定而求得含量。

2. 操作

① 取血清 0.1mL 于一带塞试管中,向管底吹入异丙醇 2.4mL,冲散血清,使蛋白沉淀很细,加氧化铝 0.4g,加塞混匀后,放 60℃ 水浴中 1min～2min,然后,于漩涡式混合器上混合 15s 或手摇 2min。离心,取提取液待用。

② 取 15mm×150mm 试管 3 支,标明测定管、标准管及空白管。在测定管中加提取液 1mL,标准管中加胆固醇标准应用液 1mL,空白管中加异丙醇 1mL。

③ 各管置60℃水浴中预温1min(试管不离开水浴),分别加入显色剂3mL,充分混合后,留在水浴中15min。

④ 冷却后,在540nm波长处以空白管调零,用分光光度计测定各管吸光度。

3. 计算

$$血清胆固醇(mmol/L) = \frac{测定管吸光度}{标准管吸光度} \times 5.17$$

$$血清胆固醇(mg/dL) = mmol/L \div 0.0259$$

4. 注意事项

① 本法精密度良好,回收率接近100%,颜色稳定。

② 本法加入异丙醇后,加氧化铝0.4g,提取液可同时测定甘油三酯。如单独测定胆固醇,氧化铝不加亦可。

5. 实验材料

(1) 试剂

① 异丙醇(AR)。

② 三氯化铁贮存液:称取有水三氯化铁(AR)0.1g,溶于100mL冰醋酸中。

③ 显色剂:三氯化铁贮存液与浓硫酸(AR或GR),按1:1体积混合。

④ 5.17mmol/L 胆固醇标准液:称取重结晶胆固醇(分子量386.66)200mg,用异丙醇溶解并稀释到100mL,放冰箱保存。

⑤ 胆固醇标准应用液:取5.17mmol/L胆固醇标准液4mL,加异丙醇至100mL。

⑥ 氧化铝:层析用中性氧化铝,用水洗去不易下沉的细颗粒,吸滤干后,在110℃烘箱中活化至少3h,放密闭容器内保存。

(2) 器材

分光光度计,吸量管,试管及试管架,恒温水浴箱。

二、酶法测定

1. 原理

胆固醇酯酶水解胆固醇脂后,以胆固醇氧化酶氧化胆固醇,产生 H_2O_2,然后以Trinder反应测定,从而求其含量。

2. 操作

胆固醇酶法操作步骤,见下表所示:

加入物	测定管	标准管	空白管
待测血清(μL)	10.0	—	—
胆固醇标准液(μL)	—	10.0	—
蒸馏水(μL)	—	—	10.0
酶应用液(mL)	1.5	1.5	1.5

混匀,置37℃水浴保温15min,在510nm处以空白管调零,用分光光度计测定各管吸光度。

3. 计算

$$血清胆固醇(mmol/L) = \frac{测定管吸光度}{标准管吸光度} \times 5.17(mmol/L)$$

参考值:3.10mmol/L~5.70mmol/L(120mg/dL~220mg/dL)。

4. 实验材料

（1）试剂
胆固醇测定试剂盒。
（2）器材
分光光度计,微量移液器,吸量管,试管及试管架,恒温水浴箱。

5. 临床意义

血清胆固醇浓度增高见于动脉粥样硬化、肾病综合征、胆总管堵塞、黏液性水肿和糖尿病。

在恶性贫血、溶血性贫血以及甲状腺机能亢进时,血清胆固醇降低,其他如感染和营养不良等情况下,胆固醇总量常见降低。

思考题

1. 酶法操作的关键是什么？
2. 酶法与化学比色法比较有哪些特点？

实验 20　血浆中磷脂的测定

1. 原理

血浆中的磷脂可用醇醚混合液提取出来,提取液经蒸发至干后,用浓硫酸消化,并加入 H_2O_2 为催化剂,使有机磷转变为焦磷酸,再加水水解,使焦磷酸水解成正磷酸。在酸性溶液中,加入钼酸铵和还原剂,使产生的磷钼酸铵还原成钼蓝,比色测定磷脂磷含量。

血液中的磷可分为无机磷和有机磷两类。有机磷包括磷酸酯、磷脂及核苷酸磷。其分布及含量如下。

种类	mg/100mL 血浆	
	全血	血浆
无机磷	2~4	2.4~4.5
磷酸酯	20~30	0.1~1.7
磷　脂	11~14	7~15
核苷酸磷	2~3	—
总　磷	35~51	10~21

磷脂包括:卵磷脂、脑磷脂、神经磷脂和丝氨酸磷脂。其中卵磷脂占总磷脂的55%、脑磷脂占21%、神经磷脂占7%。而以卵磷脂为最多,若以卵磷脂来代表磷脂,则用磷脂磷乘以25即得。因为卵磷脂含磷约为4%。

糖尿病及肾炎时磷脂磷的含量随脂血症的严重程度而增加,妊娠及某些肝病时,磷脂磷亦增高。

2. 操作

(1) 提取

取 0.2mL 新鲜血浆,置于离心管内。加入醇醚混合液,立即用玻璃棒混匀。此时蛋白质、无机磷、有机磷酸酯沉淀析出,并在不断搅拌下约70℃~80℃水浴加热至微沸(约需30s)。提取血浆的磷脂时,一看到有小气泡由管底向上升时,立即将试管由水浴中取出,再重复加热两次,然后放冷。准确地加醇醚混合液达 6mL 刻度处,搅拌均匀,用半径为 3cm~3.5cm 的干滤纸过滤,以除去干扰物。滤液用干燥洁净试管收集,为减少滤液蒸发,过滤时用表面皿盖住漏斗口。准确吸取滤液 4mL(相当于 0.2mL 血清),置于消化管中,于水浴中蒸发至干(水浴温度由70℃逐渐升高至90℃以上,但必须用试管夹夹住试管不断振摇,以免溶液突沸溅出)。

(2) 消化

于上述管内加入 7.5mol/L 的 H_2SO_4 1mL,在小火上加热 5min(不断摇动试管,避免溶液突沸溅出)。此时,消化液由无色经黄色、褐色、黑色复转变为浅褐色之清液。停止加热稍冷(约 1min~2min),将试管直拿,直接将 1 滴 H_2O_2 滴于热消化液中;当 H_2O_2 加入时,有"劈啪"响声,溶液立即呈无色(如冷却超过 1min~2min,此时溶液已冷,H_2O_2 加入后,溶液变黄,无"劈啪"声响,但一经加热,即变为无色);再继续加热 3min~4min,以赶走过剩 H_2O_2,消化即完毕,放冷,有机磷转变为焦磷酸。

(3) 水解

在已消化完全并冷却的试管中,加约 2mL 蒸馏水,用小火加热煮沸 1min~2min(此时体积约减少 2/3)。煮沸时试管要不断振摇,避免突沸或溶液外溅。此管为样品管。

水解的目的是使焦磷酸变成正磷酸,并赶走过剩 H_2O_2 以免加钼酸铵时呈黄色(H_2O_2 可与钼酸铵生成黄色过氧化物)。

(4) 显色

在另一试管中,加入标准磷应用液 1mL(含 20μg 磷),作为标准管。又向另一消化管中,加入蒸馏水 1mL,作为空白管。于空白管、标准管及样品管中,依次各加入钼酸铵 2mL,15% 的硫酸亚铁溶液(新鲜配制)2mL。并加蒸馏水,稀释到 10mL,混匀,放入 40℃~50℃水浴中 10min,即可显色完全。取出置试管架上,所产生蓝色于 2h 内稳定不变。

(5) 测定吸光度

选用波长 680nm。

(6) 计算

$$\frac{样品管吸光度}{标准管吸光度} \times \frac{20}{1000} \times \frac{100}{0.2} = 血浆磷脂磷(mg/100mL)$$

$$磷脂磷 \times 25 = 血浆磷脂(mg/100mL)$$

3. 实验材料

(1) 试剂

① 醇醚混合液:取 3 份 95% 乙醇与 1 份乙醚混合即成。

② 7.5mol/L 硫酸溶液。

③ 30% 过氧化氢溶液。

④ 3% 钼酸铵溶液:称取 30g 分析纯钼酸铵[$(NH_4)_6Mo_7O_{24} \cdot 4H_2O$],加入已煮沸过的蒸馏水中溶解,然后稀释至 100mL,必要时可进行过滤。

⑤ 15% 硫酸亚铁溶液:称取 7.5g 分析纯硫酸亚铁($FeSO_4 \cdot 7H_2O$),加蒸馏水溶解,并稀释至 50mL。此液于临用前配制,因低价铁在空气中易氧化成高价铁。若配好的溶液呈黄色或有混浊时可加入 1~2 滴硫酸。

⑥ 标准磷贮存液(1mg/mL):称取已干燥至恒重的磷酸二氢钾(KH_2PO_4)0.4391g,溶

于蒸馏水,并用容量瓶稀释至 100mL。

⑦ 标准磷应用液(0.020mg/mL):取⑥中贮存液稀释至 20μg/mL。

(2) 器材

吸量管,刻度离心管,玻璃搅棒,漏斗,大试管,消化管(带 10mL 刻度,3 支)。

思考题

1. 血液中的磷脂包括哪些物质,其中以何者最多?
2. 简述磷脂磷测定原理。
3. 用醇醚提取磷脂时应注意些什么?此步骤主要目的何在?

实验 21 酮体的生成及定性实验

1. 原理

酮体包括丙酮、乙酰乙酸及 β - 羟丁酸,是脂肪氧化的中间产物,肝脏将脂肪氧化生成酮体,酮体在肝脏中不能氧化,需运往肝外组织(如肌肉、心、肾等)才能被彻底氧化。

酮体在碱性条件下,与亚硝酰铁氰化钠[$Na_2Fe(NO)(CN)_5$]作用生成紫红色化合物。

2. 操作

(1) 酮体的生成

① 取大白鼠 1 只,断头处死,使血液流尽,立即取出肝脏和肌肉组织,用冰冷缓冲盐水冲洗数遍,剪成碎片备用。

② 取 3 支中试管,按下表操作:

管号	组织 (约 0.3g)	0.1mol/L 辛酸钾 (mL)	37℃保温 * (min)	10% 三氯醋酸 (mL)
1	肝	3.0	30	1.0
2	肝、肌肉	3.0	30	1.0
3	肌肉	3.0	30	1.0

注:* 常摇动。

混匀后,静置数分钟,各取上清液 10 滴于 3 支小试管中,各加蒸馏水 10 滴,混匀,各加入酮粉(每管约 0.3g),观察各管颜色,并加以解释。

(2) 尿中酮体的鉴定

取酮粉少许加于反应板上,加尿液数滴,若尿中含有酮体即与酮粉中的亚硝酰铁氰化钠起反应,在 1min～2min 内呈红色,逐渐变成紫色。

3. 临床意义

正常人 24h 尿中含有 20mg~50mg 酮体,由于量少,用一般方法检验不出来。在糖尿病、妊娠呕吐等疾病时,尿中酮体定性常呈阳性反应。

4. 实验材料

(1)试剂

① pH7.4 磷酸盐缓冲液:精确量取 0.1mol/L Na_2HPO_4 溶液 80.8mL,0.1mol/L KH_2PO_4 溶液 19.2mL,混匀即成。

② 缓冲盐水:100 份 0.9% NaCl 溶液加 12 份 pH7.4 磷酸盐缓冲液。

③ 0.1mol/L 辛酸钾溶液:取 1mol/L KOH 溶液 10mL 置 100mL 容量瓶中,加入辛酸 1.58mL,摇荡至辛酸全部溶解,加入蒸馏水约 50mL,校正 pH 为 7.4,加 pH7.4 磷酸盐缓冲液至刻度,混匀,置冰箱中贮存备用。临用前贮存液稀释 50 倍即可。

④ 酮粉的配制:取亚硝酰铁氰化钠 1g、硫酸铵 20g、碳酸钠 20g,研为细末,临用时新配或贮于密闭瓶中备用。

(2)器材

吸量管,试管,滴管,剪刀。

思考题

尿中酮体定性检验的临床意义是什么?

实验 22 血清中谷丙转氨酶的测定

1. 原理

谷丙转氨酶(Glutamic pyruvic transaminase,GPT 或 Alanine transaminase,ALT)可催化丙氨酸转移氨基给 α-酮戊二酸,生成丙酮酸和谷氨酸,其反应式为:

$$\begin{array}{c}CH_3 \\ | \\ CH-NH_2 \\ | \\ COOH\end{array} + \begin{array}{c}COOH \\ | \\ (CH_2)_2 \\ | \\ C=O \\ | \\ COOH\end{array} \xrightleftharpoons{GPT/ALT} \begin{array}{c}CH_3 \\ | \\ C=O \\ | \\ COOH\end{array} + \begin{array}{c}COOH \\ | \\ (CH_2)_2 \\ | \\ CH-NH_2 \\ | \\ COOH\end{array}$$

在底物浓度足够大的条件下,血清谷丙转氨酶越多,则反应速度越快,生成的丙酮酸越多。该反应在经一定时间后,可用 2,4-二硝基苯肼终止。2,4-二硝基苯肼与反应产物丙酮酸作用生成丙酮酸二硝基苯腙,呈黄色;在碱性条件下呈棕红色,色泽深浅与丙酮

酸的量成正比。因此,可用比色法测定血清中生成丙酮酸的量,并计算出血清中谷丙转氨酶的活力大小。反应式为:

$$\underset{COOH}{\underset{|}{\overset{CH_3}{\overset{|}{C}}}=O} + H_2N-NH-\underset{}{\bigcirc}\underset{NO_2}{\overset{NO_2}{}}-NO_2 \longrightarrow \underset{COOH}{\underset{|}{\overset{CH_3}{\overset{|}{C}}}=N-\overset{H}{N}-\underset{}{\bigcirc}\underset{NO_2}{\overset{NO_2}{}}-NO_2}$$

$$\underset{COOH}{\underset{|}{\overset{CH_3}{\overset{|}{C}}}=N-\overset{H}{N}-\underset{}{\bigcirc}\underset{NO_2}{\overset{NO_2}{}}-NO_2} + NaOH \longrightarrow \begin{cases} \text{或} \end{cases}$$

2. 操作

按下表进行操作:

试剂	标准管	标准空白管	测定管	测定空白管
谷丙转氨酶基质液(mL)	0.5	0.5	0.5	0.5
将4支试管同时放入37℃水浴,预热5min				
丙酮酸标准液(mL)	0.1	—	—	—
血清(mL)	—	—	0.1	—
混匀,再放入37℃水浴,保温60min				
2,4-二硝基苯肼(mL)	0.5	0.5	0.5	0.5
磷酸盐缓冲液(pH7.4)(mL)	—	0.1	—	—
血清(mL)	—	—	—	0.1
充分混匀,放入37℃水浴,保温20min				
0.4mol/L NaOH(mL)	5.0	5.0	5.0	5.0

混匀后,放置10min,在520nm处以相应空白管校正零点,用分光光度计测定各管吸光度。

3. 计算

$$血清谷丙转氨酶(mmol/L) = \frac{测定管吸光度}{标准管吸光度} \times 0.2 \times \frac{100}{0.1} \times 0.0167$$

4. 注意事项

① 定量实验加入试剂量要准确,方法一致,以免导致吸光度读数的差异。
② 保温时间,尤其是酶作用时间,各管应保持一致,不得有误差。
③ 加入2,4-二硝基苯肼溶液后,应充分混匀,使反应完全。

5. 临床意义

正常情况下,GPT存在于机体各组织细胞内,但各组织间活性差异很大,以肝细胞中活性最高,血清中活性最低。

当肝细胞受损时(如传染性肝炎、肝癌、肝硬变活动期、脂肪肝等病变时),或受一些药物和毒物作用时(如氯丙嗪、异烟肼、奎宁、水杨酸制剂及酒精、铅、汞、四氯化碳或有机磷等),造成大量谷丙转氨酶释放进入血液,血清中该酶活性显著升高,所以临床上测定此酶活性对急性肝病诊断有一定的意义。

6. 实验材料

(1) 试剂

① pH7.4磷酸盐缓冲液(0.1mol/L):称取13.97g的KH_2PO_4和2.6g的K_2HPO_4,加蒸馏水溶解后,移至1000mL容量瓶中,用蒸馏水稀释至刻度,贮存于冰箱中备用。

② 谷丙转氨酶基质液(DL-丙氨酸200mmol/L,α-酮戊二酸2mmol/L):精确称取DL-丙氨酸1.79g和α-酮戊二酸29.2mg,先溶于约50mL、pH7.4磷酸盐缓冲液中,用1mol/L NaOH调pH为7.4,再用磷酸盐缓冲液稀释至100mL,加氯仿数滴防腐,贮存于冰箱备用。

③ 丙酮酸标准液(2mmol/L):称取22.0mg丙酮酸钠,置于100mL容量瓶中,以磷酸盐缓冲液稀释至刻度。此液应在临用前配制。

④ 2,4-二硝基苯肼溶液(1mmol/L):称取19.8mg 2,4-二硝基苯肼,溶于100mL 1mol/L盐酸中,置室温下保存。

⑤ NaOH溶液(0.4mol/L):将16.0g的NaOH溶解于蒸馏水中,并加至1000mL,置具塞塑料试剂瓶内,室温下可长期保存。

(2) 器材

试管,滴管,离心管,吸量管,恒温水浴箱,722型分光光度计。

思考题

1. 血清谷丙转氨酶测定的原理及临床意义。
2. 血清谷丙转氨酶升高一定是由于肝脏损伤引起的吗?为什么?

实验 23　血清中谷草转氨酶的测定

1. 原理

与血清中谷丙转氨酶的测定相类似,仅将基质中的丙氨酸改为天冬氨酸,反应式为:

$$\begin{array}{c}\text{COOH}\\ \text{CH}_2\\ \text{CH-NH}_2\\ \text{COOH}\end{array} + \begin{array}{c}\text{COOH}\\ (\text{CH}_2)_2\\ \text{C=O}\\ \text{COOH}\end{array} \xrightleftharpoons{\text{GOT/AST}} \begin{array}{c}\text{COOH}\\ \text{CH}_2\\ \text{C=O}\\ \text{COOH}\end{array} + \begin{array}{c}\text{COOH}\\ (\text{CH}_2)_2\\ \text{CH-NH}_2\\ \text{COOH}\end{array}$$

$$\begin{array}{c}\text{COOH}\\ \text{CH}_2\\ \text{C=O}\\ \text{COOH}\end{array} \xrightarrow{-CO_2} \begin{array}{c}\text{CH}_3\\ \text{C=O}\\ \text{COOH}\end{array}$$

2. 操作

同血清谷丙转氨酶测定操作相类似,仅将谷丙转氨酶基质液改为谷草转氨酶(Glutamic oxaloacetate transaminase, GOT 或 Aspartate transaminase, AST)基质液。

3. 注意事项

同谷丙转氨酶的测定。

4. 临床意义

正常情况下,GOT 在心肌细胞内含量最高,其次为肝细胞,血清中 GOT 最少,几乎没有。但当心肌梗塞时,血清中 GOT 显著升高,因此,临床测定 GOT 可协助诊断心肌梗塞。

另外,血清中 GOT 也可来源于肝细胞,肝病患者尤其是中毒性肝炎,血清中 GOT 会显著升高。

5. 实验材料

(1) 试剂

除基质液与谷丙转氨酶测定中不同之外,其他都一样。

谷草转氨酶基质液(DL-天冬氨酸 200mmol/L,α-酮戊二酸 2mmol/L):称取 α-酮戊二酸 29.2mg 和 DL-天冬氨酸 2.66g,先溶于 20.5mL 1mol/L NaOH 溶液中,校正 pH 值至 7.4 后,移至 100mL 容量瓶中,加磷酸盐缓冲液(pH7.4)至刻度,加氯仿数滴防腐,贮存于冰箱中。

（2）器材

同谷丙转氨酶测定。

思考题

血清中谷草转氨酶的测定原理及临床意义。

实验24　血清中无机磷的测定

一、硫酸亚铁-磷钼蓝比色法

1. 原理

以三氯醋酸沉淀蛋白，在无蛋白滤液中加入钼酸铵试剂，与无机磷结合成磷钼酸，再以硫酸亚铁为还原剂，还原成蓝色化合物，进行比色测定。

$$(NH_4)_2MoO_4 + H_2SO_4 \longrightarrow H_2MoO_4 + (NH_4)_2SO_4$$
$$H_3PO_4 + 12H_2MoO_4 \longrightarrow H_3P(Mo_3O_{10})_4 + 12H_2O$$
$$\text{钼酸} \qquad\qquad \text{磷钼酸}$$
$$\downarrow \text{还原剂}$$
$$\text{钼蓝}$$

2. 操作

取血清0.2mL，加入三氯醋酸-硫酸亚铁液4.8mL，充分混匀，放置10min后，离心沉淀。无机磷标准液也同样处理，然后按下表操作：

加入物	测定管	标准管	空白管
去蛋白血清滤液(mL)	4.0	—	—
磷标准液(mL)	—	4.0	—
三氯醋酸-硫酸亚铁液(mL)	—	—	4.0
钼酸铵溶液(mL)	0.5	0.5	0.5

混匀后，放置15min，在640nm波长、10mm光径比色皿，以空白管调零，用分光光度计测定各管的吸光度。

3. 计算

$$\text{血清无机磷(mmol/L)} = \frac{\text{测定管吸光度}}{\text{标准管吸光度}} \times 1.29$$

$$\text{血清无机磷}(\text{mg/dL}) = \text{mmol/L} \div 0.323$$

参考值

成人:0.06mmol/L～1.62mmol/L 或 3mg/dL～5mg/dL；

儿童:1.45mmol/L～2.10mmol/L 或 4.5mg/dL～6.5mg/dL。

4. 注意事项

在血清管中加入三氯醋酸－硫酸亚铁液时速度要慢,使蛋白沉淀物呈细颗粒,如果蛋白沉淀呈片状,容易使磷包裹在其中,导致测定结果偏低。

5. 临床意义

(1) 血清无机磷增高

① 甲状旁腺机能减退症时,由于激素分泌减少,肾小管对磷的重吸收增强使血磷增高。

② 慢性肾炎晚期,磷酸盐排泄障碍而使血磷滞留。

③ 维生素 D 过多,促进肠道的钙、磷吸收,使血清钙、磷含量增高。

④ 多发性骨髓瘤及骨折愈合期。

(2) 血清无机磷降低

① 甲状旁腺机能亢进症时,肾小管重吸收磷受抑制,尿磷排泄多,血磷降低。

② 佝偻病或软骨病伴有继发性甲状旁腺增生,使尿磷排泄增多而血磷降低。

③ 糖利用增加。连续静脉注入葡萄糖并同时注入胰岛素和胰腺瘤伴有胰岛素过多症,糖的利用均增加。这两种情况需要大量无机磷酸盐参加磷酸化作用,而使血磷下降。

④ 肾小管病变时,肾小管重吸收磷功能发生障碍,血磷偏低。

6. 实验材料

(1) 试剂

① 三氯醋酸－硫酸亚铁溶液:称取硫脲 10g、硫酸亚铁($FeSO_4 \cdot 7H_2O$)10.6g 和三氯醋酸 100g,以蒸馏水溶解并稀释至 1L,置冰箱保存。

② 钼酸铵溶液:称取钼酸铵 4.4g 溶解于约 40mL 蒸馏水中;取浓硫酸 9mL,滴加入约 40mL 蒸馏水中;将两液合并,以蒸馏水稀释至 100mL。

③ 无机磷标准贮存液(1mL = 1mg P):称取无水磷酸二氢钾(KH_2PO_4,AR)4.39g,用蒸馏水溶解后,移入 1L 容量瓶中,并稀释至刻度,再加入氯仿 2mL 防腐,置冰箱中保存。

④ 无机磷标准应用液(1mL = 0.04mg P 或 1.29mmol/L P):取无机磷标准贮存液 4mL,加入 100mL 容量瓶中,以蒸馏水稀释至刻度,加入 1mL 氯仿防腐,置冰箱中保存。

(2) 器材

吸量管,大试管,离心机,离心管,分光光度计。

二、米吐尔直接显色法

1. 原理

利用磷在酸性溶液中与钼酸铵起反应生成磷钼酸络合物,用对甲胺基酚硫酸盐(米吐尔)还原生成钼蓝。在试剂中加入吐温-80以抑制蛋白质的干扰。

2. 操作

取3支试管,标明测定、标准和空白管,然后按下表操作:

加入物	测定管	标准管	空白管
血 清(mL)	0.1	—	—
磷标准液(mL)	—	0.1	—
蒸馏水(mL)	—	—	0.1
显色应用液(mL)	4.0	4.0	4.0

混匀后,置37℃水浴10min,取出,用分光光度计,在650nm波长处以空白管调零,10mm光径比色皿进行比色,读取各管吸光度。

3. 计算

$$血清无机磷(mmol/L) = \frac{测定管吸光度}{标准管吸光度} \times 1.29$$

4. 注意事项

① 本法对白蛋白比值倒置的标本易产生混浊,解决的办法是用30g/L三氯醋酸进行去白蛋白处理。方法如下:取血清0.2mL,加30g/L三氯醋酸1.8mL,充分混匀后,离心,取上清滤液1.0mL。磷标准液同样进行处理,然后加显色液4.0mL,混匀后进行比色。

② 米吐尔试剂应少量配制,放置时间不宜太长,否则,正常血清有时也会产生轻度混浊。

5. 临床意义

(1)血清无机磷降低
① 甲状腺机能亢进。
② 佝偻病或软骨病,伴有继发性甲状旁腺增生。
③ 胰岛素过多症,肾小管疾患等。

(2) 血清无机磷增高
① 甲状腺机能减退症。
② 慢性肾炎晚期。
③ 多发性骨髓瘤及骨折愈合期。
④ 维生素 D 过多促进肠道钙、磷吸收,使血磷升高。

6. 实验材料

(1) 试剂
① 钼酸铵溶液:在 50mL 蒸馏水中加入浓硫酸 3.3mL,再加入钼酸铵 0.2g,溶解后加入 0.5mL 吐温 -80,最后加蒸馏水至 100mL。
② 对甲胺基酚硫酸盐溶液:称取对甲胺基酚硫酸盐 2g,溶于 80mL 蒸馏水中,加入无水硫酸钠 5g,最后加蒸馏水至 100mL。
③ 显色应用液:取①液 10mL 和②液 1.1mL 混合,即可应用。
④ 磷标准液:配制方法与本实验一相同。
(2) 器材
试管,吸量管,恒温水浴,分光光度计。

思考题

血清无机磷测定的临床意义。

实验 25　血清中尿素氮的测定

1. 原理

在酸性条件下加热,尿素与二乙酰缩合成色素原二嗪(Diazine)化合物。因为二乙酰不稳定,故通常由反应系统中二乙酰 - 肟与强酸作用,产生二乙酰,二乙酰和尿素反应,缩合生成红色二嗪,其颜色的强度与尿素的含量成正比。其反应式可能如下:

$$CH_3-\underset{\underset{\text{二乙酰-肟}}{}}{\overset{\overset{O}{\|}}{C}}-\underset{}{\overset{\overset{N-OH}{\|}}{C}}-CH_3 + H_2O \xrightarrow{H^+} CH_3-\underset{\underset{\text{二乙酰}}{}}{\overset{\overset{O}{\|}}{C}}-\overset{\overset{O}{\|}}{C}-CH_3 + \underset{\text{羟胺}}{NH_2OH}$$

$$CH_3-\underset{O}{\underset{\|}{C}}-\underset{O}{\underset{\|}{C}}-CH_3 + \underset{NH_2}{\underset{|}{C}}=O \xrightarrow{H^+} \begin{array}{c}CH_3\\ |\\ C=N\\ \diagdown\\ \diagup\\ C=N\\ |\\ CH_3\end{array}CO + 2H_2O$$

二乙酰　　　　尿素　　　　二嗪复合物（红色）

此法灵敏、简便、特异性高，正常血清中干扰因子少，故可以不除去蛋白。

2. 操作

按下表进行操作：

加入物	测定管	标准管	空白管
血清(mL)	0.02	—	—
尿素氮标准应用液(mL)	—	0.02	—
蒸馏水(mL)	—	—	0.02
二乙酰-肟溶液(mL)	0.5	0.5	0.5
酸性试剂(mL)	5.0	5.0	5.0

混匀后，置沸水浴中加热10min～12min，取出，置冷水中冷却5min后，用分光光度计在540nm波长处以空白管调零，读取标准管及测定管的吸光度，并作好记录。

3. 计算

$$血清中尿素氮(mmol/L) = \frac{测定管吸光度}{标准管吸光度} \times 17.85$$

$$血清中尿素氮(mg/dL) = mmol/L \div 0.071$$

参考值：3.57mmol/L～14.28mmol/L（50mg/dL～200mg/dL）。

4. 临床意义

血液中的非蛋白氮(Non Protein Nitrogen, NPN)：含氮化合物主要有尿素、尿酸、氨基酸、肌酸、肌酐、胆红素等，这些物质中除肌酸、氨基酸外，都是蛋白质的终产物，通过肾脏排出体外。血液中尿素氮(Blood Urea Nitrogen, BUN)是非蛋白氮的主要成分，约占50%，当血液中的非蛋白氮增高时，尿素氮也相应地增高，但两者并非成正比，特别是肾功能减退疾病时，尿素氮是非蛋白氮类物质中变化最早、增高亦最明显，有时可占NPN的80%以上。故血液中BUN的测定是较NPN更为敏感的肾功能测定。

5. 注意事项

① 本法如高于此线性范围的标本,必须用生理盐水适当的稀释后重测,然后乘以稀释倍数报告。

② 20μL 微量吸管必须校正,使用时务必注意清洁干燥,加量务必准确。

③ 试剂中加入硫胺脲和镉离子,增进显色强度和色泽的稳定性,但仍有轻度褪色现象(每小时小于5%),加热显色,冷却后应及时比色。

④ 尿液尿素氮亦可用此法测定,由于尿液中尿素含量高,标本需用蒸馏水 1∶50 稀释。如果稀释后显色吸光度仍超过本法的线性范围,还需将稀释的尿再稀释,重新测定。

⑤ 尿素氮的毫摩尔浓度是以一个毫摩尔氮原子量($N=14$)为计量单位。尿素分子中含有两个氮原子,因此 1mmol/L 尿素氮 = 1/2mmol/L 尿素。若用 mmol/L 表示浓度,则本实验中 1mmol/L 计算式的系数及参考值均要除以2。世界卫生组织推荐用 mmol/L 尿素表示浓度,但国内仍习惯用尿素氮(mg/dL 或 mmol/L)表示。

6. 实验材料

(1) 试剂

① 酸性试剂:在三角烧瓶中加蒸馏水约 100mL,然后加入浓硫酸 44mL 及 85% 的磷酸 66mL,冷至室温。加入硫胺脲 50mg 及硫酸镉($CdSO_4 \cdot 8H_2O$)2g,溶解后用蒸馏水稀释至 1L,置棕色瓶中,在冰箱保存,可稳定 6 个月。

② 二乙酰-肟溶液:称取二乙酰-肟 20g,加蒸馏水约 900mL,溶解后,再用蒸馏水稀释至 1L,置棕色瓶中,放冰箱可保存 6 个月。

③ 尿素氮标准贮存液(357mmol/L,500mg/dL):称取干燥纯尿素 1.0720g,溶于蒸馏水,并稀释至 100mL,加入 0.1g 叠氮钠防腐,置冰箱内可稳定 6 个月。

④ 尿素标准应用液(17.85mmol/L,25mg/dL):取 5mL 贮存液用无氨的蒸馏水稀释至 100mL。

(2) 器材

恒温水浴箱,分光光度计,刻度吸量管,试管。

思考题

1. 测定尿素氮的临床意义是什么?
2. 尿素氮的测定能否代替 NPN 测定?

实验 26 血浆(清)中碳酸氢根的测定

1. 原理

血浆(清)中,加入过量的标准盐酸溶液,使酸与 HCO_3^- 起中和反应,释放出 CO_2。然后以标准的 NaOH 溶液滴定剩余的盐酸,从 NaOH 的消耗量计算出血浆中 HCO_3^- 的含量。以血浆(清)原来的 pH 值作为滴定的终点。

2. 操作

取 2 支小试管,标明测定管及对照管,于测定管中加入新鲜血浆(或血清)0.1mL,酚红指示剂 2 滴,对照管中加入生理盐水 2.5mL,酚红指示剂 2 滴。测定管中准确加入 0.01mol/L 盐酸 0.5mL,振摇 1min,使 CO_2 逸出,再加生理盐水 2mL,混匀,然后用微量滴定管将 0.01mol/L NaOH 逐滴加入,滴至与对照管同样颜色为终点。

3. 计算

血浆(清) HCO_3^- (mmol/L) = (0.5-滴定用 NaOH mL 数) × 0.01 × 1000/0.1

参考值:

HCO_3^- 成人:20mmol/L ~ 29mmol/L,

HCO_3^- 儿童:18mmol/L ~ 27mmol/L。

4. 注意事项

① 血液标本应避免与空气接触,并迅速分离血浆,及时操作。

② 所用器皿必须中性,否则,影响结果。

③ 0.01mol/L NaOH 溶液不稳定,应密封保存,避免吸收 CO_2,0.01mol/L 盐酸比较稳定,故每天应做校正滴定,用酚红作指示剂,则以红色出现 10s 而不褪色作为终点。

④ 本法测定结果也包括血浆中的 CO_3^{2-} 及氨基甲酸的 CO_2,但与 HCO_3^- 相比,前两者含量很少,故用 HCO_3^- 表示之。常规检验是在室温下进行,结果不完全等于血浆中实际 HCO_3^-,当实际 HCO_3^- 很高时,此法结果可能略偏低。

⑤ 生理盐水必须中性,偏酸或偏碱均会影响结果的准确性。

5. 临床意义

(1) 血清碳酸氢根增高

代谢性碱中毒,如幽门梗阻、柯兴氏综合征和服碱性药物过多等。呼吸性酸中毒,如呼吸中枢抑制、呼吸肌麻痹、肺气肿、支气管扩张和气胸等。

（2）血清碳酸氢根降低

代谢性酸中毒，如严重腹泻、肾功能衰竭、糖尿病和服酸性药物过多等。呼吸性碱中毒时，呼吸增速和 CO_2 排出过多。

6. 实验材料

（1）试剂

① 0.01mol/L 盐酸：取精确标定的 1mol/L 盐酸溶液 1mL，移至 100mL 容量瓶中，用生理盐水稀释至刻度。

② 0.01mol/L NaOH 溶液：取精确标定的 1mol/L NaOH 溶液 1mL，移至 100mL 容量瓶中，用生理盐水稀释至刻度。此液应密闭保存，约可用 1 周。

③ 酚红指示剂：称取酚红 50mg，加入 0.01mol/L NaOH 溶液 14.1mL，研磨溶解后加生理盐水至 250mL。

④ 生理盐水。

（2）器材

微量滴定管，吸量管，试管。

思考题

1. 简述血浆（清）中碳酸氢根的测定原理。
2. 何为二氧化碳结合力？

实验 27　血清中钙离子的测定

1. 原理

血清中的钙离子，在碱性溶液中与钙红指示剂结合成为可溶性的复合物，使溶液呈淡红色。乙二胺四乙酸二钠（$EDTANa_2$）对钙离子有很大的亲和力，能与复合物中的钙离子络合，使钙红指示剂重新游离，溶液变成蓝色。以 $EDTANa_2$ 滴定用量可以计算出血清中钙离子的含量。

2. 操作

① 取 2 支试管，标上测定管和标准管，在测定管中加入血清 0.2mL，标准管中加钙标准液 0.2mL。

② 各管加入 0.25mol/L 氢氧化钾溶液 2mL，钙红指示剂 2 滴，混匀，溶液呈淡红色。

③ 迅速以 EDTANa$_2$ 滴定至溶液呈淡蓝色为终点，记录各管 EDTANa$_2$ 用量。

3. 计算

$$血清钙(mmol/L) = \frac{测定管\ EDTANa_2\ 消耗量(mL)}{标准管\ EDTANa_2\ 消耗量(mL)} \times 2.5$$

$$血清钙(mmol/L) = 血清钙(mmol/L) \div 0.25$$

参考值：
成人:2.25mmol/L~2.75mmol/L 或 9mg/dL~11mg/dL,
婴儿:2.5mmol/L~3.0mmol/L 或 10mg/dL~12mg/dL。

4. 注意事项

① 滴定速度要慢，尤其将近终点要多摇动，以免滴过终点。
② 标本加碱后应及时滴定，时间过长会推迟终点出现。

5. 临床意义

钙是机体中主要元素之一，有重要生理功能，血清钙有抑制神经肌肉兴奋性、促凝血及保持细胞完整性作用。钙也是骨盐的主要成分。血钙降低常见于甲状旁腺机能减低、维生素 D 缺乏、肾脏病并发高血压及尿毒症、晚期妊娠、婴儿手足搐搦症等。血钙增高常见于甲状旁腺增生、过量维生素 D 治疗后、多发性骨髓瘤等。

6. 实验材料

（1）试剂
① 钙标准液:精确称取经110℃干燥12h的碳酸钙250mg,置于1L容量瓶内,加稀盐酸(1份浓盐酸加9份蒸馏水)7mL溶解后,加蒸馏水约900mL,然后用 500g/L 醋酸铵溶液调 pH 值至7.0,最后加蒸馏水至刻度,混匀,此标准液含钙2.5mmol/L(10mg/dL)。
② 钙红指示剂:称取钙红(Cal-Red 或 Calcon,化学名称为 2-萘酚-4-磺酸-1-偶氮-2-羟基-3-苯甲酸钠盐)0.1g,溶于甲醇20mL中,置棕色瓶中保存。
③ 0.25mol/L氢氧化钾溶液。
④ EDTANa$_2$ 溶液:溶解 EDATNa$_2$ 400mg 于 500mL 蒸馏水中,溶解后再定容至1000mL。

（2）器材
大试管,微量滴定管。

思考题

1. 简述怎样观察滴定终点。
2. 调节血钙的激素有哪几种?

实验 28　血清中锌离子的测定

一、吡啶偶氮间苯二酚比色法

1. 原理

吡啶偶氮间苯二酚(PAR)与锌作用生成有色复合物,此反应可用于锌的定量测定。吡啶偶氮间苯二酚还可与其他金属有显色反应,可用氰化物抑制有色复合物的生成,而水合氯醛可促进锌的显色,增加对锌反应的特异性。在试剂中加入胍后,可直接用血清测定。

2. 操作

取 4 支试管,分别标明测定、测定空白、标准及试剂空白管,按下表进行操作。

加入物	测定管	测定空白管	标准管	试剂空白管
血清(mL)	0.2	0.2	—	—
锌标准应用液(mL)	—	—	0.2	—
蒸馏水(mL)	—	—	—	0.2
胍应用液(mL)	1.0	1.0	1.0	1.0
5mmol/L PAR(mL)	0.1	0.1	0.1	0.1
水合氯醛溶液(mL)	0.05	0.05	0.05	0.05

混匀后,放置 5min,用分光光度计在 500nm 波长处,以试剂空白管调零,读取各管的吸光度,记录数据,按下列公式进行计算。如比色皿容量大,可按比例适当增加标本及试剂的用量。

3. 计算

$$血清锌(\mu mol/L) = \frac{测定管吸光度 - 测定空白管吸光度}{标准管吸光度} \times 15.3$$

$$血清锌(\mu mol/L) = 血清锌(\mu mol/L) \div 0.153$$

参考值：

血清锌：7.65μmol/L～22.95μmol/L(50μg/dL～150μg/dL)。

4．实验材料

（1）试剂

① 胍贮存液(6mol/L)：取盐酸胍286g和三羟甲基氨基甲烷12.1g于蒸馏水中，并用蒸馏水稀释至500mL。

② 胍应用液：取氰化钠75mg和抗坏血酸0.25g，溶于50mL胍贮存液中。

③ 显色剂(5mmol/L PAR)：溶解吡啶偶氮间苯二酚0.5g于蒸馏水中，并用蒸馏水稀释至500mL，置棕色瓶，冰箱中保存。

④ 水合氯醛溶液(3.6mol/L)：取水合氯醛300g，溶于蒸馏水中，并用蒸馏水稀释至500mL。

⑤ 锌标准贮存液(15.3mmol/L)：精确称取纯氧化锌124.5mg，于10mL蒸馏水中，加浓硝酸0.1mL，然后加蒸馏水至100mL。

⑥ 锌标准应用液(15.3μmol/L)：取锌贮存液1mL，用蒸馏水稀释至1000mL。

（2）器材

吸量管，试管，分光光度计。

二、吡啶偶氮萘酚比色法

1．原理

血清中的锌、铁、铜均能同氰化物生成稳定的复合物，但水合氯醛能选择性地使锌与吡啶偶氮萘酚(PAN)在碱性条件下生成红色的复合物，用比色法测定其含量。

2．操作

取3支试管，标明测定、标准和空白管。在空白管中加入蒸馏水1.0mL，在标准管中加入锌标准应用液1.0mL，在测定管中加入血清标本1.0mL。在3支管中各加入蛋白沉淀剂2.0mL，充分混合，放置5min后，将测定管离心沉淀，然后按下表进行操作：

加入物	测定管	标准管	空白管
测定标本上清液(mL)	2.0	—	—
处理后标准溶液(mL)	—	2.0	—
处理后空白溶液(mL)	—	—	2.0
Tris缓冲液(mL)	2.0	2.0	2.0
氰化钠溶液(mL)	0.2	0.2	0.2

加入物	测定管	标准管	空白管
显色剂(mL)	0.2	0.2	0.2
水合氯醛溶液(mL)	0.2	0.2	0.2

充分混合后,放置5min,用分光光度计在550nm波长处,用10mm光径比色皿,以空白管调零,读取各管的吸光度。

3. 计算

$$血清锌(\mu mol/L) = \frac{测定管吸光度}{标准管吸光度} \times 15.3$$

4. 注意事项

① 本法不可使用加抗凝剂的血清,因抗凝剂能抑制显色反应。
② 显色反应在pH值为8~9碱性溶液中最好。
③ 使用非离子性表面活性剂(TritonX-100)可使反应更为灵敏。

5. 临床意义

(1) 血清锌降低

常见于酒精中毒性肝硬变、肺癌、心肌梗塞、慢性感染、胃肠吸收障碍、肾病综合征及部分慢性肾功能衰竭患者。儿童缺锌可出现食欲不振、嗜睡、发育停滞和性成熟延缓等现象。

(2) 血清锌增高

常见于工业污染引起的急性锌中毒。

6. 实验材料

(1) 试剂

① 三氯醋酸贮存液:称取三氯醋酸113g,于80mL蒸馏水中,溶解后并加蒸馏水至100mL。

② 蛋白沉淀剂:称取抗坏血酸0.6g,放入容量瓶内,加入12mol/L盐酸1mL,三氯醋酸贮存液5mL,再加蒸馏水至50mL。

③ Tris缓冲液(2mol/L):称取三羟甲基氨基甲烷12.1g,用蒸馏水溶解,并定容至50mL。

④ 氰化钠溶液:称取氰化钠15g,溶于50mL蒸馏水中,置保险柜中存放。

⑤ 显色剂:称取吡啶偶氮萘酚50mg,溶于5mL TritonX-100中,充分振摇使之溶解后,再用蒸馏水稀释至50mL,充分混合后备用。

⑥ 水合氯醛溶液:称取水合氯醛40g,用蒸馏水溶解并稀释至50mL。
⑦ 锌标准液:配法见本实验一。
(2) 器材
吸量管,试管,分光光度计。

思考题

测定锌离子应注意些什么？

实验29 羟基磷灰石柱层析法分离鼠肝中RNA和DNA

1. 原理

羟基磷灰石(HA)是由磷酸氢钙晶体加碱后,经热处理得到的碱式磷酸钙结晶$[Ca_{10}(PO_4)_6(OH)_2]$。它表面的钙与核酸分子的磷酸基团之间的极性吸附是两者之间最主要的结合力。利用这一性质,在低浓度磷酸盐缓冲液体系中加样,使核酸分子吸附到羟基磷灰石上,然后增高磷酸盐浓度进行洗脱分离。洗脱的顺序为非核酸类物质、RNA、cDNA、DNA。

2. 操作

(1) 样品的制备

取新鲜鼠肝称重,剪碎,置于玻璃匀浆器中,加少许50mmol/L磷酸钾缓冲液(内含0.3%的SDS),冰浴中匀浆,然后用上述缓冲液制备成10%(W/V)匀浆,3000r/min离心5min,弃沉淀,上清液留作层析用。

(2) 装柱

取1.6cm×7cm柱子,下端用100目尼龙布全铺盖,夹住下端出口。先注入少量1mmol/L的磷酸钾缓冲液(pH6.8),然后慢慢加入HA悬浮液,使其自然沉积于柱子底部。当达到1cm高度时,打开出口夹,使缓冲液自然流出,同时不断加入悬浮液。当HA的高度达6cm时,停止加入,关闭出口。

(3) 加样

小心控制下端活塞,使柱上的缓冲液面刚好降到HA床表面(务使液面不要低于HA床表面,以免空气进入层析床),关闭下端出口,将待分离的肝匀浆(或标准混合液)2mL,用滴管缓慢地加入到层析床表面(注意不要将HA颗粒冲起或破坏床表面的平整),打开下端出口,控制流速在6~7滴/min。使样品进入层析床后,关闭下端出口,然后小心加入少量1mmol/L磷酸钾缓冲液,再打开下端出口,使缓冲液完全进入床后,关闭出口。

(4) 洗脱

用磷酸钾缓冲液洗脱,洗脱浓度依次为 1mmol/L,10mmol/L,50mmol/L,100mmol/L,200mmol/L,300mmol/L,500mmol/L,1000mmol/L,流速为 6~7 滴/min,保持 30cm~50cm 水柱高的流体静压力,每管收集 3mL,各种浓度收集 4 管。

3. 计算

用同一洗脱液调零,在紫外分光光度计上测定 260nm 处的吸光度,按下式计算 RNA 或 DNA 的浓度。

$$\text{RNA(或)DNA 浓度} = \frac{A_{260}}{0.024(\text{或}0.020) \times l} \times \text{稀释倍数}$$

式中:A_{260} 为 260nm 的吸光度;l 为比色皿厚度。

4. 实验材料

(1) 试剂

羟基磷灰石的制备:0.5mol/L $CaCl_2 \cdot 2H_2O$ 和 0.5mol/L $Na_2HPO_4 \cdot 2H_2O$ 溶液各 2L,于室温以 250mL/h 的速度分别滴至盛有 200mL 1mol/L NaCl 溶液的大烧杯内,同时不断搅拌,使生成的 $CaHPO_4 \cdot 2H_2O$ 结晶悬浮于杯中。滴加完毕,继续搅拌 1h,静置,待完全沉淀后,吸去上清液,将沉淀物用 4L 蒸馏水洗两次,悬浮于 4L 蒸馏水中,搅拌滴加 100mL 40% NaOH 溶液,于 40min~50min 内将悬浮液迅速加热至沸腾,并持续 0.5h~1h。静置使 $Ca_{10}(PO_4)_6(OH)_2$ 自然沉下。吸去上清液,用 4L 蒸馏水漂洗,静置,使沉淀自然沉下。当沉淀厚度达 2cm 时,迅速倾掉含细颗粒的上层液,用 4L 蒸馏水漂洗两次,沉淀悬浮于 4L 10mmol/L 磷酸钠缓冲液(pH 值为 6.8)中。迅速加热至沸腾,立即停止加热,静置,使之沉淀,吸去上清液,用 1mmol/L 磷酸钠缓冲液(pH 值为 6.8)悬浮漂洗 3 次,沉淀再悬浮于 4L 1mmol/L 磷酸钠缓冲液,将沉淀再洗两次(使最终 pH 值为 6.8)。最后悬浮于 1mmol/L 磷酸钠缓冲液中,分装,消毒后,置冰箱保存。

(2) 器材

离心机,匀浆器,紫外分光光度计。

思考题

操作过程中应注意哪些问题?

实验 30 氯化物的测定

1. 原理

用标准硝酸汞溶液滴定血清(浆)、尿液、脑脊液中的氯离子,生成解离度很低又不与二苯胺脲指示剂起反应的氯化汞。当滴定到达终点时,过量硝酸汞中的汞离子与二苯胺脲作用,呈淡紫红色。

2. 操作

直接滴定法:

在试管中加入血清(浆)、尿液或脑脊液 0.1mL,加蒸馏水 1mL、指示剂 2 滴,混匀,此时立即出现肉红色。用硝酸汞溶液以微量滴定管进行滴定,边滴边混匀,直至液体出现淡紫红色为终点,记录硝酸汞溶液用量(mL)。在另一试管中加入氯化物标准液 0.1mL,同标本一样进行滴定,记录硝酸汞溶液用量(mL)。

3. 计算

$$氯化物(mmol/L) = \frac{滴定标本用去硝酸汞溶液量(mL)}{滴定标准液用去硝酸汞溶液量(mL)} \times 100$$

$$24h \text{ 尿液氯化物含量}(mmol) = 尿氯化物(mmol/L) \times 24h \text{ 尿量}(L)$$

4. 注意事项

① 试验所用器皿必须干净,滴定管固定专用,以保证结果准确一致。

② 取血后应迅速将血浆或血清分离,以免因血浆中二氧化碳与红细胞内氯离子发生转移而使血浆测定结果偏高。

③ 不去除蛋白标本的滴定结果要比去除蛋白者约高 1mmol/L~2mmol/L,这可能是部分汞离子与蛋白质相结合的缘故。

④ 脑脊液、尿液标本如混浊或含有血液,应先离心后,取上清液进行滴定。

⑤ 指示剂的选择:用于氯化物测定的二苯胺脲指示剂有两种:一种为二苯基卡巴腙,化学名称为苯基碳偶氮苯或二苯偶氮碳酰肼,这种指示剂终点明显,稳定;另一种为二苯卡巴肼,化学名称为二苯基碳酰二肼,这种指示剂终点不太明显,变色迟缓,一旦变色后,又很快形成深色。就灵敏度而言,前者比后者约高 3 倍,故购买时应选择前者。配好的指示剂不太稳定,曝光后更易变质,故必须置棕色瓶中,避光保存。

⑥ pH 对显色的影响:此法滴定的标本应为弱酸性(pH6.0 左右),滴定终点明显;若标本偏碱时,加指示剂后出现淡粉红色,应加稀硝酸数滴,使粉红色消失再行滴定,但过酸

(pH4.0以下)终点也不明显。

5. 临床意义

血浆中氯离子可在不同情况下和红细胞内的碳酸根离子交换,以调节酸碱平衡,此外,氯离子又可生成盐酸。临床上,氯离子降低可见于阿狄森氏病、糖尿病、肺炎、肠梗阻、严重腹泻或呕吐;氯离子升高可见于柯兴氏综合征等。

6. 实验材料

(1) 试剂

① 硝酸汞溶液(2.5mmol/L):称取硝酸汞[$Hg(NO_3)_2 \cdot 2H_2O$]0.875g,溶于含有浓硝酸3mL的蒸馏水1L中。此溶液配制后,放置2天,经滴定标化后使用。

② 指示剂:称取二苯胺脲(二苯偶氮碳酰肼或称二苯基卡巴腙)0.1g,溶于100mL的95%乙醇中,置棕色瓶内,放冰箱保存,可使用1个月。

③ 氯化物标准液(100mmol/L):将氯化钠(AR)置110℃~120℃烘箱中干燥4h,取出置干燥器中,恒重,准确称取5.845g,置1L容量瓶中,以蒸馏水溶解,并稀释至刻度。

④ 0.1mmol/L硝酸溶液。

(2) 器材

滴定管,试管。

思考题

此法滴定的标本为什么应为弱酸性?

第三编　生物化学的综合实验

实验1　血清 γ - 球蛋白的分离、纯化及鉴定

1. 原理

（1）蛋白质盐析

蛋白质分子表面存在大量亲水基团，在水中可形成稳定的亲水胶体，使其稳定的因素是蛋白质分子上所带的电荷和水化膜。当这两个因素中任何一个因素受到破坏，都会降低胶体的稳定性，使蛋白质分子聚集而发生沉淀。

盐在水溶液中电离所形成的正负离子可吸引水分子，从而夺取蛋白质分子上的水化膜，还可中和部分电荷，致使蛋白质聚集而沉淀，此即利用盐析使蛋白质沉淀的基本原理。

由于血清中各种蛋白质的颗粒大小、所带电荷的多少及亲水程度不同，当使用某种中性盐对其进行盐析时，所需的最低盐浓度各不相同。例如，血清球蛋白不溶于50%饱和度硫酸铵溶液；γ - 球蛋白不溶于33%饱和度硫酸铵溶液；而清蛋白在大于50%饱和度硫酸铵溶液中析出。因此，利用不同浓度的硫酸铵溶液，便可将血清中不同的蛋白质分别从溶液中沉淀出来，达到分离纯化蛋白质的目的。

利用盐析法分离和纯化不同蛋白质已有100多年的历史。虽然单纯盐析的方法不能达到完全分离和纯化蛋白质的目的，但由于这种方法操作简便，设备简单，因此，至今仍为许多实验室所采用。

（2）脱盐及浓缩

经中性盐分离纯化的蛋白质，尚需通过脱盐及浓缩等方法才能得到所需的纯度和浓度。

脱盐

最常用的方法是使用透析袋透析。该法简便，透析效率高，需时短，但往往因沾在透析袋壁上的蛋白质较多，需用较多生理盐水冲洗造成浓缩困难。因此，现在用葡聚糖凝胶G-25装柱过滤——凝胶层析法脱盐，不仅效果好，而且去盐效率比透析法高，也是工业化生产蛋白质制剂最常采用的方法。

本实验中采用盐析法分离得到含有大量硫酸铵的γ-球蛋白溶液,然后通过葡聚糖凝胶G-25层析柱,经生理盐水洗脱。洗脱出的第一个峰为γ-球蛋白(用双缩脲试剂检查),隔一段时间洗脱出的第二个峰即为硫酸铵(用奈氏试剂检查),从而达到使γ-球蛋白脱盐的目的。

浓缩

浓缩蛋白质最好的方法是冷冻干燥法,而该法需冷冻干燥机、真空泵等,因此,一般实验室最常用的是透析袋浓缩。将待浓缩的蛋白质溶液放入透析袋中,置入搪瓷盘(或玻璃缸)内,于透析袋周围撒上聚乙二醇6000,或蔗糖或聚乙烯吡咯酮等,它们均具有很强的吸水性,可将透析袋内的水分迅速吸出,达到浓缩的目的。这些吸水性很强的物质在使用后,都可以通过加热或风干再回收。本实验采用该法浓缩γ-球蛋白溶液。

(3) γ-球蛋白的分析鉴定

本实验采用醋酸纤维素薄膜电泳,对纯化的γ-球蛋白进行分析鉴定,以正常人血清样品作对照,比较两者电泳图谱可定性判断纯化的γ-球蛋白的纯度。

醋酸纤维素薄膜的电泳原理如前所述。正常人血清蛋白经醋酸纤维素薄膜电泳后可获得5条区带,从负极端开始分别为γ-球蛋白、β-球蛋白、α_2-球蛋白、α_1-球蛋白和清蛋白。而经硫酸铵盐析分离纯化后的γ-球蛋白溶液在醋酸纤维素薄膜电泳图谱上,仅在γ-球蛋白位置上出现区带。

(4) γ-球蛋白的定量测定

本实验采用双缩脲法测定γ-球蛋白的含量。详见第二编实验5。

2. 操作

(1) γ-球蛋白的分离纯化

盐析

a. 取离心试管1支,加入血清2mL,加入等量PBS溶液,混匀,然后逐滴加入pH7.2饱和硫酸铵溶液4mL,边加边摇,静置15min。此蛋白质溶液的硫酸铵浓度为50%饱和度。

b. 将离心试管平衡好后置于离心机中,以3000r/min离心10min,弃去上清液(内含清蛋白),沉淀溶于PBS溶液中,使体积达2mL,再加等体积的pH7.2饱和硫酸铵溶液,边加边摇,静置15min。此蛋白质溶液的硫酸铵浓度仍为50%饱和度。

c. 将离心试管按上法再离心,弃去上清液,沉淀溶于PBS溶液中,使体积达1mL,再逐滴加pH7.2饱和硫酸铵溶液0.5mL,使蛋白质溶液的硫酸铵浓度为33%,静置15min,离心,弃去上清液,沉淀即为γ-球蛋白。重复这一过程1~2次,可得更纯的γ-球蛋白。

d. 向盛有γ-球蛋白沉淀的离心试管内,加入PBS溶液0.5mL,并用玻璃棒轻轻搅拌,至全部沉淀溶解,待脱盐。

脱盐

a. 准备层析柱：称取 25.5g 葡聚糖凝胶 G-25，放入 100mL 烧杯内，加入蒸馏水约 100mL，待其充分溶胀过夜后，倾去上层蒸馏水，再加入蒸馏水约 100mL，用玻璃棒搅匀，静置 10min 后，倾去上层蒸馏水，再加入 PBS 溶液 15mL，用玻璃棒轻轻搅拌使凝胶浮起，倾入已固定在滴定管架上的层析柱中[2cm×20cm，下口内用少量玻璃棉（或尼龙布）堵住，下口管外套一带有螺旋夹的橡皮管，并拧紧]，待全部凝胶都倾入柱中（注意凝胶要装填均匀），打开螺旋夹，任液体缓慢流出，待液体全部刚好流入凝胶面时，再用螺旋夹拧紧（千万不要让凝胶面上液体流干），装柱工作结束，可供脱盐使用。

b. 加样：用吸管吸取待脱盐的 γ-球蛋白溶液，将吸管管口靠近凝胶面，缓慢滴入全部蛋白质溶液。然后小心拧开螺旋夹，使液体流速控制在 15~20 滴/min 左右。待全部蛋白质溶液流入凝胶柱后，用滴管轻轻在靠近凝胶面处加 PBS 溶液 1mL（注意不要搅动凝胶面），洗涤层析柱内壁粘附的蛋白质液。

c. 洗脱与收集：待洗涤层析柱内壁的 PBS 溶液大部分流入凝胶柱后，再陆续小心加入 PBS 溶液 20mL 左右。同时准备 10 支干净的小试管(15mm×100mm)，放在试管架上，用于收集凝胶柱流出的洗脱液。每管大约收集 40 滴（约 2mL），直到 10 支试管都收集到洗脱液后，将螺旋夹拧紧，各试管中液体供试验用。取干净的点滴板 2 块，每块板的各孔依次加入各收集管液体 1 滴。然后，在其中一块板的每孔中加入 1 滴奈氏试剂，检查有无铵离子(NH_4^+)存在，若呈黄色到橙色均说明有铵离子存在。记录下各孔的颜色变化，以 (-)、(+)、(++)、(+++) 表示不呈色或呈色深浅程度。在另一块板每孔各加 1 滴双缩脲试剂，检查有无蛋白质存在，若呈紫红色，说明有蛋白质存在。记录下各孔的颜色变化，并用上述符号记录下各管颜色的深浅程度。将呈紫红色最深而又无铵离子存在的各孔所对应的各管中液体收集，供浓缩、电泳及测定用。

浓缩

将上面收集的蛋白质溶液放入透析袋内，用绳子扎紧，然后置于 50mL 烧杯中，并在其周围加上聚乙二醇 6000 或蔗糖粉。大约 2h 后，小心收集袋内液体于试管中，置冰箱中保存待用。

(2) γ-球蛋白的分析鉴定

准备电泳槽

加样

取 2cm×8cm 醋酸纤维素薄膜两条，于毛面一端 1.5cm 处，轻轻用铅笔画一直线，然后毛面向下置于巴比妥缓冲液中浸泡。待完全浸透后，取出夹于滤纸中，轻轻吸去表面多余的缓冲液。用点样器吸取正常血清和浓缩好的 γ-球蛋白溶液，分别点在两条薄膜已画好的直线处。待渗入膜后，毛面向下放入电泳槽，并将盐桥与薄膜连好。

电泳

打开电源开关，调节电流为 0.4mA~0.6mA 或电压为 15V，通电 50min 后关闭电源。

染色与漂洗

将电泳完的薄膜直接浸入氨基黑 10 B 染色液中,约 5min。然后用漂洗液浸洗 3 次,每次约 5min,直至背景无色为止。辨认两条薄膜上显示的蛋白质区带,并作比较。可将两条薄膜透明后保存。

(3) γ-球蛋白的定量测定

稀释

将血清原液和提纯的 γ-球蛋白浓缩液,分别用 0.9% 氯化钠按 1:10 稀释。

反应

取干净大试管(15mm×150mm)4 支,按下表操作:

加入物	加入量(mL)			
	空白管	标准管	测定管 1	测定管 2
1:10 稀释血清	—	—	1.0	—
1:10 稀释 γ-球蛋白液	—	—	—	1.0
蛋白质标准液	—	1.0	—	—
0.9% NaCl 溶液	2.0	1.0	1.0	1.0
双缩脲试剂	4.0	4.0	4.0	4.0

测定

摇匀各管,将试管置 37℃ 水浴中,保温 20min,用分光光度计在 540nm 波长下比色,以空白管调零,记录各管吸光度。

γ-球蛋白浓度也可直接用紫外分光光度计在 280nm 波长下测定(比色皿为石英玻璃,光径为 1cm)。

3. 结果处理

(1) γ-球蛋白的定性鉴定

将两条经染色或透明的醋酸纤维素薄膜进行比较,观察提纯 γ-球蛋白区带与正常血清蛋白区带的相应位置。

(2) γ-球蛋白的定量测定

按下列公式计算出测定管的蛋白质浓度:

$$血清蛋白质(g/mL) = \frac{A_{u1}}{A_S} \times 0.006(g/mL) \times \frac{1mL}{0.1mL} = \frac{A_{u1}}{A_S} \times 0.06(g/mL)$$

$$\gamma-球蛋白(g/mL) = \frac{A_{u2}}{A_S} \times 0.006(g/mL) \times \frac{1mL}{0.1mL} = \frac{A_{u2}}{A_S} \times 0.06(g/mL)$$

若用紫外分光光度计在 280nm 波长直接测定,则按下列公式计算 γ-球蛋白浓度:

$$\gamma\text{-球蛋白}(\text{mg/mL}) = \frac{A}{14.3} \times 10$$

式中:14.3 为血清中 γ-球蛋白的吸光系数 E_{280} 值。

4. 注意事项

① 在整个纯化过程中,操作要规范,条件要温和,防止蛋白质变性。

② 盐析时,向蛋白质溶液中加饱和硫酸铵的速度要慢。边加边轻轻搅拌,尽量避免产生气泡,最好在低温条件下进行。

③ 凝胶柱层析脱盐时,凝胶要充分溶胀,装柱时要缓慢均匀,应避免出现干裂、断层和气泡等现象。凝胶柱床表面要平整,且垂直于层析柱,其表面液体不能流干,加样时不能搅动凝胶柱表面。

5. 实验材料

（1）试剂

① 血清:新鲜人血清或动物血清,无溶血。

② PBS(磷酸盐生理盐水)溶液:用 0.01mol/L(pH 值为 7.2)磷酸盐缓冲液配制的 0.9% 氯化钠溶液。

③ pH 为 7.2 的饱和硫酸铵溶液:用浓氨水调节饱和硫酸铵溶液至 pH 为 7.2。

④ 奈氏试剂。

贮存液:称取碘化钾 150g,放于 500mL 烧杯内,加蒸馏水 100mL 溶解,再加入碘 110g,待完全溶解后加汞 150g,用力振摇 10min 左右。此时产生高热,须将烧杯浸入冷水中并继续振摇,直至棕红色之碘转变成带绿色之碘化钾汞液为止,以上操作最好不超过 15min。将上清液倾入 2000mL 容量瓶内,用蒸馏水洗涤杯底沉淀物数次,将洗涤液一并倾入容量瓶内。加 1% 淀粉溶液数滴试之,如不显蓝色,可能有多余的亚汞化合物,可加入卢戈氏碘液,直至淀粉显蓝色为止。最后加蒸馏水至 2000mL。

应用液:量取贮存液 150mL,加 10% 不含碳酸钠的氢氧化钠溶液 700mL,再加蒸馏水至 1000mL,混匀,静置数日,取上清液置于有橡皮塞的棕色瓶中备用。此试剂的酸碱度确定,可取 1mol/L HCl 溶液 120mL 加酚酞指示剂 2 滴,再用此奈氏试剂滴定至终点。奈氏试剂最适消耗量应在 11.0mL ~ 11.5mL。低于 9.5mL,则碱性太强,显色时易产生红色沉淀;高于 11.5mL,则酸性太强,显色时呈色太浅。

10% 不含碳酸钠的氢氧化钠溶液:称取氢氧化钠 550g 置于大烧杯内,加入蒸馏水 500mL,混匀,放置数日,取上清液(此为饱和氢氧化钠溶液)稀释 20 倍,用 0.5mol/L 硫酸滴定,并计算出饱和氢氧化钠溶液的浓度,然后正确稀释至浓度为 10% 的溶液。

⑤ 双缩脲试剂:见第二编实验 5。

⑥ 15% 氯化钠-麝香草酚溶液:称取氯化钠 88g,加蒸馏水 30mL,煮沸后加少量麝香

草酚,溶解后过滤。冷却后用煮沸过并已冷却的蒸馏水稀释至 500mL,搅匀备用。

⑦ 0.0060g/mL 蛋白质标准液:用微量凯氏定氮法准确测出正常人血清(无溶血)的蛋白质含量,然后用 15% 氯化钠 – 麝香草酚溶液稀释为蛋白质含量为 0.0060g/mL 的溶液。此蛋白质标准液置冰箱中可保存 8 个月。

⑧ 葡聚糖凝胶 G – 25。

⑨ pH8.6 巴比妥缓冲液(离子强度为 0.06mol/L):见第一编实验 5 之二。

⑩ 染色液:见第一编实验 5 之二。

⑪ 漂洗液:见第一编实验 5 之二。

⑫ 透明液:见第一编实验 5 之二。

⑬ 0.9% NaCl 溶液。

⑭ 聚乙二醇 6000。

⑮ 卢戈氏碘液:称取碘 2g,碘化钾 4g,加蒸馏水至 30mL,完全溶解,混匀。

(2)器材

离心机,分光光度计,电热恒温水浴箱,玻璃层析柱($2cm \times 20cm$),瓷点滴板(2 块),透析袋,电泳仪,醋酸纤维素薄膜,加样器,染色缸,漂洗缸(3 个),滤纸,试管($15mm \times 150mm$,4 支),试管($15mm \times 100mm$,20 支),刻度吸量管(5mL),镊子,滴管(2 支),烧杯,试管架,滴定管架,天平。

思考题

1. 中性盐盐析分离纯化蛋白质的原理是什么?需注意哪些问题?
2. 葡聚糖凝胶层析法分离纯化蛋白质的原理是什么?为什么葡聚糖凝胶 G – 25 可将 γ – 球蛋白与硫酸铵分开?
3. 制备蛋白质类制剂需注意哪些问题?

实验 2 核酸的提取、分离及鉴定

1. 原理

组织中的 RNA 主要以核糖核蛋白(RNP)的形式存在,DNA 则主要以脱氧核糖核蛋白(DNP)的形式存在。RNP 和 DNP 在不同浓度的盐溶液中溶解度不同,前者易溶于 0.14 mol/L NaCl 溶液,而后者则难溶于该溶液。因此,用 0.14mol/L NaCl 溶液处理组织匀浆即可将两者分离,上清液中主要含 RNP,沉淀中主要含 DNP 和细胞碎片。DNP 易溶于 1mol/L ~ 2mol/L NaCl 溶液,向沉淀中加入该溶液,即可溶解 DNP。

在提取核蛋白后,需进一步将核酸与蛋白质分离。核酸与蛋白质的分离可采用多种

方法,如氯仿-异丙醇法。

提取核酸时,需防止核酸水解酶对核酸的水解作用,以提高收率。可采取的措施有:在低温下操作(0℃~4℃);加入核酸水解酶的抑制剂,如苯酚、SDS、EDTANa$_2$、柠檬酸等,本实验在 NaCl 溶液中加入 EDTANa$_2$ 作抑制剂;改变溶液的 pH,使其偏离核酸水解酶的最适 pH;防止核酸水解酶的激活剂(如 Mg^{2+}、Fe^{2+}、Co^{2+} 等离子)进入。

不同组织中 RNA 和 DNA 含量不同,肝组织中 RNA 含量较多,而脾、肾、胸腺等组织中 DNA 含量较多,常用作提取核酸的材料。

提取的核酸可加酸水解,然后用定磷试剂鉴定有无磷酸产生,用地衣酚试剂鉴定有无核糖产生,用二苯胺试剂鉴定有无脱氧核糖产生(实验原理见第二编实验7);水解生成的嘌呤可与硝酸银试剂反应,生成白色的嘌呤银沉淀。

2. 实验方法

(1) 提取核蛋白

取新鲜猪肝一块,置培养皿中,用冷生理盐水洗去脏器表面血液,去除脏器周围的结缔组织,用滤纸吸去多余水分,称重并记录。将肝脏剪碎,置组织捣碎机中,按每 1g 组织加 2mL 的比例,加入冷的 0.14mol/L NaCl -0.1mol/L EDTANa$_2$ 溶液,再加辛醇数滴消泡,在冰盐水浴中匀浆。每匀浆 3min 停止 15min,共进行 10 次。最后将肝匀浆液转移至试剂瓶中,冷藏保存,用时摇匀。

(2) 分离 RNP 和 DNP

将刻度离心管去塞,加入肝匀浆液 10mL,3000r/min 离心 10min。沉淀含 DNP 和细胞碎片,留作提取 DNA 用;上清液含 RNP,转移至试管中,留作提取 RNA 用。

(3) 提取 DNA

a. 向沉淀加入冷的 0.14mol/L NaCl -0.1mol/L EDTANa$_2$ 溶液 5mL,用玻璃棒将沉淀搅匀,3000r/min 离心 10min,弃去上清液。如此反复 3 次,尽量洗去 RNP。

b. 向沉淀加入 2 倍体积的冷的 1.5mol/L NaCl -0.1mol/L EDTANa$_2$ 溶液,用玻璃棒将沉淀搅匀,加塞,置冰箱中过夜,使 DNP 充分溶出。

c. 取出离心管,此时溶液黏度可因 DNP 的溶出而加大,需用玻璃棒搅拌使其分散。

d. 将离心管去塞,3000r/min 离心 10min,沉淀细胞碎片,将上清液转移至另一刻度离心管中。

e. 向含有上清液的离心管加入与上清液等体积的氯仿-异丙醇(事先摇匀),加塞,置液体混合器上剧烈振摇 10min。将离心管去塞,3000r/min 离心 10min,使分层,上层水相,下层氯仿,界面处为变性蛋白质。小心吸取上层水相于另一刻度离心管中,氯仿则予以回收。将上清液重复该项操作,直至将蛋白质基本除净(约需 4~5 次)。最后将上清液转移至 10mL 小量筒中,记录体积。

f. 量取相当于上清液 2 倍体积冷的 95% 乙醇于刻度离心管中,将上清液成线状缓缓加入到冷乙醇中。边加入边摇动,此时可用小玻璃棒轻轻搅动,会有白色丝状物缠绕在玻璃棒上。加完后将离心管加塞,置冰箱中放置2h,使DNA充分析出。

　　g. 将离心管去塞,2000r/min离心10min,沉淀DNA,弃去上清液,沉淀留作鉴定用。

(4) 提取RNA

向刻度离心管加入肝匀浆液,离心所得上清液5mL,按提取DNA的e、f、g步骤操作。

(5) 核酸的鉴定

向RNA沉淀加入0.14mol/L NaCl－0.1mol/L EDTANa$_2$溶液1mL,用玻璃棒搅匀;向DNA沉淀加入1.5mol/L NaCl－0.1mol/L EDTANa$_2$溶液1mL,用玻璃棒搅匀。两管各加5% H$_2$SO$_4$溶液4mL,混匀,分别转移至试管中,标号。在通风橱内,置沸水浴中水解20min,冷却,得核酸水解液。

磷酸的鉴定

取3支试管,标号,按下表加入试剂:

加入物	加入量(mL)		
	对照管	RNA管	DNA管
5% H$_2$SO$_4$溶液	1.0	—	—
RNA水解液	—	1.0	—
DNA水解液	—	—	1.0
定磷试剂	1.0	1.0	1.0

将各管混匀,置45℃恒温水浴中,保温10min,记录各管颜色。

核糖的鉴定

取3支试管,标号,按下表加入试剂:

加入物	加入量(mL)		
	对照管	RNA管	DNA管
5% H$_2$SO$_4$溶液	1.0	—	—
RNA水解液	—	1.0	—
DNA水解液	—	—	1.0
地衣酚试剂	2.0	2.0	2.0

将各管混匀,置沸水浴中,保温10min,记录各管颜色及颜色深度。

脱氧核糖的鉴定

取3支试管,标号,按下表加入试剂:

加入物	加入量(mL)		
	对照管	RNA 管	DNA 管
5% H_2SO_4 溶液	1.0	—	—
RNA 水解液	—	1.0	—
DNA 水解液	—	—	1.0
二苯胺试剂	2.0	2.0	2.0

将各管混匀,置沸水浴中加热 10min,记录各管颜色及颜色深度。

3. 结果处理

将上述 4 种核酸水解成分鉴定的反应现象进行分析,结合反应原理加以说明。

4. 注意事项

① 核酸提取操作尽量在低温下进行,防止核酸被大量水解,以提高收率。
② 试剂及蒸馏水应避免核酸、磷酸盐、嘌呤、嘧啶、戊糖等的污染,以防止出现假阳性。
③ 地衣酚、二苯胺应纯化后再用以配制试剂,纯化方法详见本实验的实验材料。
④ 离心前要将离心管的磨口玻璃塞去掉,平衡质量后再离心,离心时不可加塞。

5. 实验材料

(1) 试剂

① 生理盐水。
② 0.14mol/L NaCl – 0.1mol/L $EDTANa_2$ 溶液:称取氯化钠 8.2g 和二水合 $EDTANa_2$ 37.2g,加蒸馏水适量溶解,调节 pH 至 7.0,加蒸馏水至 1000mL。
③ 1.5mol/L NaCl – 0.1mol/L $EDTANa_2$ 溶液:称取氯化钠 87.8g 和二水合 $EDTANa_2$ 37.2g,加蒸馏水适量溶解,调节 pH 至 7.0,加蒸馏水至 1000mL。
④ 氯仿 – 异丙醇:氯仿:异丙醇 = 24 : 1(体积比),混匀。
⑤ 定磷试剂。

a. 3mol/L H_2SO_4 溶液:量取浓硫酸 17mL,向适量重蒸馏水中边搅拌边缓缓加入浓硫酸,待温度降至室温,加重蒸馏水定容至 100mL。
b. 25g/L $(NH_4)_2MoO_4$ 溶液:称取钼酸铵(AR)2.5g,加适量重蒸馏水溶解,再加重蒸馏水定容至 100mL。
c. 100g/L 维生素 C 溶液:称取维生素 C(AR)10g,加适量重蒸馏水溶解,再加重蒸馏水至 100mL。冰箱内保存,可保存 1~2 个月。

临用时按 a : b : c : 重蒸馏水 = 1 : 1 : 1 : 2(体积比)的比例混合。该试剂应现配现用,试剂颜色为淡黄色至黄绿色,如变为棕黄色至绿色,则已失效,应弃去。

⑥ 地衣酚试剂:预先将地衣酚在苯中重结晶 1~2 次,用活性炭脱色,干燥后备用。称取地衣酚 0.1g,加浓盐酸 100mL 使地衣酚溶解,再加入含结晶水氯化铜($CuCl_2 \cdot 2H_2O$)0.15g,使溶解,混匀。

⑦ 二苯胺试剂:预先将二苯胺在 70% 乙醇中重结晶 1~2 次,干燥后备用。称取重结晶二苯胺 1g,加冰醋酸 100mL 使二苯胺溶解,再加入浓硫酸 1mL,混匀,贮于棕色瓶中。该试剂应为无色,如变色则氧化失效。

⑧ 5% $AgNO_3$ 溶液:用重蒸馏水配制,贮于棕色试剂瓶中。

⑨ 5% H_2SO_4 溶液。

⑩ 辛醇。

⑪ 浓氨水(AR,d = 0.9)。

⑫ 95% 乙醇,用前冰箱预冷。

(2)器材

托盘天平,冷冻离心机(水平式),组织捣碎机,电热恒温水浴箱,水浴锅,液体混合器,冰盐水浴,手术剪,镊子,具塞刻度离心管(15mL,5 支),量筒(10mL,100mL,1000mL),培养皿,试管架,试管(15mm×150mm,15 支),玻璃棒,滴管(2 支),猪肝。

思考题

1. 怎样防止核酸水解酶对核酸的水解作用?
2. 鉴定核酸水解成分?鉴定方法所依据的原理是什么?

实验 3 亚麻子油脂肪酸的制备及定量测定

1. 原理

利用有机溶剂的萃取作用,由亚麻子粉中获得亚麻子油。将亚麻子油皂化,生成脂肪酸钾盐;将脂肪酸钾盐进行酸化反应,得未酯化脂肪酸。将脂肪酸钾盐进行甲酯化反应则得甲酯化脂肪酸(脂肪酸甲酯)。皂化、酸化和甲酯化的反应式如下:

① 皂化反应

$$\begin{array}{c} CH_2OCOR \\ | \\ CHOCOR \\ | \\ CH_2OCOR \end{array} + 3KOH \longrightarrow \begin{array}{c} CH_2OH \\ | \\ CHOH \\ | \\ CH_2OH \end{array} + 3RCOOK$$

三脂酰甘油 　　　　　　　　　甘油　　脂肪酸钾

② 酸化反应

$$RCOOK + HCl \longrightarrow RCOOH + KCl$$
脂肪酸钾　　　　　脂肪酸

③ 甲酯化反应

$$RCOOK + CH_3OH \longrightarrow RCOOCH_3 + KOH$$
脂肪酸钾　甲醇　　脂肪酸甲酯

利用硅胶 G 薄层层析,将硅胶 G 作为附着于玻璃板上的固定相,特定的有机溶剂作为沿固定相展开的流动相。根据固定相对未酯化脂肪酸和甲酯化脂肪酸两种样品的吸附能力不同(对未酯化脂肪酸的吸附能力较强),而流动相对两种样品的解吸能力不同(对甲酯化脂肪酸的解吸能力较强),将两种样品分开。将层析后的薄层板用碘蒸气熏蒸后便可观察被分离的各样品斑点。依据两种样品斑点的 Rf 值,可判断脂肪酸甲酯化程度是否完全。

如图 3-1 所示,若两种样品各出现单一斑点,且 Rf 值不等($Rf_{甲酯化} > Rf_{未酯化}$),说明脂肪酸样品甲酯化程度比较完全。

$$Rf = \frac{点样原点到斑点中心的距离(cm)}{点样原点到展开剂前沿的距离(cm)}$$

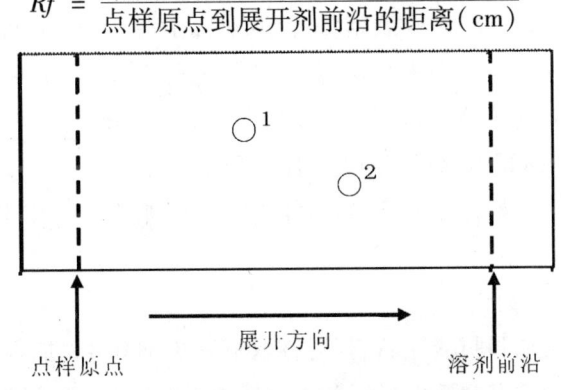

图 3-1　脂肪酸甲酯化程度鉴定示意图
1. 未甲酯化脂肪酸的层析斑点　　2. 甲酯化脂肪酸的层析斑点

脂肪酸在甲酯化后易于气化,可采用气相色谱等手段进行定性、定量分析。亚麻子油中的脂肪酸成分较复杂,需优化气相色谱条件将各脂肪酸组分彼此分开,并依据脂肪酸甲酯标准品在相同气相色谱条件下的保留时间确定亚麻子油各脂肪酸组分。依据各组分的峰面积与总组分峰面积之比,可求得每一脂肪酸组分的相对含量。若欲测得某一脂肪酸在亚麻子油中的实际含量,还需对其进行定量测定。本实验拟用气相色谱内标法对亚麻子油中的 α-亚麻酸进行定量测定。其基本原理是配制标准 α-亚麻酸甲酯梯度浓度溶液,向各溶液中加入等量的十七烷酸甲酯作为内标物,对各浓度标准品(α-亚麻酸加十七烷酸甲酯)进行气相色谱分析,以标准 α-亚麻酸甲酯与十七烷酸甲酯峰面积之比值对应标准α-亚麻酸甲酯与十七烷酸甲酯浓度之比值作标准曲线,进行统计学处理,求得相关系数、回归方程和相对标准差(RSD)。将待测亚麻子油脂肪酸甲酯样品液中加入等量的十七烷酸甲酯进行气相色谱分析,用样品中α-亚麻酸甲酯与十七烷酸甲酯峰面积之比值查标准曲线,求得样品中α-亚麻酸甲酯的实际含量。内标法的优点在于可克服操作上的系统误差,使实验结果更加准确可靠。

2. 实验方法

(1) 样品制备

亚麻子油的萃取

a. 回流萃取:将亚麻子粉碎,称取50g,装入桶状滤纸内并折封两端开口,置于索氏萃取器内,向圆底烧瓶中加入萃取液200mL,安装好萃取装置,开放冷凝水,打开加热煲开关,将接触调压器调节至110分度左右;回流萃取6h。

b. 减压蒸发:将圆底烧瓶安装在旋转减压蒸发器上,回收溶剂,得亚麻子油,称重。

甲酯化脂肪酸样品制备

a. 甲酯化亚麻子油脂肪酸样品制备:称取亚麻子油0.4g,加入皂化液2mL,于60℃水浴皂化15min(至油珠完全消失);冷却,加入甲酯化液2mL,于60℃水浴甲酯化5min,冷却后加正己烷1mL、饱和NaCl溶液2mL,混匀,3000r/min离心5min~10min;取上清液用正己烷稀释为2mg/mL的亚麻子油混合脂肪酸甲酯样品。

b. 标准甲酯化亚油酸样品制备:精确称取标准亚油酸1mg,以上述方法甲酯化,用正己烷配成1mg/mL溶液备用。

未酯化脂肪酸样品的制备

a. 未酯化亚麻子油脂肪酸样品制备:称取亚麻子油0.4g,加入皂化液2mL,于60℃水浴皂化15min(至油珠完全消失),得脂肪酸钾盐;加蒸馏水2mL溶解,用石油醚洗3次除去非皂化物;加入2mol/L盐酸1mL,于室温酸化30min,用石油醚提取脂肪酸3次,合并石油醚液;用水洗至中性,加无水硫酸钠干燥,蒸去石油醚;用正己烷配成2mg/mL未酯化混合脂肪酸样品。

b. 标准未酯化亚油酸样品制备:精确称取标准亚油酸1mg,用正己烷配成1mg/mL溶液备用。

(2) 样品甲酯化程度鉴定

薄层层析板的制备

称取6g硅胶G-60,加入5g/L羧甲基纤维素钠溶液15mL,在研钵中研磨至拉丝状。约等量分别倾注在两块玻璃板(200mm×50mm)上,敲击振荡使均匀涂布,于室温下自然

活化

使用前将自然晾干的薄层层析板置于110℃恒温干燥箱中烘烤(活化)30min,平衡至室温备用。

点样

在玻璃板一端1.5cm处用铅笔轻画一条横线,作为点样原点,再用铅笔等分此线做出各样品点样位点。用微量注射器分别吸取上述4种样品各10μL,滴加在相应的点样位置(少量多次逐渐点加,使圆点直径不得超过3mm)。

展开

将带样薄层板置于层析缸内,借溶剂系统将样品展开。当溶剂前沿距玻璃板另一端约2cm时取出,用铅笔标出溶剂前沿的位置。

显色

于室温自然晾干薄层板后,将其置于碘蒸气缸内熏蒸3min~5min,显出层析斑点。

(3) 气相色谱分析

① 气相色谱条件:采用RTX-5空心30m × 0.25mm × 0.25μm石英毛细管柱(WCOT);固定相为5%二苯基聚硅氧烷,95%二甲基硅氧烷;不分流,8min后分流进样,分流比为30∶1,氮气作载气,柱前压为11.199Pa(1.142kgf/cm^2);检测器为FID,氢气30mL/min,空气/氢气=10,进样口和检测器温度均为270℃。采取程序升温,起始温度130℃,以10℃/min持续升温至185℃,恒温20min,再以5℃/min持续升温至220℃,改以30℃/min持续升温至285℃,恒温5min。

② 确定标准α-亚麻酸甲酯的保留时间:用微量注射器取2mg/mL标准α-亚麻酸甲酯正己烷溶液1μL进样,测得标准α-亚麻酸甲酯的保留时间(重复3次)。

③ 确定待测α-亚麻酸甲酯在亚麻子油混合脂肪酸气相色谱图中的出峰位置:用微量注射器取亚麻子油混合脂肪酸甲酯样品1μL进样,根据标准α-亚麻酸甲酯的保留时间确定样品中α-亚麻酸甲酯的出峰位置(重复3次)。

④ 内标法制作标准曲线:将各浓度标准α-亚麻酸甲酯溶液分别与十七烷酸甲酯溶液等体积混合,配成α-亚麻酸甲酯浓度与十七烷酸甲酯浓度($c_{ALA}/c_{17:0}$)的比值分别为0.125,0.250,0.500,1.000和2.000的混合溶液。取上述各液1μL进样,进行气相色谱分析(重复3次)。绘制α-亚麻酸甲酯峰面积与十七烷酸甲酯峰面积之比值($A_{ALA}/A_{17:0}$)相对于两浓度之比值($c_{ALA}/c_{17:0}$)的标准曲线,并计算回归方程、相关系数和相对标准差。

⑤ 内标法测定样品中α-亚麻酸甲酯含量:将甲酯化亚麻子油脂肪酸甲酯混合样品与内标物十七烷酸甲酯溶液等体积混合,取1μL进行气相色谱分析(重复3次)。依据

($A_{ALA}/A_{17:0}$)相对于($c_{ALA}/c_{17:0}$)在标准曲线上的对应关系,计算样品中 α-亚麻酸甲酯的含量。

3. 结果处理

(1) 计算得油率

$$得油率(\%) = \frac{得油量(g)}{亚麻子粉量(g)} \times 100$$

(2) 计算薄层层析图谱中各斑点的 Rf 值

用直尺分别量出点样原点到溶剂前沿的距离和点样原点到各斑点中心的距离。记录结果并计算各斑点的 Rf 值。若甲酯化样品与未甲酯化样品各只出现一个斑点并获得完全分离,说明样品的甲酯化程度比较完全。

(3) 计算亚麻子油样品中的 α-亚麻酸含量

根据亚麻子油样品中 α-亚麻酸在气相色谱上的峰面积与内标物十七烷酸峰面积之比值,在标准曲线上查得两者相应的浓度之比值,再推算出亚麻子油样品中 α-亚麻酸的含量(%)。

4. 注意事项

① 操作过程中使用有机溶剂频繁,应注意安全。
② 注意把握各环节的操作要点,确保实验成功。

5. 实验材料

(1) 试剂

① 标准 α-亚麻酸甲酯溶液:从高浓度向低浓度倍比稀释分别配制成 4mg/mL,2mg/mL,1mg/mL,0.5mg/mL,0.25mg/mL 的标准 α-亚麻酸甲酯正己烷溶液。
② 标准内标物溶液:配制浓度为 2mg/mL 的标准十七烷酸甲酯正己烷溶液。
③ 萃取液:乙酸乙酯:石油醚(沸程60℃~90℃) = 1:9(体积比)。
④ 皂化液:0.5mol/L KOH-甲醇溶液。
⑤ 酸化液:2mol/L HCl 溶液。
⑥ 甲酯化液:47% BF_3-乙醚溶液 30mL 与甲醇 70mL 混合即得。
⑦ 石油醚,正己烷,无水硫酸钠等(均为 AR)。
⑧ 硅胶 G-60(CP)。
⑨ 5g/L 的羧甲基纤维素钠溶液。
⑩ 薄层层析溶剂系统:石油醚:乙醚:乙酸 = 70:30:1(体积比)。

(2) 器材

气相色谱仪,索氏萃取器,旋转减压蒸发器,电热恒温水浴箱,离心机,恒温干燥箱,碘蒸气缸,小型粉碎机,玻璃板,层析缸,微量注射器(2 支)。

思考题

1. 实验中所用试剂的作用分别是什么?
2. 皂化后的脂肪酸钾盐为什么还要进行酯化?
3. 为什么要进行甲酯化程度的鉴定? 若甲酯化不完全会对实验造成什么影响?
4. 为什么要采用气相色谱内标法对 α-亚麻酸进行定量测定? 其优点何在?

实验4 离子交换层析法——乳汁过氧化物酶的纯化

1. 原理

生物大分子的分离需要高分辨率的温和技术。离子交换层析就是其中最重要最常用的方法之一。两个蛋白质只相差一个氨基酸,有时也能够用此法将它们分开。

(1) 离子交换剂

离子交换剂是用不溶性的载体与其共价相连接的带电基团所组成。带电基团靠静电引力与溶液中的反离子(亦称平衡离子)结合。这些反离子又可与带有相同电荷的其他离子可逆地进行交换而不改变离子交换剂本身的性质。

离子交换剂上共价结合带正电荷功能基团的称为阴离子交换剂;反之,结合着负电荷功能基团的称为阳离子交换剂。换句话说,阴离子或阳离子交换剂是按被交换离子的带电性质而命名的。

离子交换剂中常用的几种功能基团:

阴离子交换剂	功能基团
氨乙基(AE-)	$—OCH_2CH_2NH_3^+$
二乙基氨基乙基(DEAE-)	$—OCH_2CH_2NH^+(C_2H_5)_2$
羟丙基二乙基氨基乙基(QAE-)	$—OCH_2CH_2N^+(C_2H_5)_2CH_2CHOHCH_3$
阳离子交换剂	
羧甲基(CM-)	$—OCH_2COO^-$
磷酸基	$—PO_4H_2^-$

硫酸丙基(SP-)　　　　　　　　　—$CH_2CH_2CH_2SO_3^-$

硫酸和季胺基团用来形成强离子交换剂,磷酸基团形成中等强度的离子交换剂,其他基团则形成弱离子交换剂。所谓强离子交换剂是指在很宽的 pH 范围内其功能基都完全离子化。对弱离子交换剂来说,其解离程度和交换容量都明显地随 pH 而改变。分离生物大分子多数选用弱离子交换剂。

离子交换剂的总容量,以每克干燥的离子交换剂带电基团和潜在的带电基团的数量表示。有效容量指在特定条件下,得到的实际容量。该值依赖于功能基的可接近性、洗脱剂的浓度和离子强度、反离子性质、功能基反离子的选择性、洗脱剂的温度和 pH 等。对弱酸、弱碱性离子交换剂尤其如此,该值在实际工作中是由实验得到的。

(2) 离子交换机理

离子交换层析是通过可逆吸附实现的。实验通常分两步:

① 加样与吸附,使样品与未被吸附的物质分开;

② 洗脱,使被吸附的物质相互分开。

在一定的条件下,不同的物质带有不同的电荷,因此,对离子交换剂的亲和力不同。通过改变实验条件,如溶液的 pH 或离子强度,可改变被吸收物质的带电状态,进而改变它们与离子交换剂的亲和力以达到分离目的。

当然,在加样时也可以控制实验条件,使待分离的物质不吸附到离子交换剂上去,而让杂质吸附上去。此法用得较少,因分辨率不如前法。

在离子交换过程中,还会发生其他类型的结合作用,主要是范德华力和疏水作用。但这些力的作用较小,重要的仍是功能基与反离子的静电引力作用。

2. 实验技术

离子交换层析的最佳设计,按待分物质的性质而异,多数凭经验数据。

图 3-2 是离子交换层析技术中的全部操作流程,可供选择最佳方案时参考。现对这些操作过程略作讨论(其中仪器部分从略)。

(1) 离子交换剂的选择

要同时考虑三个因素。

样品的稳定性

假如样品在其等电点(pI)以下是稳定的,应选择阳离子交换剂;反之,样品在其 pI 以上是稳定的,选择阴离子交换剂;样品在很广的 pH 范围内均稳定,两种离子交换剂均可用。起始缓冲液的 pH,应选比待分物质的 pI 大或小 1 个 pH 单位,以促进待分物质吸附。关于蛋白质的 pI 可以查阅文献,或自己实验测定。

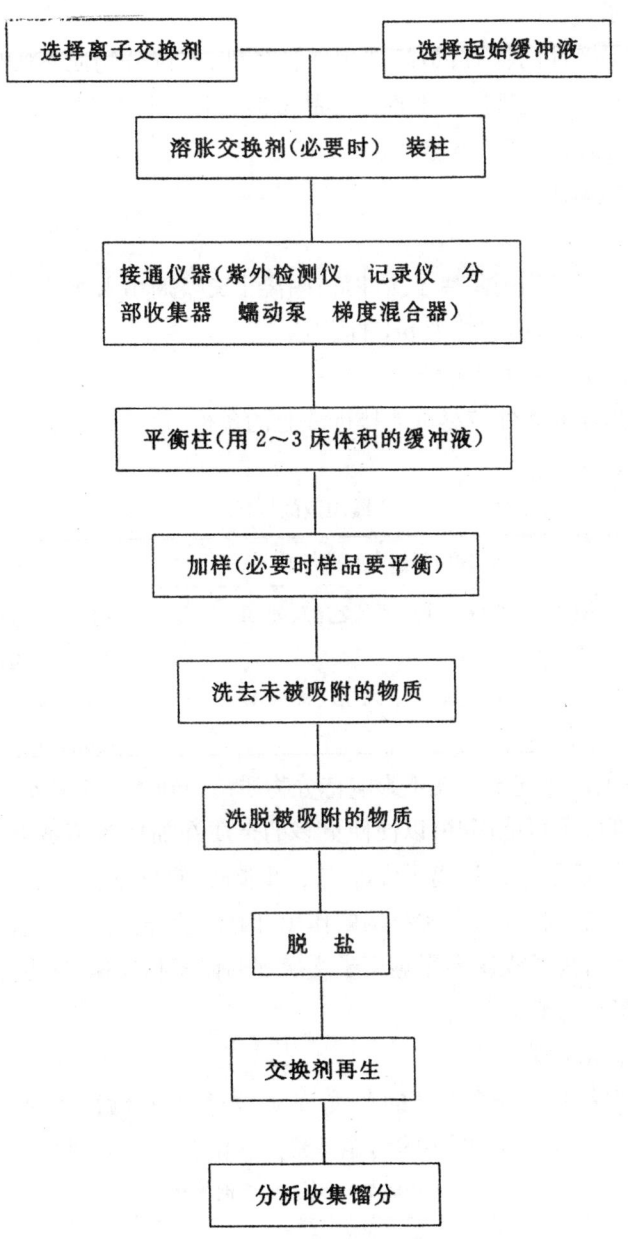

图 3-2 离子交换层析操作流程示意图

样品分子的大小

离子交换剂是带孔的颗粒,功能基除分布在表面外,还可存在于孔内。若样品分子太大,就不能与孔内的功能基结合,因此要影响交换剂的容量。

某些特殊要求

对于特别容易变性的物质,最好选用一种条件,使待分物质不吸附到离子交换剂上去,而让杂质吸上去,避免洗脱时变性。样品多时要用刚性较强的离子交换剂,以便加快流速。另外,还要考虑经济效益等因素。

(2) 缓冲液的选择

缓冲剂的选择

原则是阳离子交换剂用阴离子缓冲剂;阴离子交换剂用阳离子缓冲剂。否则,缓冲离子会参与离子交换反应,影响溶液 pH 的稳定。

缓冲液 pH 和离子强度的选择

原则是开始加样的条件应尽可能接近洗脱的条件,这样,既可以节省时间,又可以防止大分子的变性、失活。

缓冲液的选择

离子交换剂	推荐的缓冲液离子	起始 pH
阴离子交换剂	阳离子,如烷基胺、氨基乙醇、氨、Tris、乙二胺、咪唑、吡啶等	在蛋白质等电点之上 1 个 pH 单位或由实验而定
阳离子交换剂	阴离子,如乙酸、巴比妥酸、柠檬酸、甘氨酸和磷酸等	在蛋白质等电点之下 1 个 pH 单位或由实验而定

pH 的选择在前面已述及。在不影响待分物质结合到离子交换剂上去的前提下,起始缓冲液的离子强度应尽可能高些,以便使更多的杂质在加样时不被吸附。在保证洗脱去待分物质的前提下,洗脱缓冲液离子强度应尽可能低,使待分物质及早洗脱下来,与其他被吸附物质分开。盐有稳定蛋白质结构的作用,因此,缓冲液的离子强度一般不应太低以防蛋白质变性。有时离子强度会影响离子交换剂的体积和流速,这点操作时要注意。

(3) 离子交换剂溶胶的制备

分下面四个基本步骤:

① 除去出厂时纯化不完全留下的杂质,或贮放过程中轻微分解产生的杂质。

② 使交换剂充分溶胀,有更多的功能基暴露在溶胀中。处理方法见下表:

用酸和碱处理离子交换剂的程序

离子交换剂	第一次处理	第二次处理
阴离子交换剂	0.5mol/L HCl→水洗至 pH4	0.5mol/L NaOH→水洗至 pH9
阳离子交换剂	0.5mol/L NaOH→水洗至 pH9	0.5mol/L HCl→水洗至 pH4

强酸强碱能使交换剂分解。故要限制酸碱的浓度等于或小于 0.5mol/L,接触时间小于 2h。分离含有巯基蛋白质样品时,已溶胀的离子交换剂应再用 0.01mol/L 的 EDTA 溶

液处理,以除去可能存在的重金属离子。

③ 除去过细颗粒,其方法是反复地把交换剂悬浮在大量水中,待 90%~95% 的交换剂下沉后,倾去上层尚未下沉的物质,重复几次。如果不除去过细颗粒,会使层析时流速和分辨率降低。

④ 最后把以上处理好的离子交换剂和起始缓冲液平衡。一般认为溶胶的 pH 值等于起始缓冲液 pH 值时,平衡就已告完成,常常需要 12h~24h。为了节省时间,也可以先用 10 倍于起始缓冲液浓度的溶液,然后再用起始缓冲液充分平衡已处理好的溶胶。

实际工作中离子交换剂的用量,都经由小样预试验而定。即在起始条件下,加少量样品通过一根小层析柱,直到流出液中出现待分物质为止,由此可算出 1g(或 10mg 等)样品需要多少毫升的溶胶。这个数字再放大 5~10 倍,就是在层析时所需要的离子交换剂溶胶的床体积。

(4) 柱的选择和装柱

用作层析柱的材料应对敏感性强的生物大分子无损害作用,常用玻璃柱。床的支持物应不易粘着样品,常用尼龙布。柱出口处的死腔应尽可能地小,以防被分离的区带重新混合。

所用的柱应当粗短,使样品吸附在离子交换剂溶胶床上端 1cm~2cm 处。常用的胶床高度为 20cm。床高度固定后柱的直径可根据所需离子交换剂的用量而计算出来。提高分辨率可改变洗脱条件,只有很复杂的样品才用增加柱高的办法。

装柱时需要注意以下几点:

① 处理好的离子交换剂应与起始缓冲液大约以 3∶1 的比例混合成溶胶,注入柱内,太厚在胶床中易形成气泡。装柱用的溶胶、起始缓冲液和洗脱液,在使用前均应通过加热或抽气的方法排除气泡。它们的温度应与操作温度相同。

② 柱要装垂直,固定牢,避开日光照射和风吹,以防操作时温度波动。出口处死腔中的空气要除去。

③ 加溶胶时要沿玻璃棒或管壁慢慢加入,防止生成气泡。一般要求一次装柱完成,因此,常在柱顶接一缓冲液贮器,加完后除去。

④ 胶沉降时要打开出口,让其缓慢均匀下沉。装好后胶面要水平,并保留缓冲液在胶面上高出 1cm~2cm,装柱时勿让胶中缓冲液流干。

⑤ 调整柱下毛细管出口,维持操作压在每厘米床高有 1cm 水压。对于刚性的交换剂,操作压可以提高,装柱时的操作压可略高于实验时的操作压。

⑥ 装柱后至少要用 2 倍体积的起始缓冲液平衡与稳定胶床。要使流出液的 pH 和离子强度与起始缓冲液的相同。

装柱完成后要检查一遍胶床的均一性和有无气泡。可用手电筒光照在柱的背面或者用带电的有色颜料,如蓝葡聚糖 2000 先通过柱的办法进行检查。不合要求,要重新装柱。

(5) 样品的准备与加样

样品的离子组成、pH 应与起始缓冲液相同。否则,要通过对起始缓冲液的透析或用起始缓冲液稀释(假如允许的话)等方法加以平衡纠正。

样品允许的体积因洗脱条件而异,具体如下:

a. 如用起始缓冲液作洗脱液,样品的体积应介于胶床体积的 1%～5% 以内。

b. 如用梯度洗脱,在保证样品中待分物质吸附在床顶部的前提下,很稀的样品也可以用。因此,离子交换剂除了有分离作用外,还可以用来浓缩大分子稀溶液。

样品要加在刚好抽干的床面上,加样时要小心,切勿搅动柱床表面。当所有的样品进入胶床后,再用少量起始缓冲液淋洗管壁,等其流进柱后,在床面上再加 1cm～2cm 的起始缓冲液,即可接通管路,开始洗脱。

(6) 洗脱

从交换剂上把各种离子洗脱下来时,所使用的梯度是最重要的控制参数。洗脱剂体积(与床体积相比)和洗脱液中盐浓度的变化形式,都明显地影响着分辨率。

虽然当待分物质被交换剂吸附不太牢时,可直接用起始缓冲液洗脱,但由于被吸附的物质在柱床上能可逆的反复交换,因此,需要相当慢的洗脱速度才能完成。

在通常的情况下,均采用梯度洗脱。

① pH 梯度:向一个物质等电点方向改变 pH 值时,可使该物质失去电荷,从离子交换剂上解吸和洗脱下来。阳离子交换剂,向等电点方向增加 pH 值;阴离子交换剂,向等电点方向减少 pH 值,均可以达此目的。实际工作中选用的 pH 值梯度,还必须考虑 pH 值对待分物质稳定性的影响。

② 离子强度梯度:增加洗脱液的离子强度,以加强洗脱液中含有与待分物质带相同电荷的离子与待分物质对离子交换剂的竞争作用,减少待分物质与离子交换剂吸附,使它们被洗脱下来。

③ 梯度类型的选择:可以采用的梯度形式有五种:线形的,凸面形的,凹面形的,复合形的,阶梯形的。

以离子强度线形梯度形式用得最多,因为它制备容易,重复性好。pH 线形梯度比较难以制备,且 pH 值的变化常同时导致离子强度的变化。

凸面形梯度可以在梯度的后面部分改进分辨率,如开始的蛋白峰容易分开,用凸面形梯度可以加快分离过程。

凹面形梯度则可改善梯度开始部分的分辨率,当梯度后面部分的蛋白质容易分开时,用此形式,可以缩短分离时间。

复合形梯度是用一种多室混合器产生,其细节可参阅文献。

阶梯性梯度在大规模制备中应用最多。事先要通过小试验,了解待分物质在某种交换剂上,在什么条件下被洗脱下来。和线形梯度相比,阶梯梯度的峰前沿十分陡峭,后面又有拖尾现象,均使分辨率降低;线形梯度的峰形对称,分辨率高。

④ 洗脱液的体积与分辨率的关系:通常增加洗脱液总体积(即减小梯度的斜率)可以提高分辨率。洗脱液的总体积至少应为离子交换剂床体积的5倍以上。但体积增加过大,易使洗脱蛋白峰变宽,使样品过于稀释,因此,不易增加太大。

此外,还有一种批量分离法。先把交换剂溶胶与样品混合,搅拌大约1h后,将混合液过滤,用起始缓冲液洗涤,然后用洗脱液洗脱。假如第一次样品中待分离物质吸附不完全,可重复上述操作1~2次。此法一般用于大规模制备中的粗分。

⑤ 洗脱速率和样品分部的大小:洗脱时的最佳速率主要凭经验数据。但有两点必须注意:

第一,离子被吸附的速度要小于它们从离子交换剂上洗脱下来的速度。因此,与洗脱相比,加样要慢。

第二,洗脱太快,大于离子脱吸速率时,会发生拖尾现象;流速太慢,会发生扩散现象。在这两种情况下均降低分辨率。

分部收集样品时,分部的大小(每一收集管收集洗脱液的多少),也凭经验决定。降低分部的大小,不能增加层析柱的分辨能力,但可以使层析柱的全部分辨能力得以表现出来。特别对分辨率要求高的样品,分部以小为宜,有的甚至小到0.5mL/管以下。

(7) 离子交换剂的再生与贮存

离子交换剂使用后,可以再生,重复使用几次。方法是先用高离子强度(约等于2)的盐溶液洗柱。如交换剂内混有脂类物质时,再用乙醇或其他非离子型去污剂将它除去。最后按前述交换剂准备的方法,分别用碱和酸处理,使其再生。

所有溶胀过的离子交换剂溶胶,均应以盐的形式贮存于有防腐剂的缓冲液中。使用前再通过平衡的办法除去防腐剂。常用防腐剂:阴离子交换剂用苯基汞化卤(0.001%),阳离子交换剂可用乙基汞硫代水杨酸(0.005%),三氯丁醇(0.01%~0.02%)阴阳离子均可用,最常用的是加0.01%叠氮钠。

总之,最佳离子交换层析方案的选择,主要是凭经验。因此,接触到具体问题时,应多做一些小实验加以探索比较。即使沿用文献中现成的方法,由于某些实验条件的改变,不一定就是最佳设计。

3. 乳汁过氧化物酶(LP)的纯化

(1) CM – Sephadex C – 50 的处理

将2.5g CM – Sephadex C – 50 置于500mL 烧杯中,用400mL 蒸馏水浸泡3h,让其溶胀,倾去上层水,重复此项操作4次,除去过细颗粒。然后再用布氏漏斗抽滤。将树脂转入300mL 的0.5mol/L NaOH 溶液中,浸泡15min,布氏漏斗抽滤,蒸馏水洗至pH5 左右;再将抽干的树脂转入300mL 的0.5mol/L HCl 溶液中,浸泡15min,再用布氏漏斗抽干,用蒸馏水洗至pH7 左右。制成树脂与蒸馏水以3∶1 的悬浊液,待用。

(2) 操作

按图3-3流程示意图进行。

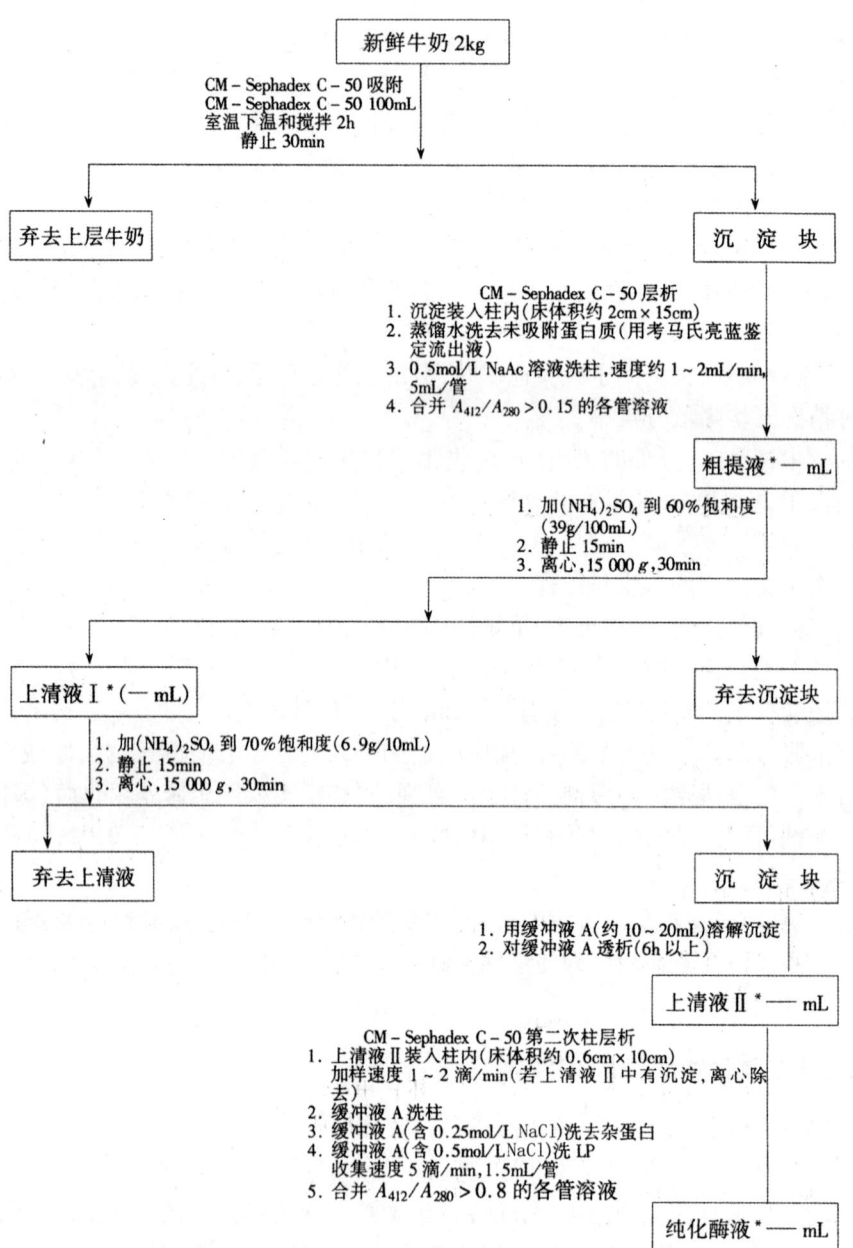

图 3-3 乳汁过氧化物酶纯化操作流程示意图

第三编　生物化学的综合实验

（3）LP 酶活性的测定

二羟苯丙氨酸法（即 David Polis 法）

原理：LP 使 H_2O_2 溶液分解，释放原子氧，使二羟苯丙氨酸氧化，产生一种有色物质（结构式不清楚），在 475nm 波长处有最大吸收。根据生成物的多少可知 LP 活性的大小。

操作：直接在玻璃比色皿内进行，自身作空白。

溶　液	浓度（mmol/L）	加入量（mL）
磷酸盐缓冲液（pH7.0）	100.0	2.4
H_2O_2 溶液	1.5	0.4
酶液	适当稀释	0.1
25℃，保温 5min		
二羟苯丙氨酸起动反应	50.0	0.1

475nm 比色，每隔 15s 读一次 A 值，连续 2min。

酶活性单位：$1.0A/s = 1$ 个单位。

注：凡打有 * 记号的溶液，都须另取 1mL 冰箱保存，供待测酶比活性和纯度用。

KI 法

原理：LP 使 H_2O_2 溶液分解，释放原子氧，使 KI 中的 I^- 被氧化为 I_2，I_2 在 350nm 波长处有最大吸收。根据 I_2 的生成量，可测 LP 的活性。

操作：直接在石英比色皿内进行，自身作空白。

溶　液	浓度（mmol/L）	加入量（mL）
KI 溶液	15.0	1.0
H_2O_2 溶液	0.45	1.0
磷酸盐缓冲液（pH7.0）	100.0	1.0
37℃，保温 5min		
酶液起动反应	适当稀释	0.1

350nm 比色，每隔 15s 读一次 A 值，连续 2min。

酶活性单位：$1.0A/s = 1$ 个单位。

根据实验室仪器条件，可任选一种。

（4）LP 纯度鉴定

LP 是含铁卟啉的化合物，在波长 412nm 处有一吸收峰。分别测定 412nm 和 280nm 处的吸光度。以 A_{412}/A_{280} 的比值作为 LP 的纯度指标。A_{412}/A_{280} 最高达 0.98。

（5）蛋白质的测定

分别测定 260nm 和 280nm 处的吸光度，按下列方程式计算其近似值：

$$酶浓度（mg/mL） = (1.55A_{280} - 0.76A_{260}) \times 稀释倍数$$

蛋白质的定性可用灵敏的考马氏亮蓝法。

考马氏亮蓝溶液的配制：考马氏亮蓝 G-250 100mg, 95% 乙醇 50mL, 85% 磷酸 100mL, 用蒸馏水稀释到 1000mL。测定时，取上述考马氏亮蓝溶液 1mL，加 1 滴蛋白质溶液，出现蓝色，表示有蛋白质存在。考马氏亮蓝溶液本身为棕色。

（6）计算

分别根据粗提液、上清液 I、上清液 II 和纯酶液的酶活性、蛋白质浓度和比纯度等的测定值，计算它们的比活性以及各步的产率和纯化倍数。将结果填入下表：

试剂	总体积（mL）	总蛋白（mg）	总活性（酶单位）	比活性（单位/mg）	纯度（A_{412}/A_{280}）	产率（%）	纯化倍数
CM-S-I*（粗提液）							
60%($NH_4)_2SO_4$（上清液 I）							
70%($NH_4)_2SO_4$（上清液 II）							
CM-S-II*（纯酶液）							

* 分别指 CM-Sephadex C-50 第 I 次、第 II 次层析。

4. 实验材料

（1）试剂

① CM-Sephadex C-50。

② 硫酸铵（AR）。

③ 0.5mol/L HCl 溶液。

④ 0.5mol/L NaOH 溶液。

⑤ 考马氏亮蓝 G-250。

⑥ 85% 磷酸。

⑦ 乙醇。

⑧ 1.5mmol/L H_2O_2 或 0.45mmol/L H_2O_2 溶液。

⑨ 50 mmol/L 二羟苯丙氨酸或 15mmol/L KI 溶液。

⑩ pH 为 7.0 的 100mmol/L 磷酸盐缓冲液。

⑪ pH 为 5.7，浓度为 0.05mol/L NaAc/HAc 缓冲液（缓冲液 A）。

⑫ 缓冲液 A（含 0.25mol/L NaCl）。

⑬ 缓冲液 A（含 0.5mol/L NaCl）。

（2）器材

紫外检测仪，记录仪（无条件时可省去），部分收集仪，新鲜未消毒牛奶。

思考题

1. 简述从生物原料中提取蛋白质的基本思路和设计方法。
2. 操作过程中为什么留取样品测酶的比活性？
3. 随着酶的逐步纯化，样品中酶的总活性、蛋白质含量，酶的比活性发生怎样的变化？为什么？

第四编　分子生物学实验

实验1　SDS 碱裂解法制备质粒 DNA

1. 实验目的与要求

① 掌握快速制备质粒 DNA 的原理和方法。
② 了解质粒作为载体在基因工程中的应用。

2. 实验原理

质粒(图4-1)是一种独立于染色体 DNA 之外的能自主复制的双链、闭合、环状 DNA 小分子,其大小范围从1kb 至200kb 以上不等,广泛存在于细菌中,在一些动、植物细胞中也发现有质粒的存在。

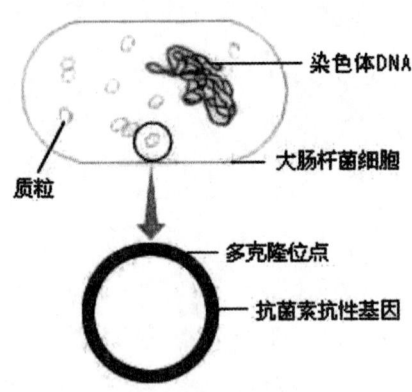

图4-1　质粒

目前提纯质粒的方法众多,如碱裂解法、煮沸法和 SDS 法等。最常用的是碱裂解法,其优点为效率高,价廉等。碱裂解分离质粒 DNA 是基于染色体 DNA 与质粒 DNA 的变性与复性的差异而达到分离的目的。在 pH 值为12.0~12.6 的碱性环境中,宿主的染色体 DNA 变性(使氢键断裂,破坏碱基配对),蛋白质变性,质粒 DNA 的碱基配对也被破坏,闭环的 DNA 链处于缠绕状态而不能彼此分开。加入乙酸钾缓冲液中和后,pH 调至中性,小分子的变性质粒 DNA 迅速复性为可溶状态,而变性的染色体 DNA 因分子量巨大而难以复性,随同高分子量 RNA 以及 K^+、SDS、蛋白质、膜复合物形成沉淀,故经离心,即可将染色体 DNA 与质粒 DNA 分离。

在实验步骤中,加入溶液 I 的目的主要是将细菌团块重新悬浮于缓冲溶液中;溶液 II 含有 SDS 及 NaOH,前者可将细菌溶解,后者可将 DNA 变性;溶液 III 是由醋酸及钾盐组成,前者在于中和碱性,后者则有利于染色体 DNA 的沉淀。加入溶液 III 后离心,大部分蛋白质与染色体 DNA 沉在下面,进一步用 RNA 酶消化可除去残存的 RNA。用酚:氯仿抽提可除去残存的蛋白质。再经乙醇沉淀和离心回收,即可得到质粒 DNA。制备的质粒 DNA 可用于酶切、转化以及 PCR 等操作。

3. 操作步骤

① 将大肠杆菌的一个单菌落接种入盛有 2mL LB 培养基(含 100μg/mL 的氨苄青霉素)的试管中,于 37℃ 剧烈振荡培养过夜(置摇床中,150r/min)。

为了确保培养物通气良好,试管的体积应该至少比细菌培养物的体积大 4 倍,试管不宜盖紧。

② 将培养物转入 Eppendorf 管内,1.5mL/管,12000r/min 离心 2min。

③ 弃上清液,将 Eppendorf 管倒立,使上清液流净,用纸巾或吸水纸将液体吸干。

④ 加入预冷溶液 I 100μL,悬浮细菌,剧烈振荡,室温 5min。

为确保细菌沉淀在溶液 I 中完全分散,将两个 Eppendorf 管底互相接触,同时涡旋振荡,可提高细菌沉淀重悬的速度和效率。

⑤ 加 200μL 新鲜配置的溶液 II 于每管细菌悬浮液中,盖紧管口,温和颠倒 Eppendorf 管 6~8 次,混匀管内液体,边颠倒边旋转 Eppendorf 管,应确保 Eppendorf 管的整个内壁均与溶液 II 接触,不要振荡,将 Eppendorf 管置冰浴 5min。

⑥ 每管加入冰中预冷的溶液 III 150μL,盖紧管口,反复颠倒 Eppendorf 管数次,使溶液 III 充分分散到黏稠的细菌裂解物中,此时,可见大量白色沉淀,将 Eppendorf 管置冰浴 10min。

⑦ 12000r/min 离心 5min,将上清液转入另一支 Eppendorf 管内。

⑧ 在上清液中加等体积的酚:氯仿,振荡混合有机相和水相,然后 12000r/min 离心 5min,小心吸取上清液转入另一支 Eppendorf 管中。

⑨ 用 2 倍体积的乙醇于室温沉淀核酸,振荡混合,于室温放置 2min。

⑩ 12000r/min 离心 5min,弃上清液,收集沉淀的核酸。

⑪ 小心吸取上清液,将 Eppendorf 管倒置于纸巾上,以使所有液体流出排干,用一次性吸头除去管壁上的液滴。

⑫ 加 1mL 70% 的乙醇于沉淀中并将盖紧的 Eppendorf 管颠倒数次,12000r/min 离心

5min，弃上清液，回收 DNA。

⑬ 重复步骤⑪以便除去所有的上清液。

⑭ 将 Eppendorf 管打开置于室温使酒精挥发，直至管内没有可见的液体存在(5min ~ 15min)。

⑮ 用 50μL 含有 RNA 酶 A(胰 RNA 酶)(20μg/mL)的 TE 重新溶解核酸，温和振荡几秒钟，贮存于 -20℃冰箱中。

4. 注意事项

① 用本方法制备的质粒可用于制备 DNA 探针、DNA 重组以及转染哺乳类细胞。室温低于 30℃时，这一方法的效果很好。如果室温高于 30℃，会增加切口环状 DNA 的量。在这种情况下，转染的效率会有所降低，但对限制性内切酶酶切 DNA、DNA 探针制备和 DNA 重组则没有影响。

② 特别注意，每当丢弃上清液时，要除净管中所有液体，否则将会影响限制酶的酶切效果。

③ 有些细菌的细胞壁成分会散落到培养基中，这些成分可抑制限制性酶的活性，将细菌沉淀重悬于 STE 中，再进行离心，可避免上述问题。去掉 STE 后，将沉淀重悬于溶液 I 中。

④ 溶液 II(0.2mol NaOH,1% SDS)必须新鲜配制，最好只使用一次，将剩余溶液弃掉。

⑤ 高浓度 NaOH 和长时间碱处理会使超螺旋 DNA 不可逆变性，由此产生的环状卷曲型 DNA 不能被限制性酶切割，所以，要严格控制碱变性时间，使其不超过 5min。

⑥ 加入溶液 III 时，要把液体充分混合并在冰上孵育足够的时间，使沉淀完全。如果未充分将细菌裂解物与溶液 III 混匀，将会影响质粒 DNA 的纯度。如加入溶液 III 后，未见大量白色沉淀，说明实验失败，立即重做。

⑦ 从核酸溶液中去除蛋白质的标准方法是先用酚抽提，然后再用氯仿抽提。这一流程的原因是：使用两种不同的有机溶剂去除蛋白质比用单一有机溶剂效果更加好。

⑧ 酚使用前必须进行平衡，使其 pH 值在 7.8 以上。如果酚未被充分平衡，DNA 将趋于被分配到有机相。酚具有高腐蚀性，使用时务必小心。

⑨ 最好养成总是用同一种方式在离心机中放置 Eppendorf 管的习惯，例如，按顺序放置，将 Eppendorf 管的塑料柄朝外。沉淀总是在离转头中心最远的 Eppendorf 管内壁聚集。知道 DNA 沉淀在什么地方，可以较容易地找到可见的沉淀，也就能有效地溶解看不见的沉淀。

5. 实验材料

（1）试剂

① 溶液Ⅰ:50mmol/L 葡萄糖，25mmol/L Tris – Cl(pH8.0),10mmol/L EDTA。

② 溶液Ⅱ:200mmol/L NaOH,1% SDS(临用前配制,于室温下使用)。

③ 溶液Ⅲ:5mol/L 乙酸钾:冰乙酸:水,按 6:1.15:2.85 混合而成,所配溶液针对钾是 3mol/L,针对乙酸根是 5mol/L。

④ STE 溶液:0.1 mmol/L NaCl,10mmol/L Tris-cl(pH8.0),1mmol/L EDTA。

⑤ 乙醇。

⑥ 氨苄青霉素,10mg/mL。

⑦ 酚:氯仿(1:1, V/V)。

⑧ RNase A 溶液,10mg/mL。

⑨ LB 液体培养基:称取胰蛋白胨 5g,酵母提取物 2.5g,NaCl 5g,加双蒸水 400mL 溶解,用 5mol/L NaOH 调至 pH7.4,定容至 500mL,1.034×10^5 Pa 高压蒸汽灭菌 20min。然后加入氨苄青霉素,使其终浓度为 100μg/mL。

⑩ 大肠杆菌(含有重组质粒)。

（2）器材

恒温摇床,普通离心机,台式高速离心机,涡旋振荡器,冰箱,三角烧瓶,烧杯,量筒,刻度吸管,制冰机,Eppendorf 管,Tip 头,微量移液器。

思考题

1. 如何判断提取的质粒的质量和纯度?
2. 请举出三种提取质粒的方法,并简要说明其中一种方法的原理。

附1 质粒提取试剂盒纯化质粒 DNA

1. 产品简介

该试剂盒采用碱裂解法裂解细胞,通过离心吸附柱在高盐状态下特异性地结合溶液中的 DNA 的特性提取质粒 DNA。离心吸附柱中采用的硅基质材料能高效、专一地吸附 DNA,可最大限度去除杂质蛋白及细胞中其他有机化合物,从 1~5mL 大肠杆菌 LB 培养液中,可快速提取 5μg~15μg 纯净地高拷贝质粒 DNA,提取率达 85%~90%。该试剂盒无需使用酚、氯仿等有毒试剂,操作安全。

2. 操作步骤

以 solarbio 公司的试剂盒为例,操作流程见图 4-2。使用前请先在漂洗液中加入无水乙醇,加入体积请参照瓶上的标签。溶液 I 在使用前先加入 RNaseA(将试剂盒中提供的 RNaseA 全部加入),混匀,置于 2℃~8℃ 保存。如非指明,所有离心步骤均为使用台式离心机在室温下离心。

① 取 1mL~5mL 细菌培养物,12000r/min 离心 1min,尽量吸除上清液(菌液较多时可以通过多次离心将菌体沉淀收集到一个离心管中)。

② 向留有菌体沉淀的离心管中加入 250μL 溶液 I(请先检查是否已加入 RNaseA),使用移液器或涡旋振荡器彻底悬浮细菌沉淀。注意:如果菌块未彻底混匀,会影响裂解,导致质粒提取量和纯度偏低。

③ 向离心管中加入 250μL 溶液 II,温和地上下翻转 6~8 次使菌体充分裂解。注意:混匀一定要温和,以免污染细菌基因组 DNA,此时菌液应变得清亮黏稠,作用时间不要超过 5min,以免质粒受到破坏。

④ 向离心管中加入 350μL 溶液 III,立即温和地上下翻转 6~8 次,充分混匀,此时会出现白色絮状沉淀。12000r/min 离心 10min,用移液器小心地将上清液转移到另一个干净的离心管中,尽量不要吸出沉淀。注意:溶液 III 加入后应立即混合,避免产生局部沉淀。如果上清液中还有微小白色沉淀,可再次离心后取上清液。

⑤ 将上一步所得上清液加入吸附柱中(吸附柱放入收集管中),室温放置 2min,12000r/min 离心 1min,倒掉收集管中的废液,将吸附柱重新放回收集管中。

⑥ 向吸附柱中加入 700μL 漂洗液(使用前请先检查是否已加入无水乙醇),12000r/min,离心 1min,弃废液,将吸附柱放入收集管中。

⑦ 向吸附柱中加入 500μL 漂洗液,12000r/min 离心 1min,弃废液,将吸附柱放入收集管中。

⑧ 12000r/min 离心 2min,将吸附柱敞口置于室温或 50℃ 温箱放置数分钟,目的是将吸附柱中残余的漂洗液去除,否则漂洗液中的乙醇会影响后续的实验如酶切、PCR 等。

⑨ 将吸附柱放入一个干净的离心管中,向吸附膜中央悬空滴加 50μL 经 65℃ 水浴预热的无内毒素洗脱液,室温放置 5 min,12000r/min 离心 1min。

⑩ 为了增加质粒的回收效率,可将得到的洗脱液重新加入吸附柱中,室温放置 5min,12000r/min 离心 1min。

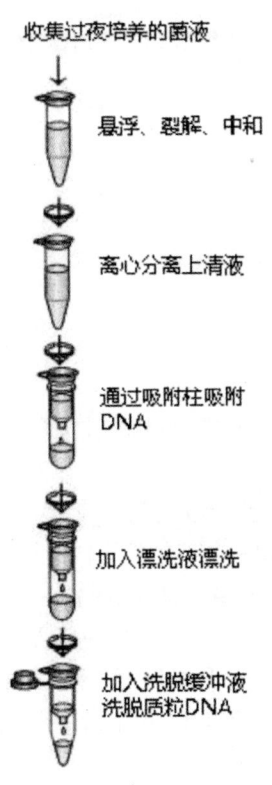

图 4-2 质粒提取操作流程图

3. 注意事项

① 使用前请先检查溶液 Ⅱ 和溶液 Ⅲ 是否出现混浊,如有混浊现象,可在 37℃ 水浴中加热几分钟,待溶液恢复澄清后再使用。

② 洗脱缓冲液体积不应少于 50μL,体积过小影响回收效率;洗脱液的 pH 值对洗脱效率也有影响,若需要用水做洗脱液应保证其 pH 值在 8.0 左右(可用 NaOH 将水的 pH 值调至此范围),pH 值低于 7.0 会降低洗脱效率;DNA 产物应保存在 -20℃,以防 DNA 降解。

③ 如果所提质粒为低拷贝质粒或 ≥10kb 的大质粒,应加大菌体使用量,使用 5~10mL 过夜培养物,同时按照比例增加溶液Ⅰ、溶液Ⅱ和溶液Ⅲ的用量,吸附和洗脱时可以适当的延长时间,以增加提取效率。

④ DNA 浓度及纯度检测:得到的基因组 DNA 片段的大小与样品保存时间、操作过程中的剪切力等因素有关。回收得到的 DNA 片段可用琼脂糖凝胶电泳和紫外分光光度计检测浓度与纯度。DNA 应在 OD_{260} 处有显著吸收峰,OD_{260} 值为 1 相当于大约 50μg/mL 双

链 DNA、40μg/mL 单链 DNA。OD_{260}/OD_{280} 比值应为 1.7~1.9，如果洗脱时不使用洗脱缓冲液，而使用去离子水，比值会偏低，因为 pH 值和离子的存在会影响吸光度，但并不表示纯度低。

附2 细菌的冻存和复苏

1. 方法

（1）保存液体培养基中生长的培养物

① 1.5mL 培养物中加 0.5mL 灭菌的 60% 甘油（经 1.034×10^5 Pa 高压蒸汽灭菌 20 分钟）。

② 用旋涡混合器混合确保甘油分散均匀。

③ 将培养物转移到已贴好标签并带有螺盖和空气密封圈的保存管内。

④ 将培养物在乙醇－干冰或液氮中冻结，再置 -70℃ 长期保存。

⑤ 菌种复苏时，用灭菌的接种环刮拭冻结的培养物表面，立即将黏附在接种环上的细菌划在含有适当抗生素的 LB 琼脂平板表面，倒置平板于 37℃ 培养过夜。将原冻结的培养物再放回 -70℃ 冻存。若从 -70℃ 以下冰箱中取出一份冻存的感受态细菌，于室温慢慢融化，解冻后立即置冰上 10 min。

（2）保存琼脂平板上生长的培养物

① 挑下琼脂平板表面生长的单菌落。转移至含 2mL 无菌 LB 培养基的试管中，再加等体积含 30% 甘油的 LB 培养基。

② 用旋涡混合器混合确保甘油分散均匀。

③ 将含甘油的培养物分装到带有螺盖和空气密封圈的保存管内，按上述方法冻结。

2. 实验材料

① LB 培养基。
② 甘油。
③ 保存管。

附3 聚乙二醇沉淀法纯化质粒 DNA

这种方法最早由 Richaed Treisman（英国，伦敦，ICRF）参照 Lis 的工作而设计。Lis 是最早用聚乙二醇（PEG）分离不同大小 DNA 的人。Treisman 法被广泛用于碱裂解法制备的质粒 DNA 的纯化。首先将粗制质粒 DNA 用氯化锂处理沉淀大分子 RNA,氯化锂是一种强脱水剂,可降低 RNA 的溶解度,使蛋白质从染色质上脱离。因此,质粒中污染的高分子质量 RNA 和蛋白质可用高浓度氯化锂沉淀,并用低速离心除去。用 RNA 酶消化污染的小分子 RNA,然后用含 PEG 的高盐溶液沉淀大的质粒 DNA,使短的 RNA 和 DNA 片段留在上清液中。沉淀下来的质粒 DNA 用酚:氯仿抽提及乙醇沉淀。

1. 方法

① 将 3mL 粗制质粒转移到 15mL 离心管中,在冰浴中冷却至 0℃。
② 加入 3mL 冰预冷的 5mol/L LiCl 溶液,混匀,4℃10000r/min 离心 10min。
③ 转移上清液至 30mL 离心管中,加等体积异丙醇,混匀,室温 10000r/min 离心 10 min 回收核酸。
④ 小心倒去上清液,倒置管口,使液体流干,室温下用70%的乙醇洗沉淀和管壁。小心将乙醇倒去,用真空抽吸器将管壁上残留的乙醇抽干,在纸巾上倒置数分钟,使无可见乙醇残留。但应使沉淀保持湿润。
⑤ 用 500μL 含 RNA 酶 A 的 TE 溶解湿润的核酸沉淀。将溶液转移到微量离心管,室温放置 30min。
⑥ 将质粒-RNA 酶 A 混合物用酚:氯仿抽提一次,然后用氯仿抽提一次。
⑦ 无水乙醇沉淀回收 DNA。
⑧ 将质粒 DNA 沉淀用 1mL 灭菌水溶解,再加入 0.5mL PEG – $MgCl_2$ 溶液。
⑨ 室温放置超过 10min,然后于室温用微量离心机在最大速度离心 20min,以回收沉淀的质粒 DNA。
⑩ 沉淀用 0.5mL 70% 的乙醇重悬以除去微量 PEG,用微量离心机在最大速度离心 5min 以回收核酸。
⑪ 吸去乙醇,重复步骤⑩。第二次洗涤后,在离心管架上放置 10min~20min,使乙醇挥发。
⑫ 湿润的质粒 DNA 沉淀用 500μL TE(pH8.0)溶解,分装 DNA 并置于 -20℃保存。

2. 实验材料

① 氯仿。
② 乙醇。
③ 异丙醇。
④ LiCl(5mol/L) 溶液。
⑤ PEG – $MgCl_2$ 溶液。
⑥ 酚:氯仿(1:1, V/V)。
⑦ 乙酸钠(3mol/L,pH 值为 5.2)。

⑧ TE(pH 值为 8.0)溶液。
⑨ TE(pH 值为 8.0)溶液,含 20μg/mL RNA 酶 A。
⑩ 粗制质粒。
⑪ 离心机。

实验 2 质粒 DNA 的酶切与琼脂糖电泳鉴定

1. 实验目的与要求

① 掌握限制性核酸内切酶概念及在基因工程中的应用。
② 学会利用限制性核酸内切酶切割质粒的方法。
③ 熟记琼脂糖凝胶电泳的基本原理并学会操作。

2. 实验原理

本实验选用内切酶 Xbal I(识别位点 T↓CTAGA)和 Hind Ⅲ(识别位点 A↓AGCTT)对重组质粒 DNA 进行酶切,产生载体与目的基因 2 个片段(图 4-3),然后进行琼脂糖凝胶电泳,根据 DNA 片段的电泳迁移率和酶切图谱对其进行鉴定。

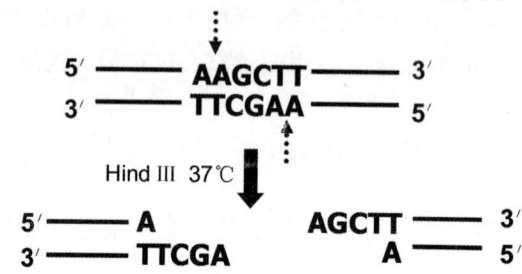

图 4-3 酶切示意图

限制性核酸内切酶(restriction endonuclease,RE)是能识别双链 DNA 分子中的特定碱基顺序,并以内切方式水解核酸中的磷酸二酯键的核酸水解酶。RE 天然存在于细菌体内,与相伴存在的甲基化酶共同构成细菌的限制修饰体系,以限制外源 DNA,保护自身 DNA,对细菌性状的稳定遗传具有重要意义。RE 可分为三种类型:Ⅰ、Ⅱ和Ⅲ型。Ⅰ型在 DNA 链上的识别位点和切割部位不一致,没有固定的切割位点,不产生特异片段。Ⅲ型能在 DNA 链上的特异位点切割,其切割位点在识别位点之外。Ⅱ型就是通常所指的 RE,能识别双链 DNA 的特异顺序,并在这个顺序内进行切割,产生特异的 DNA 片段,它是基因工程中剪切 DNA 分子的常用工具酶,被誉为分子生物学家的手术刀。临床上某些遗传病是由于基因的缺失或插入或突变所致,可造成 RE 酶切位点的改变,故当用一定的 RE

切割时,其切开的片段大小与正常人发生差异,即 DNA 限制性图谱发生改变,据此可达到基因诊断的目的。

琼脂糖凝胶电泳是鉴定质粒,特别是重组 DNA 分子的重要技术手段,也被广泛用来分离、纯化特定的 DNA 片段。DNA 的琼脂糖凝胶电泳原理与蛋白质电泳原理基本相同。DNA 分子在高于其等电点的 pH 溶液中带负电荷,在电场中向正极移动。在一定电场强度下,DNA 分子迁移率取决于其本身的大小和构型,分子量较小的 DNA 分子比分子量较大的 DNA 分子更易通过凝胶介质,故其迁移率较大,跑在前面。对于线性双链 DNA 分子,其分子量的对数与迁移率成反比。质粒 DNA 经 RE 切割后,其构型均为线性。

琼脂糖是从海藻中提取出来的一种线状多糖,糖链以氢键的作用使盘绕形成绳状琼脂糖束,构成大网孔型凝胶,不同浓度的凝胶有不同大小的孔径。琼脂糖凝胶电泳的分辨率取决于凝胶的浓度,浓度越高,凝胶的空隙越小,其分辨率也越高;反之,浓度越低,空隙就增大,其分辨率也就随之降低。

琼脂糖凝胶浓度与线性 DNA 的最佳分辨范围

琼脂糖浓度	最佳线性 DNA 分辨范围(bp)
0.5%	1,000 ~ 30,000
0.7%	800 ~ 12,000
1.0%	500 ~ 10,000
1.2%	400 ~ 7,000
1.5%	200 ~ 3,000
2.0%	50 ~ 2,000

DNA 分子是无色的,在进行凝胶电泳时,常以溴化乙锭(EB)作染料,对 DNA 进行染色。EB 分子可插入 DNA 双螺旋结构的两个碱基之间,它与 DNA 形成一种荧光络合物,在波长 300nm 左右的紫外线照射下,放射出橙红色荧光,从而使凝胶中的 DNA 分子变成可见的谱带。由于 EB 是一种强烈的致癌物,所以实验中选用低毒核酸染料 GoldenView,其灵敏度与 EB 相当,使用方法与之完全相同。

3. 操作步骤

(1) 酶切

取一只 Eppendorf 管,加入下列试剂:

    重组质粒   10μL
    10 × M buffer 2μL
    BSA   2μL
    XbaI Ⅰ   1μL
    Hind Ⅲ   1μL

　　　　双蒸水　　　　　　　　　　　　4μL

稍离心,混匀,37℃水浴2h～4h。

（2）制胶

① 将电泳槽（见图4-4）内的有机玻璃内槽洗干净,晾干,放入水平放置的制胶槽中,并在固定位置放好梳子。

② 称取1g琼脂糖,加1×TAE（或0.5×TBE）的电泳缓冲液100mL,用微波炉（或电炉）加热至琼脂糖完全融化,待融化的凝胶冷却至65℃左右时加GoldenView Ⅰ,使其终浓度为0.1μL/mL。混匀凝胶。

③ 将冷却到65℃左右的琼脂糖凝胶液混匀后,小心地倒入内槽板上,使胶液缓慢展开,直至整个内槽板表面形成均匀胶层,胶层厚度约0.5cm为宜。

④ 室温下放置30min～40min,至凝胶完全凝固。垂直轻轻拔出梳子。

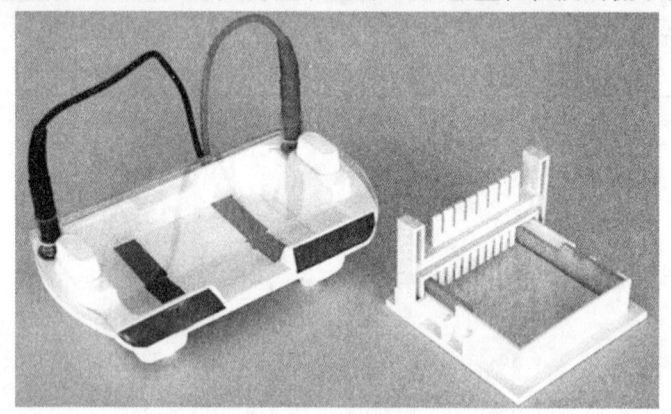

图4-4　电泳槽

（3）电泳

① 将1%琼脂糖凝胶（含0.1μL/mL GoldenView Ⅰ）及内槽置于水平电泳槽中,向电泳槽加入1×TAE（或0.5×TBE）电泳缓冲液,至没过凝胶约1mm。

② 混合DNA样品和0.2倍体积6×上样缓冲液。

③ 用微量移液器按以下顺序上样：

　　　　1道　DNA分子量标准（Marker）　　　　5μL
　　　　2道　对照组样品（未酶切质粒）　　　　20μL+4μL 6×上样缓冲液
　　　　3道　实验组样品（酶切质粒）　　　　　20μL+4μL 6×上样缓冲液

④ 将加样端接负极,另一端接正极,接通电源,调节电压为5V/cm,进行电泳。待溴酚蓝指示剂移动到接近正极端时,关闭电源停止电泳。

⑤ 将凝胶移至紫外分析仪内,观察电泳结果并记录。

4. 注意事项

① 作为内切酶的底物,DNA应具备一定的纯度,其溶液中不能含有痕量的酚、乙醚、

氯仿、EDTA等内切酶的抑制剂,这些因素均可不同程度地影响限制酶的活性,导致DNA切割不完全。

② 大多数酶均加50%甘油保存,在配制反应混合物时,酶的加入量要准确限制小于总体积的1/10,否则当甘油浓度达到50%时将会抑制酶在该体系中的活性。

③ 内切酶一定要在低温(-20℃)下贮存,每一次吸用时都应放在冰盒内,用完后立即放回-20℃下贮存,并且要用新的灭菌移液头,内切酶原液中出现污染就不宜再用了。

④ 将酶加入反应体系中,要使其与其他成分混匀,一般用移液器反复吹打几次或用手指轻弹管壁,避免剧烈振荡,否则可导致DNA大分子断裂,或使内切酶变性。

⑤ 酶消化反应前的低速离心是必要的,这可使因混匀吸附于管壁上的液滴全部沉至管底。

⑥ 进行DNA内切酶消化时,要在最适条件下如大多数内切酶最适温度为37℃,用各酶的最适缓冲液,酶反应才能有效地进行,并且要严格控制酶反应时间。

⑦ 若酶切产物需进一步反应,则放置时间不宜过长,否则其黏性末端容易脱落。

⑧ 虽然未发现GoldenView有致癌作用,但是GoldenView对皮肤、眼睛会有一定的刺激,为安全起见,操作时应该每次带手套,不小心接触皮肤后应该立刻清洗,并妥善处理废弃物。

⑨ 紫外光对眼睛有害,观察时应戴上护目镜或防护面罩。

⑩ 若需要用两种或两种以上限制性内切酶消化DNA时,如果两种酶在同种缓冲液中活性均较高,则两种酶可同时消化;如果两种酶所要求的缓冲液不同,则可采用以下方法:先用在低离子强度的缓冲液中活性高的内切酶消化DNA,然后加适量NaCl及第二种酶,继续反应。

5. 实验材料

(1) 试剂

① 重组质粒。

② Xbal Ⅰ 和 Hind Ⅲ (公司订购)。

③ 10×限制酶缓冲液(公司订购)。

④ 5×TBE电泳缓冲液(pH值为8.3):Tris 5.4g,硼酸2.25g,EDTA 0.46g,加重蒸水定容至100mL。

⑤ 50×TAE电泳缓冲液:称Tris碱121g,于400ml重蒸水中溶解,加入28.55ml冰乙酸和50 ml 0.5mol/L的EDTA溶液。再加重蒸水定容至500mL,保存于室温。

⑥ 1%琼脂糖凝胶:琼脂糖1g,1×TAE(或0.5×TBE)100mL。

⑦ 6×上样缓冲液:50%甘油,1×TBE,1%溴酚蓝。

⑧ GoldenView核酸染料(公司订购)。

⑨ DNA分子量标准(Marker)(公司订购)。

（2）器材

电泳仪,电泳槽,紫外分析仪,恒温水浴箱,制冰机,微量移液器,Tip 头,Eppendorf 管,微波炉,天平。

思考题

1. 简述限制性内切酶在分子生物学技术中的应用。
2. 简述琼脂糖凝胶电泳的基本原理、目的及琼脂糖在其中的应用。

实验 3　从琼脂糖凝胶中分离回收 DNA 片段

1. 实验目的与要求

① 学习分离回收 DNA 片段的方法。
② 为探针标记或进行 DNA 分子重组提供限制性 DNA 片段。

2. 实验原理

① DEAE 膜片法:利用适当浓度的琼脂糖凝胶电泳分离 DNA 片段,然后将紧靠目的 DNA 片段前方的凝胶切一裂隙,再把一长条 DEAE 纤维素膜插入裂隙中,继续电泳直至条带中所有的 DNA 均收集到膜上(膜通过 DEAE 而吸附 DNA),然后从裂隙取出膜,用低离子强度的缓冲液(或水)洗掉污染物,最后在高离子强度的缓冲液中将 DNA 洗脱下来。

② 透析膜片法:用透析膜代替 DEAE 纤维素膜同样可获得理想的回收效果,而且操作简便。对大的 DNA 片段的回收,透析膜片法优于 DEAE 纤维素膜片法。由于 DNA 吸附到透析膜上是非特异性的,可大大简化洗脱步骤,但 DNA 容易从透析膜上脱落,因此,从凝胶中取出透析膜时,应特别注意,如不小心,就会降低回收率。

③ 酚抽提法:利用适当浓度的琼脂糖凝胶电泳将 DNA 片段分离后,切下含有目的基因条带的琼脂糖凝胶。在酚存在条件下将其冻结,使凝胶变性。离心后,含有 DNA 的电泳缓冲液可从变性胶中析出,用酚:氯仿:异戊醇再抽提一次,DNA 片段用乙醇沉淀并经离心回收。

3. 操作步骤

（1）DEAE 膜片法

DNA 样品的酶切

取 20 μL(约 10 μg)pBR325 - ApoA I 质粒 DNA,按实验《质粒 DNA 酶切与琼脂糖电泳鉴定》介绍的方法进行 EcoRI 酶切。

DEAE 纤维素膜的预处理

a. 戴手套取 DEAE 纤维素膜一张,剪成长方形小片,长度略长于待回收 DNA 片段区带的长度,宽度略大于琼脂糖凝胶的厚度,放入一支干净带盖的大试管中。

b. 在含 DEAE 纤维素膜的试管内,加入 2.5mol/L 的 NaCl 溶液,浸没 DEAE 纤维素膜,几个小时后,取出滤膜小片。

c. 用无菌重蒸水反复清洗 DEAE 纤维素膜数遍。

d. 滤膜小片浸在 1mmol/L EDTA 溶液中,置 4℃ 冰箱备用。

DEAE 纤维素膜的插片凝胶电泳

a. 取小电泳槽(15.5cm × 6.5cm)一只,放置在暗室中,与电泳仪连接,并检查电源与正负极线路。

b. 选择一片适宜的梳子,使加样孔大小可供 100μL 左右的样品量点样(如无此梳子,也可把平时用的梳子用透明胶带纸封住 2~3 个齿),将梳子架在制胶盘上。

c. 称取适量的普通琼脂糖,加入 1×TAE 电泳缓冲液中,最终浓度为 1%,加热融化。

d. 待凝胶冷却至 50℃ 左右,将溴化乙锭加入凝胶溶液,最终浓度为 0.5μg/mL,振荡摇匀,轻轻倒入制胶盘内,防止气泡产生。

e. 在电泳槽内加入电泳缓冲液,将凝胶随胶膜一起放入电泳槽,拔去梳子。如果加样孔内没有电泳缓冲液,用滴管吸取电泳缓冲液,将加样孔装满。

f. 把酶切好的 DNA 样品加入加样孔中,盖好电泳槽盖子,打开电源开关,控制电压不超过 40V。

g. 在电泳过程中,不时用紫外分析仪观察 DNA 带的分离情况,当 5.4kb 与 0.89kb 的 DNA 区带已完全分离后,关闭电泳仪的电源开关,暂时停止电泳。

h. 在紫外灯照射下,用眼科解剖刀片在所需的 0.89kb DNA 带的电泳方向前沿切开,切口略长于 0.89kb DNA 带的长度。

i. 取已处理的 DEAE 纤维素膜浸入含溴化乙锭的电泳缓冲液 15min~30min,用扁头镊子取出,插入切口,再挤压凝胶,使切口紧密闭合,保证继续电泳时 DNA 分子走上纤维素膜。

j. 重新打开电源开关,继续电泳(电泳的凝胶表面上,只需遮盖薄薄一层电泳缓冲液,如果过多,可用滴管吸去)。

k. 电泳 5min~10min,用紫外灯观察 DNA 带,当 0.89kb DNA 片段都走到 DEAE 纤维素膜上,并被纤维素膜全部吸附时可停止电泳。

l. 小心地用镊子从凝胶切口中取出 DEAE 纤维素膜,浸在预冷的重蒸水中,4℃ 放置数小时。

从 DEAE 纤维素膜上洗脱 DNA

a. 取出浸在重蒸水中的 DEAE 纤维素膜,用干净滤纸吸干 DEAE 纤维素膜上的水滴,但切勿使膜干了,否则,DNA 将不可逆地结合在膜上。

b. 把 DEAE 纤维素膜放入 Eppendorf 管中,加入 1mL 左右 20mmol/L 的 Tris-Cl(pH

值为7.5),1mmol/L EDTA,1.5mol/L NaCl 溶液,体积一般为 $500\mu L/50cm^2$。37℃保温2h并不断振荡。

  c. 10000r/min~14000r/min 离心5min,取出上清液,放入另一硅化过的无菌 Eppendorf 管中。

  d. 对 DEAE 纤维素膜重复 b~c 处理一次,把两次上清液合并在一起。

  e. 为了去除上清液中的 EB,用3倍体积的正丁醇(事先用水饱和)抽提一次,吸出下层水相。

  f. 加3mol/L 乙酸纳静置至最终浓度为 0.3mol/L,用2倍体积预冷的无水乙醇沉淀 DNA,-20℃过夜或-70℃静置1h~2h。

  g. 10000r/min 离心15min,弃去上清液,抽干 DNA,溶解在 $10\mu L$ TE 缓冲液中。

  h. 取 $0.5\mu L$ 点样电泳,检测其浓度与纯度。剩余 DNA 样品可供制备 DNA 探针用。

(2) 透析膜法

分离 DNA 片段

  采用1%琼脂糖(含 $0.5\mu g/mL$ 溴化乙锭)凝胶电泳分离 DNA 片段,使用紫外分析仪确定目的条带的位置。

透析膜插片凝胶电泳

  a. 用刀片在要收集的区带前方切一约2mm 宽的小槽,清除槽内的残胶。

  b. 将透析膜切成长度与带长相同,而宽度略大于胶厚的小条,浸于蒸馏水中备用。用镊子将透析膜置于小槽中,使其不要接触靠近 DNA 区带一侧的胶缘。

  c. 继续电泳,直到 DNA 条带电泳到膜上,用紫外分析仪监测电泳过程。

  d. 切断电源,用镊子将膜取出,小心避免摇动或将膜碰到槽的边缘。操作不当,DNA 可能会脱落。若用双层透析膜,亦不影响回收效果,且操作容易。

DNA 片段的洗脱及纯化

  a. 将膜放入 $200\mu L$ TE 缓冲液中,用微量取样器反复吹打,弃去膜。

  b. 用 $200\mu L$ 氯仿:异戊醇抽提一次,以除去可能影响标记或连接的杂质。

  c. 加入5mol/L 的 NaCl 溶液,使最终浓度为 0.2mol/L。再用3倍体积的水饱和正丁醇抽提一次,除去 EB。取水相,加2倍体积的无水乙醇沉淀 DNA。

  d. 15000r/min 离心15min 后弃上清液,将沉淀真空干燥后,溶于 $10\mu L$ TE 缓冲液中。取 $2\mu L$ 电泳定浓度,其余置-20℃冰箱保存,样品可用于探针标记和连接反应。

(3) 酚抽提法

  ① 采用1%琼脂糖(含 $0.5\mu g/mL$ 溴化乙锭)凝胶电泳分离 DNA 片段,使用长波长紫外灯确定目的条带位置。

  ② 用刀片切下含有目的条带的胶块,放入已在天平上称重的 Eppendorf 管中。

  ③ 在天平上称取胶块的重量,将酚加入管中,每0.1g 胶加0.1mL 酚。

  ④ 经旋涡混匀器振荡后,将试管在-70℃放置1h,使凝胶完全冻结。

⑤ 37℃水浴中将胶融化后,将试管在旋涡混匀器上振荡。

⑥ 14000r/min 离心 5min。

⑦ 将上层水相转入另一 Eppendorf 管中,用酚∶氯仿∶异戊醇再抽提一次。

⑧ 在收集的水溶液中加入 0.1 体积的 3mol/L 乙酸钠和 2 体积的无水乙醇,置 -20℃过夜。

⑨ 14000r/min 离心 10min,弃上清液。

⑩ 可以将 DNA 溶于 50μL TE 缓冲液中,用乙醇再沉淀一次。

⑪ 将 DNA 溶于适当体积的 TE 缓冲液中,置 -20℃保存。

4. 注意事项

① 不论用哪一种方法回收 DNA 片段,都应尽量减少洗脱体积或胶块体积,以便提高获得率。如果体积过大,正丁醇可不用水饱和,直接用来抽提溶液,既可去除 EB,又可减小溶液体积。在使用膜片法时,如果胶中 DNA 样品远少于原来估计量,可将凝胶在电泳槽内旋转 90°,仍将膜片沿电泳方向插在条带的前沿,使 DNA 走到较小的膜片上,从而减小洗脱体积。

② 不论用哪一种方法回收 DNA 片段,一定要除净琼脂糖,在以后的实验中,琼脂糖会抑制酶的活性。

③ 在确定 DNA 条带的位置或监测电泳过程时,应使用长波长(300nm～360nm)的紫外灯,以最大限度地减少对 DNA 的照射损伤,照射时间要尽可能的短,照射距离要尽可能的远。

5. 实验材料

(1) 试剂

① 10×限制酶缓冲液(公司订购)。

② TAE 电泳缓冲液。

③ 10mg/mL 溴化乙锭溶液。

④ 加样缓冲液(用于 DNA 电泳)。

⑤ 20mmol/L Tris-Cl(pH 值为 7.5),1mmol/L EDTA,1.5mol/L NaCl。

⑥ 20mmol/L Tris-Cl(pH 值为 8.0),1mmol/L EDTA。

⑦ 3mol/L 乙酸纳(pH 值为 5.2)溶液。

⑧ 5mol/L NaCl 溶液。

⑨ 250mmol/L EDTA 溶液。

⑩ 1mmol/L EDTA 溶液。

⑪ TE 缓冲液(pH 值为 8.0)。

⑫ TE 缓冲液饱和酚。

⑬ 酚∶氯仿∶异戊醇。

⑭ 氯仿∶异戊醇。
⑮ 无水乙醇。
⑯ 无菌重蒸水。
⑰ 琼脂糖。

（2）器材

台式高速离心机,冰箱(4℃),低温冰箱(-20℃,-70℃),电泳仪,电泳槽,紫外分析仪,真空泵,真空干燥器,恒温水浴箱(37℃),Eppendorf 管,Tip 头,微量移液器,扁头镊子,解剖刀,剪刀,塑料手套,DEAE-纤维素膜,透析膜,pBR325-ApoⅠ质粒 DNA,限制酶 EcoR I。

思考题

1. 分离回收 DNA 片段的方法有哪些？
2. 简述本实验的注意事项。

附 胶回收试剂盒回收 DNA 片段

1. 产品简介

胶回收试剂盒采用可以高效、专一结合 DNA 的硅基质材料和独特的缓冲液系统,从 TAE 或 TBE 琼脂糖凝胶中回收 DNA 片段,同时除去蛋白质、其他有机化合物、无机盐离子及寡核苷酸引物等杂质,回收 100bp~10kbDNA 片段,回收率高达 80%,每个离心吸附柱每次可吸附的 DNA 量为 10μg。使用试剂盒回收的 DNA 可适用于各种常规操作,包括酶切、PCR、测序、文库筛选、连接和转化等实验。

2. 操作步骤

以 Lifefeng 公司的试剂盒为例,操作流程见图 4-5。所有离心操作均在室温下完成。
① 琼脂糖凝胶电泳至目的 DNA 条带与其他 DNA 条带有效分离。
② 用刀片仔细分离含有目的 DNA 条带的凝胶,并且切碎凝胶。
③ 将切碎的凝胶转入预先称重的 1.5mL 的 Eppendorf 管中,称取凝胶重量,该重量作为一个凝胶体积。(100mg 凝胶相当于 100μL 的 Buffer GM)
④ 琼脂糖凝胶浓度≤2%,加入 1 个凝胶体积的 Buffer GM;琼脂糖凝胶浓度≥2%,加入 2 个凝胶体积的 Buffer GM;放入 55℃~60℃水浴中,间断摇晃混合,直至凝胶完全融化(约 5min~10min)。
⑤ 加入与步骤④中 Buffer GM 等体积的 Buffer DB,混合均匀;简短离心,去除离心管

盖上的液体。

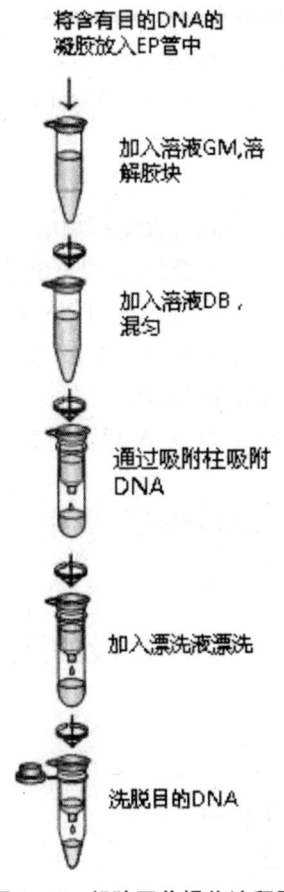

图4-5 凝胶回收操作流程图

⑥ 将步骤⑤中溶液倒入或者用移液器转入DNA吸附柱-A4(置于收集管)中；如果溶液体积>700μL，分次转移溶液；室温放置1min~2min或者更长时间。

⑦ 7000r/min离心30秒；目的DNA长度≤500bp时，离心结束后将收集管中的溶液再次转入DNA吸附柱-A4中，将DNA吸附柱-A4放回收集管中，离心，丢弃收集管。将DNA吸附柱-A4放入另外一个干净的收集管中。

⑧ 加入500μL Buffer WB1，室温7000r/min离心30秒，弃废液，将DNA吸附柱-A4放回收集管中。

⑨ 重复步骤⑧。

⑩ 12000r/min离心2min。

⑪ 将DNA吸附柱-A4转入试剂盒携带的1.5mL Eppendorf管中，向硅胶膜的中央加不少于30μL TE或者去离子水(pH≥7.0)，将1.5mL Eppendorf管的盖子扣在DNA吸附柱上，做好标记。室温放置1min~2min或者更长时间，12000r/min离心1min。

注意:56℃~70℃预热 TE 或者去离子水(pH≥7.0),可以提高洗脱效率。如果使用去离子水洗脱,需用 NaOH 将去离子水调整 pH≥7.0。

若目的片段 DNA 长度≥3kb,建议离心结束后将 1.5mL Eppendorf 管中的洗脱液加到硅胶膜的中央,或者再加入≥30μL TE 或者去离子水,重复此步骤,可以提高洗脱效率。

3. 注意事项

① 电泳时最好使用新的电泳缓冲液,以免影响电泳和回收效果。
② 如下一步实验要求较高,则应尽量使用 TAE 电泳缓冲液。
③ 切胶时,紫外照射时间应尽量短,以免对 DNA 造成损伤。
④ 如果回收率较低,可在胶充分溶解后检测 pH 值,如 pH 值大于 7.5,可向含有 DNA 的胶溶液中加 10~30μL 3mol/L 醋酸钠(pH5.2)将 pH 值调到 5~7 之间。
⑤ 回收小于 100bp 及大于 10kb 的 DNA 片段时,应加大溶胶液的体积,延长吸附和洗脱的时间。
⑥ 回收率与初始 DNA 量和洗脱体积有关,初始量越少、洗脱体积越少,回收率越低。

实验 4　DNA 片段的连接反应

1. 实验目的与要求

① 了解 DNA 连接酶在基因工程中的作用。
② 掌握 DNA 片段的连接方法。

2. 实验原理

本次实验将目的基因片段与载体混合后,在 T_4DNA 连接酶的催化下,进行连接,以得到重组质粒(图 4-6)。DNA 片段间的连接过程实质上是一个酶促反应过程,此酶促反应体系中的各个成分可不同程度地影响反应的速率和产物的形成,其中 DNA 连接酶起重要作用。

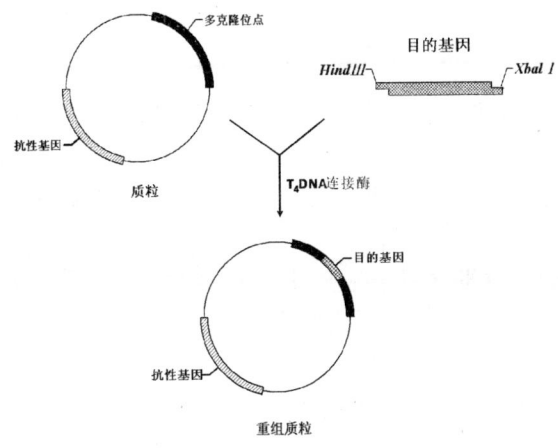

图 4-6 DNA 连接示意图

DNA 连接酶可催化两个双链 DNA 片段相邻的 5′磷酸与 3′羟基间形成磷酸二酯键，把两个 DNA 片段连接成一个新的重组 DNA 分子。在基因工程技术中常使用的是 T_4 DNA 连接酶，其连接效率高，既可用于黏性末端的连接，也可用于平末端的连接（图 4-7）。虽然 T_4 DNA 连接酶的最佳反应温度是 37℃，但由于在这个温度下，黏性末端之间氢键的结合不够稳定，故通常在 16℃～26℃ 进行连接反应。一般说来，片段越小、末端黏性越强，连接反应可使用较高温度。对于平末端的连接，效率则低得多（主要由于 T_4 DNA 连接酶对平末端的 K_m 值较高），连接一般在 10℃～20℃ 进行，且需要较高的末端浓度和 T_4 DNA 连接酶的浓度。

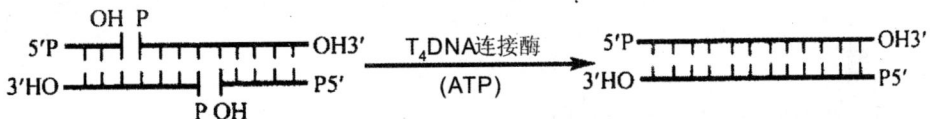

图 4-7 T_4 DNA 连接酶连接示意图

3. 操作步骤

取一个 0.5mL Eppendorf 管，分别加入以下试剂：

10×DNA 连接酶缓冲液	1μL
T_4 DNA 连接酶	1μL
目的基因 DNA 片段	4μL
载体 DNA	1μL
无菌双蒸水	3μL

短暂离心，将反应物混匀，置 16℃ 反应 4h～6h。连接物可用于大肠杆菌转化。

4. 注意事项

① DNA 连接反应的温度和时间可根据具体情况加以调整,例如,4℃过夜,16℃反应 4h～6h,25℃反应 1h 等。

② 高纯度 DNA 是连接反应成功的关键,要特别注意避免酚、SDS 和胶中杂质的污染。

③ 从冰箱内取出酶,立即放置于冰上,每次取酶时都应换一个无菌吸头,操作要尽可能快,酶用完后立即放回冰箱。

④ 注意无菌操作。

⑤ 载体与目的 DNA 的摩尔数之比约为 1∶3～1∶5。

5. 实验材料

(1) 试剂

① 10×DNA 连接酶缓冲液(公司订购)。
② T_4DNA 连接酶(公司订购)。
③ 无菌双蒸水。
④ 载体 DNA(酶切过的)。
⑤ 目的基因 DNA(酶切过的)。

(2) 器材

恒温水循环仪,微量移液器,Eppendorf 管,Tip 头,高压灭菌锅,制冰机。

思考题

1. 简述 T_4DNA 连接酶的连接类型。
2. 影响 DNA 连接酶反应的因素有哪些?
3. 如何判断目的基因与载体是否连接成功?

实验 5 用重组质粒 DNA 转化大肠杆菌

1. 实验目的与要求

① 了解转化的概念及基本原理。
② 学习将重组质粒 DNA 导入大肠杆菌的方法。

2. 实验原理

广义的转化是指细菌从周围环境中摄取 DNA,将外源 DNA 插入其自身基因组(或外源 DNA 能自身复制),并表现出相应功能的过程。狭义的转化专指细菌细胞的感受态(细菌处于容易接受外源 DNA 的状态叫作感受态)捕获和复制质粒载体 DNA 的过程。目前常用的细菌转化方法主要有氯化钙转化法和电穿孔导入法。本实验采用前者,其原理是先用冰冷的氯化钙溶液处理受体菌(如大肠杆菌),以提高细胞膜的通透性,使之处于吸收外源 DNA 的状态即感受态;然后加入外源 DNA,此转化混合物中的 DNA 可形成抗 DNase 的羟基-钙磷酸复合物粘附于细胞表面;最后,经 42℃短时间热休克,促进细胞吸收 DNA 复合物。本方法有三个特点:①细菌摄取质粒的能力短暂,所以制备成功的感受态细胞应尽快使用,存放过久会影响其转化效率。②转化效率低,环状 DNA 比线状 DNA 的转化效率高 100 倍,环状 DNA 分子越小,转化效率越高。③感受态细胞无特异性,可同时接受多种外源 DNA 分子。转化成功的细菌可依赖质粒赋予它的表型特征(本实验中为氨苄青霉素抗性)而被认定与筛选,即转化成功的细菌能够在含氨苄青霉素的培养基上生长,而未转化成功的受体菌则不能在这种培养基上生长(图 4-8)。

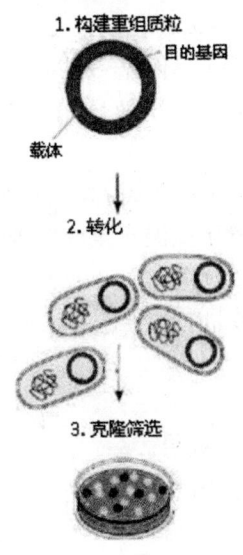

图 4-8 转化与克隆筛选

3. 操作步骤

(1) 感受态细胞的制备

① 用无菌接种环直接从冻存的大肠杆菌贮存液中蘸取所需的菌种约 $10\mu L \sim 20\mu L$,在 LB 固体培养基上画线,倒置此细菌培养皿,37℃培养过夜。

② 接种单菌落于 3mL 无抗性的 LB 液体培养基中,37℃摇床培养过夜。

③ 将 0.5mL 上述菌液转移至盛有 50mL 无抗性的 LB 液体培养基的锥形瓶中,37℃摇床培养 2h~3h,OD_{600} 值在 0.4~0.6 之间。

④ 将锥形瓶置于冰上 5min~10min,分装到两个 50mL 预冷无菌的离心管中,4℃,4000r/min 离心 5min,弃去培养基。

⑤ 向沉淀中加入 25mL 预冷的氯化钙(100mmol/L)溶液,混悬,冰浴 45min,然后,4℃,4000r/min 离心 10min,弃上清液。

⑥ 向沉淀中再加入 1mL~2mL 预冷的氯化钙(100mmol/L)溶液,混悬,4℃过夜,加入无菌甘油,使甘油最终含量达到 15%~20%,分装于 1.5mL Eppendorf 管中,100μL/支,置于 -80℃低温冰箱保存,备用。

(2) 转化

① 准备 3 支装有感受态细胞的 Eppendorf 管(100μL/支),冰上放置。

分别加入以下试剂。

1 号管:阴性对照,加 100μL TE 缓冲液(pH8.0)。

2 号管:样品,加 10μL 连接物和 100μL TE 缓冲液。

3 号管:阳性对照,加 1μL 阳性对照质粒和 100μL TE 缓冲液。

② 将上述各管内容物混匀,冰浴 45 min。

③ 将上述各管转至 42℃水浴 90s(热休克),迅速冰浴 2min。

④ 向上述各管中分别加入 800μL LB 液体培养基(不含抗生素),37℃摇床培养 45min~60min。

⑤ 4000r/min,离心 1min,弃部分上清液,混匀。将菌液分别均匀涂布于含抗生素的 LB 固体培养基上,将此细菌培养皿置于室温直至液体被吸收。

⑥ 倒置此细菌培养皿,37℃培养过夜。

⑦ 次日,观察转化菌落出现的数目。

4. 注意事项

① 实验中一定要包括下面的两个对照:

a. 加入阳性对照质粒的感受态细菌。

b. 完全不加质粒 DNA 的感受态细菌。

② 实验过程应注意无菌操作。

③ 制 LB 细菌培养皿时,加抗生素于 LB 液体培养基中应注意温度在 45℃左右,温度太高会使抗生素分解失效。

④ 感受态细胞不宜反复冻融,因为冻融过程中产生的冰晶会伤害细菌。

⑤ 为得到最佳结果,加入质粒 DNA 溶液的体积不应超过感受态细胞体积的 5%。通常 50μL 感受态细胞可被 1ng 质粒 DNA 所饱和。

⑥ 热休克前,质粒 DNA 与感受态细胞混合后,在冰上放置的时间不能少于半小时。

⑦ 42℃热休克是非常关键的步骤,时间要准确,温度要准确,勿摇动细菌。

⑧ 涂布细菌培养皿时,涂布棒需灭菌冷却后应用,并应注意避免用力来回涂布,因为过多的机械挤压涂布会使感受态细菌破裂,影响转化成功率。

5. 实验材料

(1) 试剂

① 100mmol/L 氯化钙。

② TE 缓冲液(pH 值为 8.0),10mmol/L 的 Tris – Cl(pH 值为 8.0)溶液,1mmol/L 的 EDTA 溶液。

③ LB 液体培养基:称取胰蛋白胨 5g,酵母提取物 2.5g,NaCl 5g,加双蒸水 400mL 溶解,用 5mol/L NaOH 调至 pH 值为 7.4,定容至 500mL,1.034×10^5 Pa 高压蒸汽灭菌 20 min。

④ LB 固体培养基:在 100mL LB 液体培养基中加入琼脂粉 1.5g,1.034×10^5 Pa 高压蒸汽灭菌 20 min,无菌操作制成平板。含氨苄青霉素(Amp)的 LB 固体培养基则在高压灭菌后冷却至 45℃左右,加入 Amp 溶液使终浓度为 100μg/mL,然后再制成平板。

⑤ Amp 溶液:在无菌瓶中用无菌水配制,母液浓度为 10mg/mL,-20℃贮存。

⑥ 大肠杆菌。

⑦ 连接物(重组质粒)。

⑧ 阳性对照质粒。

(2) 器材

超净工作台,恒温水浴箱,恒温摇床,台式高速离心机,高速低温离心机,微量移液器,灭菌 Tip 头,灭菌 Eppendorf 管,高压灭菌锅,-80℃低温冰箱,培养皿。

思考题

1. 如何提高转化效率。
2. 如平皿中没有或仅有极少转化菌落,分析可能原因。

实验6 聚合酶链反应技术

1. 实验目的与要求

① 掌握聚合酶链反应技术的基本原理,学会基本操作。

② 了解聚合酶链反应技术的应用。

2. 实验原理

聚合酶链反应(Polymerase Chain Reaction, PCR)的基本工作原理类似于 DNA 的天然复制过程,是以拟扩增的 DNA 分子为模板,以一对分别与模板 5′末端和 3′末端相互补的寡核苷酸片段为引物,在 DNA 聚合酶的作用下,按照半保留复制的机制沿着模板链延伸直至完成新的 DNA 合成。反复重复这一过程,即可使目的 DNA 片段得到扩增。PCR 反应的特异性依赖于与靶序列两端互补的寡核苷酸引物。

组成 PCR 反应体系的基本成分包括:模板 DNA、特异性引物、TaqDNA 聚合酶(具耐热性)、dNTP 以及含有 Mg^{2+} 的缓冲液。

PCR 的基本反应步骤包括:①变性,将反应系统加热至 95℃,使模板 DNA 完全变性成为单链,同时引物自身和引物之间存在的局部双链也得以消除。②退火,将温度下降至适宜温度(一般较 Tm 低 5℃),使引物与模板 DNA 退火结合。③延伸,将温度升至 72℃,DNA 聚合酶以 dNTP 为底物催化 DNA 的合成反应,按碱基配对与半保留复制原理,合成一条与模板 DNA 链互补的新链。上述三个步骤称为一个循环,经多次循环(25~30 次)后即可达到扩增 DNA 片段的目的(图 4-9)。

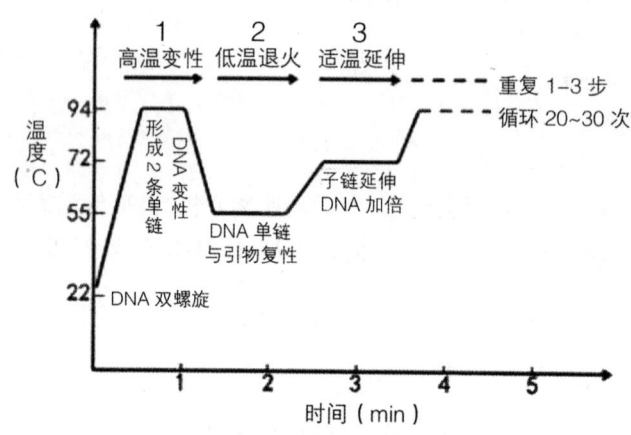

图 4-9 PCR 反应原理

PCR 是一种体外大量扩增特异 DNA 片段的分子生物学技术,具有省时、操作简便、特异性强、灵敏度高、效率高、应用范围广等特点。PCR 技术在医学、分子生物学领域得到了广泛应用,如应用于 DNA 克隆、突变分析、基因融合、基因半定量、遗传性疾病的诊断等方面。PCR 技术还可与其他分子生物学技术相结合发展产生新的技术,如逆转录 PCR(RT-PCR)、实时定量 PCR(real-time PCR)、原位 PCR、不对称 PCR 等,使 PCR 在科研及临床上的应用得到更大的发展。

本实验以人的 3-磷酸甘油醛脱氢酶(GAPDH)基因中一段 300bp 的 DNA 片段为模

第四编　分子生物学实验

板,进行扩增,两个引物的5′末端分别引入 EcoR I 和 BamH I 的酶切位点,为 DNA 重组实验做准备。

3. 操作步骤

(1) DNA 模板的制备

① 从白细胞中提取模板 DNA。

a. 裂解红细胞:取 0.6mL 人的抗凝血至 1.5mL 的 Eppendorf 管中,加入 0.9mL 预冷的 RCLB 混匀,冰浴 15min,其间颠倒混匀 4 次。4℃,5000r/min 离心 10min,弃上清液,向沉淀中再加入 1.5mL 的 RCLB,混悬沉淀置冰浴 10min,颠倒混匀 3 次,离心后弃去上清液。

b. 消化白细胞:将上述沉淀重悬于 0.4mL 的 WCLB 中,55℃保温 3h。

c. DNA 提取与纯化:在上述白细胞裂解液中加入 0.4mL 酚/氯仿(1:1)混匀,4℃,5000r/min 离心 5min。将上清液转移至一新的 1.5mL 的 Eppendorf 管中,加入等体积氯仿再抽提 DNA 一次。于上清液中加入 1/10 体积 3mol/L 乙酸钠、2.5 倍体积的无水乙醇混匀,4℃,12000r/min 离心 10min。弃去上清液,加入 75% 乙醇洗涤沉淀,晾干。待乙醇挥尽后加入 100μL TE 溶液,室温过夜溶解 DNA。

d. DNA 浓度测定:取 5μL DNA 溶液加入 1mL 蒸馏水,同时测定 260nm 和 280nm 波长处光密度值,计算 260nm 和 280nm 波长光密度比值,确定 DNA 纯度,根据 260nm 光密度值计算 DNA 含量。

② 从菌株中提取重组质粒(pUC19 - GAPDH)作为模板。

a. 将冻存的含有 pUC19 - GAPDH 质粒的菌株按 1% 的浓度接种于含氨苄青霉素(Amp 100μg/mL)的 LB 液体培养基中,37℃培养过夜。

b. 取 1.5mL 菌液至 Eppendorf 管中,4℃,10000r/min 离心 2min,弃上清液。

c. 向沉淀中加入 4μL 的 TELT 试剂,充分混悬(时间不要过长,1min 以内)。

d. 再加入 400μL 酚/氯仿,混匀(用手摇 5min)。

e. 4℃,10000r/min 离心 10min。

f. 转移上层水相至另一 Eppendorf 管中,加入 2 倍体积的无水乙醇,混匀后室温放置 10min。

g. 4℃,12000r/min 离心 10min,弃上清液。

h. 加入 1mL 75% 乙醇,振荡漂洗沉淀,4℃,12000r/min 离心 5min,弃上清液。

i. DNA 室温干燥 15min,加入 20μL TE 溶解沉淀,待用。

(2) PCR 反应

① 取 2 只 0.2mL 的 Eppendorf 管,分别按下表加入试剂(50μL 体系):

试剂	实验管	对照管
10×Taq 酶缓冲液	5μL	5μL
4×dNTP 混合液(10mL)	1μL	1μL
引物Ⅰ(25mL)	1μL	1μL
引物Ⅱ(25mL)	1μL	1μL
模板 DNA	1μL	—
双蒸水	40μL	41μL

② 将混合物混匀,短暂离心。然后各管分别加入 1μL Taq DNA 聚合酶(5U/μL),混匀后短暂离心。

③ 将离心管移入 PCR 仪,设置 PCR 反应参数:

```
95℃    5min
95℃    30s  ⎫
55℃    30s  ⎬ 20 个循环
72℃    45s  ⎭
72℃    10min
```

(3) PCR 产物鉴定

制备 1.0% 琼脂糖凝胶(含 0.1μL/mL GoldenView)。取 10μL PCR 产物,加入 6× 上样缓冲液 2μL 混匀,同时以 DNA 分子量标准为对照,分别上样后,在 0.5×TBE 电泳缓冲液中于 5V/cm 电压,电泳 1h,将凝胶移至紫外分析仪内,观察结果,与 DNA 分子量标准对照分析。

4. 注意事项

① 通过引物合成公司合成好的引物是干粉,可以 4℃ 或 -20℃ 保存。引物使用前需稀释至 25mmol/L。

② 制备基因组 DNA 时避免剧烈操作,以免损伤大分子 DNA。

③ 从冰箱内取出的 PCR 试剂,用前要完全融化并彻底混匀才能使用。Taq 酶一定要在低温(-20℃)下贮存,每一次吸用时都应放在冰盒内,用完后立即放回 -20℃ 下贮存。

④ 进行 PCR 的模板 DNA 量应根据预实验确定。

⑤ PCR 对照组样品电泳后不应有 DNA 条带出现。

5. 实验材料

(1) 试剂

① 红细胞裂解液(RCLB):10mmol/L NaCl,5mmol/L $MgCl_2$,10mmol/L Tris-Cl(pH 值为 7.6)。

② 白细胞裂解液(WCLB):5mmol/L NaCl,10mmol/L EDTA,10mmol/L Tris-Cl(pH 值为 7.6),用前加 1/5 体积 10% 的 SDS 和 1/200 体积的蛋白酶 K(200mg/mL)。

③ 饱和酚:氯仿按1:1混匀。
④ 3mol/L 乙酸钠(pH 值为 5.2)。
⑤ 无水乙醇。
⑥ 75% 乙醇。
⑦ TE 缓冲液:10mmol/L Tris – Cl(pH 值为 7.6),1mmol/L EDTA(pH 值为 8.0)。
⑧ 四种 dNTP 混合液(10mmol/L)。
⑨ Taq DNA 聚合酶(5U/μL)(公司订购)。
⑩ 10 × Taq 酶缓冲液(公司订购)。
⑪ GoldenView(公司订购)。
⑫ 5 × TBE(pH 8.3 电泳缓冲液):Tris 5.4g,硼酸 2.25g,EDTA 0.46g,双蒸水定容至 100mL。
⑭ 6 × 上样缓冲液:0.25% 溴酚蓝,0.25% 二甲苯青 FF,40%(W/V)蔗糖水溶液。
⑮ 上下游引物(由公司合成)。
⑯ 琼脂糖。
⑰ TELT:2.5mol/L LiCl,50mmol/L Tris – Cl(pH 值为 8.0),62.5mmol/L EDTA,4% Triton X – 100。
⑱ pUC19 – GAPDH 质粒。
⑲ DNA 分子量标准(Marker)(公司订购)。

(2) 器材

高压灭菌锅,恒温空气振荡器,台式冷冻离心机,旋涡混匀器,制冰机,冰箱,梯度 PCR 仪,微波炉,电泳仪,电泳槽,紫外分析仪,微量移液器,Tip 头,Eppendorf 管。

思考题

1. PCR 技术的基本原理是什么?
2. 从哪些方面可预防 PCR 出现假阳性结果?

实验 7 蛋白质免疫印迹分析

1. 实验目的与要求

① 熟记蛋白质免疫印迹分析的原理,初步学会基本操作方法。
② 熟记抗原与抗体结合的特点。

2. 实验原理

蛋白质免疫印迹分析又称 Western Blotting，是以某抗体作为探针，使之与附着在固相支持物上的靶蛋白所呈现的抗原部位发生特异反应，从而对复杂混合物中的某些特定蛋白质进行鉴别和定量。这一技术将蛋白质凝胶电泳分辨率高与固相免疫测定特异性强的特点结合起来，是一种重要的蛋白质分析测试手段。

蛋白质印迹法(图 4-10)首先是要将电泳后分离的蛋白质从凝胶中转移到硝酸纤维素膜(NC 膜)上，通常有两种方法：毛细管印迹法和电泳印迹法。毛细管印迹法是将凝胶放在缓冲液浸湿的滤纸上，在凝胶上放一片硝酸纤维素膜，再在上面放多层滤纸等吸水物质并用重物压好，缓冲液就会通过毛细作用流过凝胶。缓冲液通过凝胶时会将蛋白质带到硝酸纤维素膜上，硝酸纤维素膜可以与蛋白质通过疏水作用产生不可逆的结合。这个过程持续过夜，就可以将凝胶中的蛋白质转移到硝酸纤维素膜上。但这种方法转移的效率较低，通常只能转移凝胶中一小部分蛋白质(10%~20%)。电泳印迹法可以更快速有效的进行转移。这种方法是用有孔的塑料和有机玻璃板将凝胶和硝酸纤维素膜夹成"三明治"形状，而后浸入两个平行电极中间的缓冲液中进行电泳，选择适当的电泳方向就可以使蛋白质离开凝胶结合在硝酸纤维素膜上。本实验采用后者。

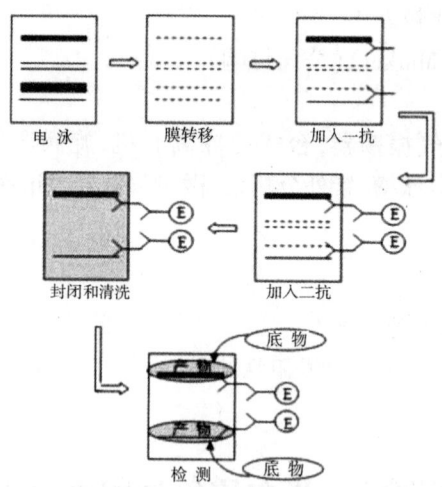

图 4-10 Western Blotting 操作流程图

转移后的硝酸纤维素膜就称为一个印迹(blot)，用于对蛋白质的进一步检测。印迹首先用蛋白封闭液处理以封闭硝酸纤维素膜上剩余的疏水结合位点，而后用所要研究的蛋白质的抗血清(一抗)处理，印迹中只有待研究的蛋白质与一抗结合，而其他蛋白质不与一抗结合，这样清洗去除未结合的一抗后，印迹中只有待研究的蛋白质的位置上结合着一抗。处理过的印迹进一步用适当标记的二抗处理，二抗是指一抗的抗体，可与一抗发生特异性结合，如一抗是从鼠中获得的，则二抗是抗鼠 IgG 的抗体。处理后，带有标记的二抗与一抗结合,可以指示一抗的位置,即是待研究的蛋白质的位置。目前有结合各种标记物的抗特定 IgG 的抗体可以直接购买作为标记的二抗。最常用的一种是酶联的二抗,印迹用酶联二抗处理后,再用适当的底物溶液处理,当酶催化底物生成有颜色的产物时,就会产生可见的区带,指示所要研究的蛋白质的位置。在酶联抗体中使用的酶通常是碱性磷酸酶或辣根过氧化物酶。碱性磷酸酶可以将无色的底物 5 - 溴 - 4 - 氯吲哚磷酸盐(BCIP)转化为蓝色的产物;而辣根过氧化物酶则以 H_2O_2 为底物,将 3 - 氨基 - 9 - 乙基咔唑氧化成褐色产物或将 4 - 氯萘酚氧化成蓝色产物。

本实验以在原核细胞中诱导表达的 GST - actin 融合蛋白作为检测蛋白,将诱导后的菌体蛋白经 SDS - PAGE 电泳后,以兔抗 actin 单克隆抗体作为一抗,碱性磷酸酶偶联的羊抗兔 IgG 作为二抗,对其中的 actin 表达进行检测。

3. 操作步骤

(1) 样品的 SDS - PAGE 电泳分离

① 安装垂直板电泳装置,见图 1 - 15。

② 制备丙烯酰胺凝胶。

a. 10% 分离胶:

30% 丙烯酰胺贮存液	3.33mL
双蒸水	4.0mL
1.5 mol/L Tris - Cl (pH 值为 8.8)	2.5mL
10% SDS 溶液	0.1mL
10% 过硫酸铵溶液	0.1mL

混匀后加入 5μL TEMED,立即混匀,灌入安装好的垂直夹层玻璃板中至距离梳子底部 0.5cm 处,立即在胶上面加盖一层双蒸水,静置,待分离胶聚合后(约 20min),去除水相,配制浓缩胶。

b. 5% 浓缩胶:

30% 丙烯酰胺贮存液	0.63mL
双蒸水	3.0mL
0.5M Tris - Cl (pH 值为 6.8)	1.25mL
10% SDS 溶液	0.05mL
10% 过硫酸铵溶液	0.05mL

混匀后加入 3μL TEMED,立即混匀,灌入垂直夹层玻璃板中至玻璃板顶端,插入梳子,避免混入气泡,静置,待浓缩胶聚合后拔去梳子,用电极缓冲液冲洗加样孔。

③ 样品处理:取 2 只 Eppendorf 管,分别加入诱导前菌体蛋白和诱导后菌体蛋白各 20μL,再各加入 20μL 2× 蛋白质上样缓冲液和 4μL DTT,充分混匀,煮沸 3min,短暂离心。

④ 上样:按下列顺序在各孔道加入样品。

左侧孔道	1×蛋白质上样缓冲液	20μL
1 孔道	诱导前菌体蛋白	20μL
2 孔道	诱导后菌体蛋白	20μL
3 孔道	预染的蛋白质 Marker	10μL
4 孔道	诱导前菌体蛋白	20μL
5 孔道	诱导后菌体蛋白	20μL
右侧孔道	1×蛋白质上样缓冲液	20μL

⑤ 电泳：以 7V/cm～8V/cm 电压电泳至溴酚蓝距离底部 1cm 处，断开电源。

(2) 蛋白质转膜

① 取下胶板，小心去除一侧玻璃板，切去浓缩胶和分离胶无样品部分，将凝胶分成两半。

② 精确测量剩余胶的大小，按该尺寸剪取 1 张硝酸纤维素膜和 6 张滤纸。

③ 硝酸纤维素膜用三蒸水浸润后，与滤纸一起在转移缓冲液中浸泡 3min。

④ 在半干式电转槽中由阳极到阴极按下列顺序依次安放：

a. 转移缓冲液浸湿的滤纸 3 张；

b. 硝酸纤维素膜；

c. 凝胶；

d. 转移缓冲液浸湿的滤纸 3 张。

⑤ 接通电源，按 $0.8A/cm^2$ 转移 2h。

(3) 封闭

将转膜后的滤膜在 TBS 中漂洗一下，放入装有封闭液的平皿中，室温轻摇 2h，中间更换一次封闭液。

(4) 一抗结合

① 将滤膜放入杂交袋中，封好三面。

② 按 $0.1mL/cm^2$ 加入封闭液和 1:2000 稀释的兔抗 actin 单克隆抗体。

③ 杂交袋封严后，置 4℃ 水平摇动过夜。

(5) 二抗结合

① 剪开杂交袋，取出滤膜，用封闭液洗 3 次，每次 5min。

② 再将滤膜放入杂交袋中，封好三面。

③ 按 $0.1mL/cm^2$ 加入封闭液和 1:5000 稀释的碱性磷酸酶偶联的羊抗兔 IgG。

④ 杂交袋封严后，置室温水平摇动 1h。

(6) 显色反应

① 取出滤膜，用 TBS 漂洗 3 次，每次 5min。

② 将滤膜放入碱性磷酸酶缓冲液中短暂漂洗。

③ 配制显色液：

碱性磷酸酶缓冲液	10mL
BCIP	35μL
NBT	45μL

④ 将滤膜和显色液封入塑料袋中,置暗处反应,待显色反应达到最佳程度时,取出滤膜用双蒸水漂洗终止反应。对照蛋白质分子量标准分析结果,晾干后封入塑料袋保存。

4. 注意事项

① 将玻璃板装在密封垫上后固定在电泳槽上时,玻璃板上边一定不能倾斜,避免放梳子时一端高,一端低,影响电泳结果。用螺丝固定电泳槽时,拧螺丝要左右、上下对称拧紧,用力要均匀。安装完毕后,将电泳槽垂直放置在工作台上平整的位置,以防止制胶时胶面发生倾斜。

② 每次配制胶溶液时,先加好 TEMED 以外的其他溶液,混匀。将灌胶所需的其他用具全部准备好,最后加 TEMED。

③ 制备丙烯酰胺凝胶时,小心防止凝胶渗漏。

④ 电泳时电压不宜过大,否则玻璃板会因受热而破裂。

⑤ 加样量要合适,加样过少,条带不清晰。加样太多,则泳道超载,条带过密而重叠,甚至覆盖相邻泳道。

⑥ 若转膜时使用 PVDF 膜,要先用甲醇浸泡,然后再浸泡于转移缓冲液。

⑦ 胶转膜后应在膜上标记正反面及电泳方向。

⑧ 电转移时应注意勿将滤膜和胶的位置放反。

⑨ 滤膜、滤纸和胶应等大,以免短路。

⑩ 显色液临用前新鲜配制。

5. 实验材料

(1) 试剂

① 30%丙烯酰胺贮存液(Acr : Bis = 29 : 1)。

② 10% SDS 溶液。

③ 10% 过硫酸铵溶液。

④ TEMED 溶液。

⑤ 0.5mol/L Tris – Cl(pH 值为 6.8)溶液。

⑥ 1.5mol/L Tris – Cl(pH8.8)溶液。

⑦ 1mg/mL 二硫苏糖醇(DTT):用 20mL 0.01mol/L 乙酸钠溶液(pH 值为 5.2)溶解 3.09g DTT,过滤除菌后分装成 1mL 小份贮存于 – 20℃。

⑧ 电极缓冲液:1.44% 甘氨酸溶液,0.3% Tris 溶液,0.1% SDS 溶液。

⑨ 2×蛋白质上样缓冲液:4% SDS 溶液,20% 甘油,100mmol/L Tris – Cl(pH6.8)溶

液,2% 溴酚蓝。
⑩ 转移缓冲液:39mmol/L 甘氨酸,48mmol/L Tris 溶液,0.037% SDS 溶液,20% 甲醇。
⑪ TBS 溶液:150mmol/L NaCl 溶液,50mmol/L Tris – Cl(pH 值为 7.5)溶液。
⑫ 封闭液:TBS +5% 脱脂奶粉 +0.1% Tween – 20。
⑬ 碱性磷酸酶缓冲液:100mmol/L NaCl 溶液,5mmol/L $MgCl_2$ 溶液,100mmol/L Tris – Cl(pH 值为 9.5)溶液。
⑭ NBT(氮蓝四唑)。
⑮ BCIP(5 – 溴 – 4 – 氯 – 3 – 吲哚磷酸)溶液。
⑯ 染色液:0.25g 考马氏亮蓝 R 250,45mL 甲醇,45mL 双蒸水,10mL 冰乙酸。
⑰ 脱色液:45mL 甲醇,45mL 双蒸水,10mL 冰乙酸。
⑱ 兔抗 actin 单克隆抗体(一抗)(公司订购)。
⑲ 碱性磷酸酶偶联的羊抗兔 IgG(二抗)(公司订购)。
⑳ 诱导前菌体蛋白。
㉑ 诱导后菌体蛋白。
㉒ 预染的蛋白 Marker(公司订购)。

(2) 器材

电泳仪,垂直板电泳槽,恒温摇床,电转移装置,封口机,玻璃平皿,小烧杯,微量移液器,滤纸,硝酸纤维素膜,Eppendorf 管,Tip 头。

思考题

1. 电转移操作应注意哪些问题?
2. 如何定量分析蛋白质印迹结果?

实验 8 Southern 印迹法

1. 实验目的与要求

① 掌握分子杂交的基本原理。
② 熟悉 Southern 印迹杂交技术的基本过程。
③ 了解 Southern 印迹法。

2. 实验原理

核酸的分子杂交是基于 DNA 分子的变性和复性作用。当 DNA 被加热到 100℃ 或经碱处理,两条互补链被分离的过程称为变性作用。在适当的条件下,变性 DNA 能够通过碱基配对而重新形成双螺旋,这一过程称为复性作用。同样,RNA 和 DNA 的互补链可形成 RNA – DNA 双螺旋杂合体,这就是分子杂交。现在 DNA 探针与其他 DNA 分子中的互补序列形成双螺旋结构亦称为分子杂交。基于这一原理,基因组 DNA 或重组 DNA 中的特定顺序可以用同位素或生物素标记的 DNA 探针进行检测。

Southern 印迹一般包括 DNA 酶切电泳、印迹、固定、杂交、检测等步骤。本实验中用限制酶 EcoR I 消化 pUC19 – ApoA I 质粒,通过琼脂糖凝胶电泳按大小分离所得片段,随后将 DNA 在原位进行碱变性,并从凝胶转移至硝酸纤维素滤膜(Southern 转移)。DNA 转移至滤膜的过程中,各个 DNA 片段的相对位置保持不变。将固定在膜上的 DNA 与 0.89 kb 的 ApoA I DNA 探针(同位素或生物素标记)进行杂交,经放射自显影(^{32}P)或显色(生物素)可确定与探针互补的电泳条带的位置。所获得的条带可证实与 ApoA I DNA 探针互补的 DNA 的存在。将条带的位置与凝胶中 DNA 标准参照物的位置(电泳后已拍照)进行比较,可以确定 DNA 片段的大小。

核酸印迹杂交由于具有高度的灵敏性和特异性,因而被广泛应用于克隆基因筛选、酶切图谱制作、基因组中特定基因序列的定性和定量以及基因突变分析和疾病诊断等诸多领域,在分子生物学的发展中起着非常重要的作用。

3. 操作步骤

(1) 将 DNA 从凝胶转移至硝酸纤维素滤膜(毛细转移作用)

① 电泳结束后,在凝胶旁放置一透明尺,在紫外灯下拍照,然后将凝胶移至一个搪瓷盘内,在凝胶左上角(加样孔一端为上)切去一角,作为下列操作中凝胶方位的标记。

② 将凝胶置于 500mL 1.5mol/L NaCl、0.5mol/L NaOH 溶液中浸泡 45min,并且温和地不断振摇(如在旋转平台上),使 DNA 变性。

③ 将凝胶置于去离子水中漂洗,随后浸泡于 500mL 1mol/L Tris – Cl(pH 值为7.4)、1.5 mol/L NaCl 溶液中,于室温下温和地不断振摇,使之中和。

④ 当凝胶仍浸于中和液时,将一叠玻璃放入一个大搪瓷盘,做成一个长和宽均大于凝胶的平台。将一张滤纸放在平台上,倒入 20 × SSC 溶液,使液面略低于平台表面,当平台上方的滤纸湿透后,用玻璃棒赶出所有的气泡。

⑤ 裁一张硝酸纤维素膜,其长和宽均比凝胶大 1mm。凡被油腻的手接触过的滤膜不易被浸湿,接触滤膜时须戴手套,使用平头镊子。

⑥ 将滤膜浮在去离子水表面,直至滤膜从下向上湿透,随后用 20 × SSC 浸泡滤膜至少 5min。剪去滤膜的一角,使其与凝胶的切角相对应。

⑦ 将凝胶翻转,倒置于平台上,滤纸和凝胶之间不能滞留气泡。

⑧ 用塑料薄膜围绕凝胶周边,但不是覆盖凝胶,防止液流短路,这种液流短路现象是导致凝胶中的 DNA 的转移效率下降的主要原因。

⑨ 将硝酸纤维素滤膜放在凝胶上,使两者的切角相重叠。滤膜的一条边缘应刚好超

过凝胶上部加样孔一线的边缘。滤膜置于凝胶表面后就不应移动,滤膜与凝胶之间不应留有气泡。

⑩ 用 2×SSC 溶液浸湿 2 张与凝胶一样大小的滤纸,将湿润的滤纸放在湿润的硝酸纤维素滤膜上用玻璃棒赶出其间滞留的气泡。

⑪ 切一叠(5cm~8cm 高)略小于滤纸的纸巾或吸水纸,将其放在滤纸上,并在纸巾上放一块玻璃板,然后用一个 500g 的重物压实(图 4-11)。

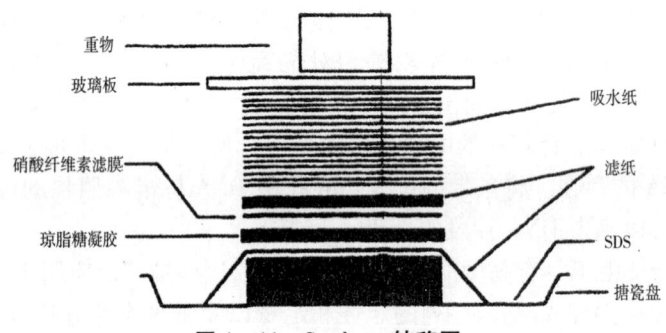

图 4-11 Southern 转移图

⑫ 使上述 DNA 转移持续过夜,当纸巾浸湿后,更换新纸巾。

⑬ 转移结束后,揭去凝胶上的纸巾和滤纸,翻转凝胶和硝酸纤维素滤膜,以凝胶在上,置于一张干的滤纸上,用一支极软的铅笔或圆珠笔在滤膜上标记凝胶加样孔的位置。

⑭ 从硝酸纤维素滤膜上剥离凝胶弃之,以 6×SSC 溶液于室温浸泡滤膜 5min,除去粘在滤膜上的琼脂糖碎片。

⑮ 从 6×SSC 溶液中取出滤膜,将滤膜上的溶液滴尽后平放在一张纸巾上,于室温晾干 30min 以上。

⑯ 将晾干的滤膜放在两张滤纸中间,用真空烤箱于 80℃ 干烤 2h,滤膜可用于杂交或保存在真空干燥器中。

(2) 与同位素标记探针的杂交反应

预杂交:见下面步骤①~⑦。

杂交:见下面步骤⑧~⑫。

① 配制预杂交液(每平方厘米硝酸纤维素滤膜约需预杂交液 0.2mL)。

甲酰胺	10mL
50×Denhardt's	2mL
20×SSC	5mL
20% SDS	100μL
双蒸水 H_2O	2.9mL

(鲑精 DNA 将在变性后加入)

② 将预杂交液加入塑料袋之前,先预热至 42℃。

③ 将表面带有目的 DNA 的硝酸纤维素滤膜放入一个稍宽于滤膜的塑料袋,用 5mL～10mL 的 2×SSC 溶液浸湿滤膜。

④ 将鲑精 DNA 置沸水浴中 10min,迅速置冰上冷却 1min～2min,使 DNA 变性。

⑤ 从塑料袋中除净 2×SSC,加入预杂交液,按每平方厘米滤膜加 0.2mL。

⑥ 加入变性的鲑精 DNA(10mg/mL),至终浓度 200μg/mL。

⑦ 尽可能除净袋中的空气,用热封口器封住袋口,上下颠倒数次使其混匀,置于 42℃ 水浴中温育 4h。

⑧ 将标记的 DNA 探针置沸水浴 10min,迅速置冰上冷却 1min～2min,使 DNA 变性。

⑨ 从水浴中取出含有滤膜和预杂交液的塑料袋,剪开一角,将变性的 DNA 探针加到预杂交液中。

⑩ 尽可能除净袋中的空气,封住袋口,滞留在袋中的气泡要尽可能地少,为避免同位素污染水浴,将封好的杂交袋再封入另一个未污染的塑料袋。

⑪ 置 42℃ 水浴温育过夜(至少 18h)。

⑫ 在一个塑料盒或塑料袋中洗涤滤膜,不断摇动:
　a. 加 250mL 2×SSC 和 1% 的 SDS,室温下洗 15min;
　b. 加 250mL 1×SSC 和 0.5% 的 SDS,室温下洗 15min;
　c. 加 250mL 0.2×SSC 和 0.1% 的 SDS,于 68℃ 下洗 30min;
　d. 加 250mL 0.1×SSC 和 0.1% 的 SDS,于 68℃ 下洗 60min。

洗涤后,用手提式监测器测定滤膜的放射性,滤膜上不含 DNA 的部分应当没有信号。

(3) 放射性自显影

① 洗涤后,室温下将滤膜在 0.1×SSC 中稍漂洗,将滤膜放在一叠纸巾上,除去液体。

② 将湿润的滤膜放在一张塑料薄膜上,用以放射性墨水制作的黏性圆点标签在塑料膜上标几个不对称的点,以便以后校准放射自显影片与滤膜的位置。

③ 用另一张塑料薄膜盖住滤膜,将滤膜装入带有增感屏的曝光暗盒内。

④ 在暗室内,将一张 X 光底片放入曝光暗盒,使之接触滤膜。

⑤ 将暗盒置 -80℃ 冰箱,在 -80℃ 使滤膜对 X 光底片曝光 1d～7d。

⑥ 从冰箱中取出暗盒,置室温 1h～2h,使其温度上升至室温然后冲洗 X 光底片。

4. 注意事项

① 在 Southern 转移时,DNA 结合于硝酸纤维素滤膜的作用取决于转移缓冲液的离子强度。DNA 片段越小,使其有效地保留在硝酸纤维素滤膜上所需要的离子强度就越高,要使长度小于 500 个核苷酸的 DNA 片段进行 Southern 转移,就需要用 20×SSC。亦可换用尼龙膜,尼龙膜与 DNA 小片段结合的效率高于硝酸纤维素滤膜。

DNA 小片段保留于硝酸纤维素滤膜的效率也取决于滤膜孔径大小。标准的 0.45μm 孔径的硝酸纤维素滤膜不能保留长度小于 300 个核苷酸的片段。若使用 0.2μm 孔径的硝酸纤维素滤膜,可改善转移效率。

② 不同批号的硝酸纤维素滤膜,其浸湿速率相当悬殊。如滤膜浮在水面上几分钟后仍未湿透,应另换一张新膜,因为未均匀浸湿的滤膜进行 DNA 转移是靠不住的。这种滤膜也不应当丢弃,可将其夹在 $2\times SSC$ 浸湿的滤纸中间,高压蒸汽处理 5min,这通常足以使硝酸纤维素滤膜湿透,高压处理的滤膜应夹在经过高压并用 $2\times SSC$ 浸湿的滤纸中间,装入塑料袋,密封后于 4℃ 保存备用。

③ 杂交时,杂交液体积越小越好。溶液体积较小时,核酸重结合的动力学速度较快,且探针需用量亦可减少,使得滤膜上的 DNA 成为驱动反应的因素。然而,要保证滤膜始终由一层杂交液所覆盖,所用的液体必须足够。

即便杂交反应由固定在滤膜上的 DNA 所驱动,仍无需使探针溶液在滤膜上反复流动。但如果多张滤膜同时杂交,则建议不断摇动以防止滤膜互相粘附。

④ 有几种不同类型的试剂可用于封闭探针在滤膜表面上的非特异性结合位点,包括 Denhardt's 试剂、肝素及脱脂奶粉,这些试剂往往与经变性不断裂成片段的鲑精 DNA 或酵母 DNA 以及 SDS 一类去污剂一起使用。通常,使用 $5\times$ Denhardt's 试剂,0.5% 的 SDS 和 $100\mu g/mL$ 经变性并断裂成片段的 DNA 的封闭剂进行预杂交,可使背景杂交得到完全抑制。

⑤ 在预杂交和杂交时,可不必更换塑料袋,塑料袋要稍大于滤膜,预杂交后,剪去一角,打开塑料袋,加入标记的探针,塑料袋仍可很容易地用热封口器封口。因为预杂交液或杂交液的体积只有 10mL,塑料袋不能太大,以使溶液能覆盖滤膜。

5. 实验材料

(1) 试剂

① ^{32}P 标记的 ApoA I DNA 探针。

② EcoRI 酶切的 pUC19 – ApoA I 质粒 DNA。

③ 1.5mol/L NaCl 溶液,0.5mol/L NaOH 溶液。

④ 1.5mol/L NaCl 溶液,1mol/L Tris – Cl 溶液(pH 值为 7.4)。

⑤ $20\times SSC$ 溶液:在 800mL 水中溶解 175.3g NaCl 和 88.2g 柠檬酸钠,用 1mol/L NaOH 溶液调 pH 值至 7.0,再加重蒸水定容至 1000mL,高压灭菌,室温贮存。

⑥ $2\times SSC$ 溶液。

⑦ $6\times SSC$ 溶液。

⑧ $50\times$ Denhardt's 试剂:在 100mL 重蒸水中溶解 1g 聚蔗糖(Ficoll,400 型),1g 聚乙烯吡咯烷酮和 1g 牛血清白蛋白。$0.22\mu m$ 滤膜过滤除菌,分装后贮存于 -20℃。

⑨ 20% SDS 溶液。

⑩ $2\times SSC$,1% SDS 溶液。

⑪ $1\times SSC$,0.5% SDS 溶液。

⑫ 0.2×SSC,0.1% SDS 溶液。
⑬ 0.1×SSC,0.1% SDS 溶液。
⑭ 10mg/mL 溴化乙锭。
⑮ 加样缓冲液(DNA 凝胶电泳用)。
⑯ 限制酶 EcoR I。
⑰ 10×限制酶缓冲液。
⑱ 琼脂糖。
⑲ 10mg/mL 鲑精 DNA。
⑳ 甲酰胺。

(2) 器材

电泳仪,电泳槽,摄影设备,手提式紫外灯,真空泵,真空干燥箱,热封口器,-80℃低温冰箱,水浴箱,同位素废物箱,搪瓷盘,镊子,剪刀,塑料手套,解剖刀,滤纸,纸巾或吸水纸,玻璃板,硝酸纤维素滤膜(0.45μm),塑料袋,塑料薄膜(国外常用其商标名,如 Saran Wrap 等),X 光底片,增感屏,曝光暗盒。

思考题

1. 简述 Southern 印迹法的基本原理及应用。
2. 为什么杂交时,杂交液体积越小越好?

实验9　Northern 印迹法

1. 实验目的与要求

① 加深对分子杂交基本原理的理解。
② 帮助学生掌握 Northern 印迹法的操作技能。

2. 实验原理

Northern 印迹法的主要原理与 Southern 印迹法的主要原理相同(图 4-12)。但也有不同之处。①RNA 在进行凝胶电泳之前须经变性处理,在电泳过程中保持变性状态;而 DNA 在电泳前和电泳过程中均未变性。②电泳结束后,凝胶中的 RNA 不经任何处理,可直接将其转移到硝酸纤维素滤膜上;而 DNA 在转移前须经碱变性及中和处理。③RNA-DNA 杂交不如 DNA-DNA 杂交那样强,用于 RNA-DNA 杂交的杂交液含有较多的成分以促进 RNA-DNA 结合,杂交后,洗脱条件也不像 DNA-DNA 杂交那样强烈。④在 DNA 凝胶电泳中,用标准 DNA 参照物确定样品 DNA 的大小。而在总 RNA 中,则含有 28S rRNA 和 18S rRNA，其含量远远高于其他 RNA，在溴化乙锭存在下，它们可形成两条清晰的条带。因此可将 28S rRNA 和 18S rRNA 作为参照物，在杂交后确定目的 mRNA 的大小。28S rRNA 和 18S rRNA 条带也可作为一项指标，显示 RNA 是否在制备过程中已降解。如果泳道中有两条清晰的条带，而其他部分荧光很弱，表明 RNA 制备很好，杂交后可得到清晰的 mRNA 条带。如果泳道中只有一长条涂抹状荧光，没有条带或有两条带，但其前方有一长条涂抹状荧光，则表明 RNA 已经降解或部分降解，继续将实验进行下去是没有意义的。

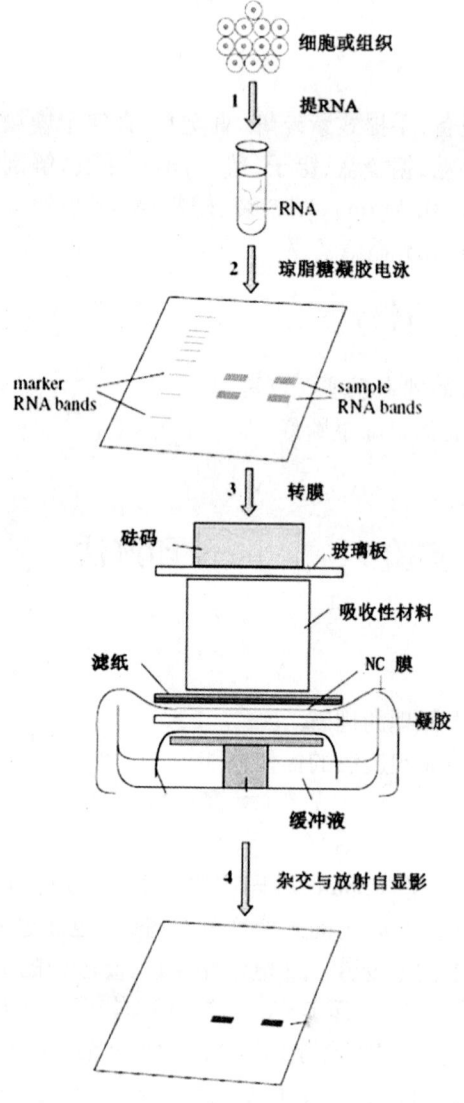

图 4-12　Northern 印迹法操作示意图

3. 操作步骤

(1) RNA 电泳

① 将琼脂糖加入 1×甲醛凝胶电泳缓冲液(pH 值为 6.9~7.0),至终浓度为 1%,总体积取决于制胶盘的大小。

② 在微波炉或沸水浴中溶解琼脂糖,然后将溶液冷却至 50℃~60℃。

③ 将 37% 的甲醛溶液(12.33mol/L)加入凝胶溶液,至终浓度 0.32mol/L,倒入已用胶带封住边缘的制胶盘中,放好梳子,让凝胶凝固 1h 后再使用。

④ 在 Eppendorf 管中,将 RNA 样品(用高压灭菌水适当稀释)与等体积的加样缓冲液混合,总体积约为加样孔体积的 80%。

⑤ 将样品置沸水浴 2min~4min,然后置冰上冷却 2min,使 RNA 变性,12000r/min 离心 5s,使液体全部沉积在 Eppendorf 管底。

⑥ 每管加入 1mg/mL 溴化乙锭 1.2μL。

⑦ 将样品加入凝胶的点样孔内。

⑧ 凝胶于 1×甲醛凝胶电泳缓冲液内,以 5V/cm 的电压在室温进行电泳,直到溴酚蓝移动约 8cm。

(2) 将 RNA 从凝胶中转移至硝酸纤维素滤膜(毛细管转移法)

① 电泳结束后,在凝胶旁放置一透明尺,在紫外灯下拍照。在凝胶左上角切去一角(加样孔一端为上)。

② 在一叠玻璃板上放一张滤纸,形成一个长和宽均大于凝胶的支撑平台,将其放入搪瓷盘内,倒入 20×SSC 溶液,当平台上方的滤纸湿透后,用玻璃棒赶出所有气泡。

③ 取一张硝酸纤维素滤膜,剪去一角使之与凝胶上的切角相对应。

④ 将滤膜浮在高压灭菌水表面,直至滤膜从下向上湿透,随后将滤膜在 10×SSC 中浸泡至少 5min。

⑤ 将凝胶翻转倒置在平台上,用玻璃棒赶出所有气泡。用塑料薄膜围绕凝胶周边。

⑥ 将湿润的硝酸纤维素滤膜放在凝胶上,使两者的切角相重叠。滤膜的一条边缘应刚好超过凝胶上部的加样孔边缘。滤膜置于凝胶表面后就不应移动,赶出所有气泡。

⑦ 在 20×SSC 溶液中浸湿两张与凝胶一样大小的滤纸,将其放在湿润的硝酸纤维素滤膜上,赶出气泡。

⑧ 裁一叠(5cm~8cm 高)略小于滤纸的纸巾或吸水纸,将其放在滤纸之上,并在纸巾上放一块玻璃板,然后用一个 500g 的重物压实(见 Southern 印迹法)。

⑨ 使 RNA 转移过夜(6.5cm×10cm 凝胶约需 600mL 的 20×SSC 溶液,14cm×14cm 或 10cm×17cm 凝胶约需 800mL 的 20×SSC 溶液)。

⑩ 转移结束后,揭去凝胶上的纸巾和滤纸,翻转凝胶和硝酸纤维素滤膜,以凝胶在上,置于一张干的滤纸上。用软芯铅笔或圆珠笔在滤膜上标记凝胶加样孔的位置。

⑪ 从硝酸纤维素滤膜上剥离凝胶,弃之。在 6×SSC 溶液中漂洗滤膜,将滤膜放在纸巾上,室温干燥 30min。

⑫ 将晾干的滤膜放在两张滤纸中间,在真空烤箱中于 80℃ 干烤 2h。滤膜用于杂交或保存在真空干燥器中。

(3) 杂交

① 配制手头工作所需量的预杂交液,每平方厘米硝酸纤维素滤膜大约需要 0.15 mL 预杂交液。(预杂交液:50% 甲酰胺,5×Denhardt's 试剂,5×SSPE,6.5% 葡聚糖硫酸酯,1% 十二烷基肌氨酸钠,500μg/mL 肝素,鲑精 DNA 在变性后加入。)

② 将预杂交液加入塑料袋之前,先预热至 42℃。

③ 将表面带有目的 RNA 的硝酸纤维素滤膜放入稍宽于滤膜的塑料袋,用 5×SSPE 浸湿滤膜 5min。

④ 将鲑精 DNA 置沸水浴 10min,置冰上冷却 1min~2min,使 DNA 变性。

⑤ 从塑料袋中除去 5×SSPE,加入预杂交液,按每平方厘米滤膜加 20μL 鲑精 DNA,至终浓度 200μg/mL。

⑥ 尽可能除净袋中的空气。用热封口器封住袋口,将其置 42℃ 水浴保温 4h。

⑦ 将标记的 DNA 探针置沸水浴 10min,置冰上冷却,使 DNA 变性,将变性探针直接加入袋中。

⑧ 尽可能除净袋中空气,封住袋口。将封好的杂交袋再封入另一个未污染的塑料袋,置 42℃ 水浴保温过夜(至少 18h)。

⑨ 在一个塑料袋或塑料盒中洗涤滤膜。

第一次洗:加 500mL 2×SSC,1% SDS,52℃~55℃ 洗 30min。

第二次洗:加 500mL 1×SSC,0.5% SDS,52℃~55℃ 洗 30min。

第三次洗:加 500mL 0.2×SSC,0.1% SDS,52℃~55℃ 洗 30min。

用手提式监测器检查滤膜,如果放射性太强,洗第四次:加 500mL 0.2×SSC,0.1% SDS,于 65℃ 洗 30min。

(4) 放射自显影

① 洗涤后,将滤膜在 0.1×SSC 中漂洗一下,将其放在纸巾上,除去液体。

② 将湿润的滤膜放在一张塑料薄膜上,用放射性墨水做的黏性圆点标签在塑料膜上标几个不对称的点,用于以后校准放射自显影片与滤膜的位置。

③ 用另一张塑料薄膜盖住滤膜,将滤膜装入带有增感屏的曝光暗盒内。

④ 在暗室内,将一张 X 光底片放入曝光暗盒,使之接触滤膜。

⑤ 将暗盒置 -70℃ 冰箱,在 -70℃ 使滤膜对 X 光底片曝光 1d~7d。

⑥ 从冰箱中取出暗盒,置室温 1h~2h,待其温度上升至室温后冲洗 X 光底片。

4. 注意事项

① 甲醛(分子量30.3)通常为37%的水溶液(12.3mol/L)。应确证这一浓度溶液的pH大于4.0。

② 每一泳道最多可分析30μg RNA。通常用10μg~20μg细胞总RNA进行Northern杂交。

③ 许多批号的试剂级甲醛溶液已足够纯,不需经过任何处理即可直接使用。但如果甲醛溶液呈黄色,则不能使用。

④ 与非变性琼脂糖凝胶相比,含甲醛的凝胶较为脆弱,操作时需加小心。

⑤ 用于RNA电泳的电泳槽应用去污剂洗净,再用蒸馏水冲洗,用乙醇干燥,然后灌满3%的双氧水溶液,于室温放置10min后,再用灭菌的蒸馏水将电泳槽冲洗干净。

5. 实验材料

(1) 试剂

① $^{32}P-DNA$探针。

② 从哺乳类细胞提取的总RNA。

③ 琼脂糖。

④ 5×甲醛凝胶电泳缓冲液:

无菌重蒸水	490mL
3-(N-玛琳代)丙磺酸(MOPS)	20.9g
乙酸钠	3.4g
0.5mol/L的EDTA溶液	10mL

⑤ 甲醛。

⑥ 加样缓冲液(于RNA凝胶电泳):

甲酰胺	0.75mL
5×甲醛凝胶电泳缓冲液	0.30mL
甲醛	0.24mL
甘油	0.15mL
1.2%溴酚蓝	0.05mL

置-20℃保存。

⑦ 1 mg/mL溴化乙锭(用重蒸水从10 mg/mL贮存液稀释)。

⑧ 20×SSC。

⑨ 10×SSC。

⑩ 6×SSC。

⑪ 甲酰胺。

⑫ 50×Denhardt's 试剂。

⑬ 20×SSPE:在 150mL 重蒸水中溶解 35.06g 的 NaCl 和 5.52g 的 $NaH_2PO_4·H_2O$,将 10mol/L 的 NaOH 溶液调 pH 值至 7.4,再加重蒸水定容至 200mL,将 1.48g EDTA 加到溶液中,高压灭菌,室温保存。

⑭ 50% 葡聚糖硫酸酯(最好购买此试剂,这一溶液很难配制)。

⑮ 30% 十二烷基肌氨酸钠:将 10.5g 十二烷基肌氨酸钠加入 30mL 重蒸水中,在 68℃ 水浴中加热,用玻璃棒长时间搅拌直到十二烷基肌氨酸钠溶解,最终体积为 34.5mL~35mL,此溶液不必灭菌,室温保存。

⑯ 300 mg/mL 肝素。

⑰ 鲑精 DNA,浓度为 10mg/mL。

⑱ 2×SSC,1% SDS。

⑲ 1×SSC,0.5% SDS。

⑳ 0.2×SSC,0.1% SDS。

(2) 器材

电泳仪,电泳槽,照相设备,手提式紫外灯,热封口器,水浴箱,手提式监测器,真空烤箱,Eppendorf 管,Tip 头,搪瓷盘,镊子,剪刀,塑料手套,解剖刀,滤纸,纸巾或吸水纸,玻璃板,硝酸纤维素滤膜($0.45\mu m$),塑料袋,塑料薄膜(国外常用商标名,如 Saran Wrap 等),X 光底片,增感屏,曝光暗盒。

思考题

简述 Northern 印迹法和 Southern 印迹法的不同。

附 聚丙烯酰胺凝胶电泳银染分析 DNA

1. 实验目的与要求

① 了解聚丙烯酰胺凝胶电泳银染分析 DNA 的原理及应用。

② 掌握其操作方法。

2. 实验原理

聚丙烯酰胺凝胶电泳(PAGE)普遍用于分离蛋白质及较小分子的核酸。其基本方式有两种:圆盘电泳和平板电泳。不论圆盘电泳或平板电泳都有连续和不连续之分。电泳在电极缓冲液、凝胶缓冲液、凝胶孔径一致的体系中进行,称连续 PAGE;电泳在电极缓冲液、凝胶缓冲液 pH 不同、凝胶孔径不同的体系中进行,称不连续 PAGE。不连续 PAGE 分离中包括三种物理效应:样品的浓缩效应、电泳分离的电荷效应和分子筛效应。而连续 PAGE 则不具备浓缩效应。本实验介绍连续 PAGE。其基本原理为过硫酸铵与 TEMED 是单体丙烯酰胺(Acr)的催化剂与诱导剂,它们使单体 Acr 聚合成一串串长链,当溶液中的甲叉双丙烯酰胺(Bis)参与聚合反应时,长链与长链之间就交联成凝胶,链长与交联度决定凝胶的孔径,这种孔径与琼脂糖凝胶的密度不同,只有 DNA 的小片段能进入凝胶,进行分离。DNA 的各片段在其相应位置上,然后通过灵敏度很高的银染方法进行染色。

银染方法的原理是先用固定剂将 DNA 固定在聚丙烯酰胺凝胶上,然后使银染染色剂中碱性的银氨离子与 DNA 牢固结合,再通过还原剂(本实验为柠檬酸和甲醛,可使背景很低)将银离子还原从而发生银棕色显色反应。

与琼脂糖凝胶相比,尽管聚丙烯酰胺凝胶制胶繁琐,分离范围较窄,但它也有突出的优点。①电泳分辨率高,尤其对小 DNA 片段的分析(5bp~500bp),可分离相差 1bp 的 DNA。②负载容量高,高达 10mL 的 DNA 样品可加入一个加样槽内,而不影响电泳分辨率。③从凝胶中回收的 DNA 纯度高。④凝胶除可用 EB 染色外,还可用银染方法以明显提高 DNA 检测的灵敏度,克服 EB 染色的不足即致癌作用与需在紫外照射下观察。⑤凝胶可进行干胶,后者可长期保存,并可直接投影。总之,DNA 聚丙烯酰胺凝胶电泳银染法由于其灵敏度高、安全无毒无污染而被广泛应用。

本次实验制备的聚丙烯酰胺凝胶是垂直板非变性胶,其缓冲体系是连续体系,用于分离较小 DNA 片段(5bp~500bp)。

3. 操作步骤

① 按电泳槽操作说明书安装垂直平板电泳胶膜,将其固定在电泳槽中。

② 灌胶:参见下表,根据所分离 DNA 片段大小,在干净烧杯中制备所需浓度的凝胶。

凝胶浓度 (%)	50%凝胶储备液 (mL)	5×TBE (mL)	三蒸水 (mL)	分离 DNA 的大小(bp)
3.5	3.5	10	36.5	1k~2k
5	5.0	10	35	80~500
8	8.0	10	32	60~400
10	10.0	10	30	40~300
15	15.0	10	25	25~150
20	20.0	10	20	6~100

此表显示的制备 50mL 凝胶的配方,按顺序加完表中试剂后均需加 10% 过硫酸铵溶液 0.4mL 和 TEMED 溶液 0.06mL。轻轻摇匀,小心灌胶。避免产生气泡,如有气泡则用铅笔橡皮端从上至下轻敲胶板将其赶出。

③ 插入相应的点样梳,不要将梳齿全部插入胶内,约留 2mm 梳齿于玻璃板上端。

④ 室温下放置,聚合过程中用滴管小心补加丙烯酰胺溶液于梳子处,待其聚合(约 1h)。

⑤ 小心拔梳,用蒸馏水清洗加样孔,将胶固定于电泳槽,构成上下槽。加入 1×TBE 电泳缓冲液于上下槽内。

⑥ 加样:剪取适当大小的蜡膜,取 6× 上样缓冲液 1μL 点于膜上数点,取 5μL 的 DNA 样品或 2μL 的 DNA 分子量标准(1μg)分别与上样缓冲液混匀,将其分别加入凝胶的点样孔(记录点样顺序及点样量)。

⑦ 电泳:接上电极(上槽接负极,下槽接正极),开启电源,一般在 80V~150V 的恒压条件下进行电泳,待溴酚蓝指示剂移动到合适的位置停止电泳。

⑧ 剥胶:倒弃电泳缓冲液,取下电泳胶玻璃于工作台上,从两玻璃底部的一角小心取掉上面的一块玻璃,小心剥胶。

⑨ 固定:将胶小心移入盛有银染固定液的器皿中,固定 20min,不时摇动(染色过程所需试剂量以浸没凝胶为宜)。

⑩ 洗涤:将胶移至另一器皿中,用三蒸水洗涤 2 次,每次 1min,尽可能弃水干净。

⑪ 染色:加适量现配的银染染色液,染色 30min,不时摇动,弃去染色液。

⑫ 洗涤:用三蒸水洗涤凝胶 2 次,第一次 20s,第二次 5min,尽可能弃水干净。

⑬ 显色:加适量现配的银染显色液,显色 1min~2min,不时摇动,并密切观察显色情况,直至有满意的显色结果,立即弃去显色液。

⑭ 停止显色:加银染终止显色液,停止显色。视情况进行干胶或拍摄照片。

4. 注意事项

① 由于银染方法十分灵敏,对实验用水与配试剂用水要求较高,需新鲜三蒸水或超纯水。

② 银染染色液中 NaOH 的用量与 PAG 浓度成反比,低浓度的 PAG 需加大 NaOH 的用量才能取得较好的染色效果。当 PAG 浓度一定时,适当加大 NaOH 的用量可提高银染的灵敏度,缩短显色时间,但背景加深。

③ 在 NaOH、$AgNO_3$ 浓度一定时,适当提高氨水的用量可使带纹更加清晰,背景更浅。

④ 本银染方法对试剂要求不高,一般国产分析纯试剂即可满足需求,而且固定液和终止显色液可反复使用 10 次以上。

一般银染方法受温度影响较大,但温度对本银染方法影响不大,只要温度不低于 15℃ 都可取得满意的染色效果。

5. 实验材料

(1) 试剂

① 10% 过硫酸铵:临用前配制,若 4℃ 冰箱存放,最长不超过一周。

② TEMED:4℃冰箱存放备用(公司订购)。
③ 5×TBE 电泳缓冲液:同第四编实验2。
④ 6×上样缓冲液:0.25%溴酚蓝,0.25%二甲苯青蓝,40%蔗糖。
⑤ 凝胶贮备液(50%单体交联剂):称取 Acr 50g,Bis 2.5g,加蒸馏水至100mL,过滤,将未溶物滤去,盛于棕色瓶中,4℃冰箱存放。
⑥ DNA 样品:视各实验室条件而定。
⑦ DNA 分子量标准(公司订购)。
⑧ 银染固定液:取甲醇40mL,冰乙酸10mL,甘油2.5mL,加三蒸水至100mL。
⑨ 银染染色液:由混合液 A 与 B 混合而成。混合液 A 由 30mL 90mmol/L 的 NaOH 与 2mL 17%(W/V)的饱和氨水组成;混合液 B 为 40%(W/V)的硝酸银。将 1mL 混合液 B 加到混合液 A 中,边加边振荡保证混合液无沉淀,然后加三蒸水定容至 50mL,临时配制。
⑩ 银染显色液:取1%柠檬酸0.5mL 与37%甲醛42μL 混匀,加三蒸水定容至50mL,临时配制。
⑪ 银染终止显色液:取甲醇25mL,冰乙酸10mL,加水至100mL。

(2) 器材

垂直板电泳槽,电泳仪,烧杯,吸量管,微量移液器,染色缸,脱色缸。

思考题

1. 简述银染法的优点。
2. 若要分离 5bp 的 DNA 应选用多大浓度的凝胶?

实验10　GST 融合蛋白的表达与纯化

1. 实验目的与要求

① 了解融合蛋白表达的原理及方法。
② 使学生熟练掌握融合蛋白表达与纯化的操作技能。

2. 实验原理

随着重组蛋白产品的日益丰富,利用重组标签蛋白的扩增和纯化技术近年来得到广泛使用。蛋白表达流程,首先将靶基因克隆进入合适的表达载体,其次将表达载体转化进入合适的宿主系统,接着进行下面的表达分析和蛋白纯化。目前可以使用的宿主系统包括可以进行培养的细菌、酵母、植物、细丝真菌、昆虫和哺乳动物细胞,也包括转基因动物和植物。根据每种宿主各自的优点和缺点,结合自己的表达载体,最终决定选择合适的宿主。确定好特定蛋白最初筛选和最佳表达条件之后,就可以进行大规模纯化生产,获得大量的靶蛋白,用于下游的应用,如功能分析和结构研究。由于在表达蛋白的标签和亲和柱料的配基之间存在高特异性吸附,标签蛋白的纯化相对简单省时,而且仅用一步就可以获得较高的纯度——亲和纯化一般可以达到95%以上的纯度。

在这项技术中较常用到的标签蛋白有谷胱甘肽-S转移酶(glutathione – S – transferase,GST)标签蛋白,组氨酸标签蛋白,Strep-标签II蛋白,MBP标签蛋白,双标签蛋白等。本实验主要以构建GST融合蛋白为例介绍蛋白纯化和表达的方法。

GST基因融合系统是表达、纯化和检测E.coli生产的GST标签蛋白的多功能系统。GST标签蛋白的标志性特征是,与谷胱甘肽(GSH)琼脂糖凝胶色谱柱料的谷胱甘肽配基通过硫键共价结合,通过GSH交换洗脱的原理来进行纯化,洗脱的靶分子的纯度可以超过90%(图4-13)。

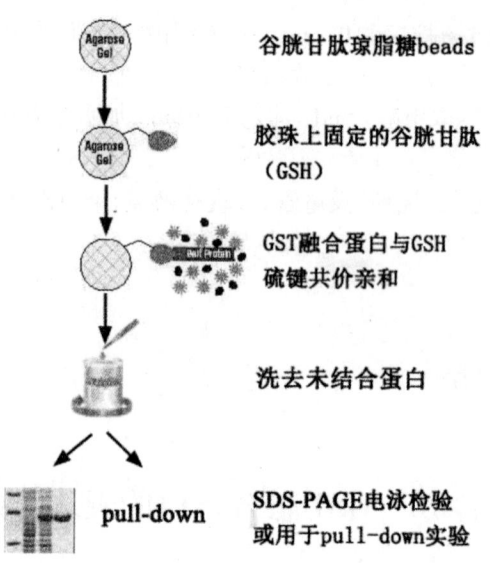

图4-13 GST蛋白纯化示意图

GST标签蛋白的纯化在非常温和的条件下进行,能增加靶蛋白的溶解性和稳定性,有效地保护了靶蛋白的功能和生物活性。GST天然蛋白分子量为26kD,GST标签蛋白含有特殊的剪切序列,纯化后可通过不同的蛋白酶比较简单的去掉GST标签。

GST基因融合系统整合pGEX系列载体,进而诱导GST融合基因或基因片段在高等级细胞内表达。通常在E.coli内表达,在胞浆内产生具有标签的蛋白,GST部分在氨基端,而目的蛋白在羧基端。

目前13种pGEX载体可供使用。其中九种载体具有可扩展的多克隆位点(MCS),此位点含有6个限制性内切酶位点。可扩展的多克隆位点优点在于能使用多种可获得的lambda载体构建文库,从中获得扩增的cDNA,插入进行非直接克隆。

谷胱甘肽琼脂糖凝胶(Glutathione sepharose beads)可用于纯化 pGEX 系列载体表达的 GST 标签蛋白,及其他谷胱甘肽转移酶以及与谷胱甘肽有亲和作用蛋白的分离介质,操作简单,速度快。

谷胱甘肽是通过 10 碳原子的连接臂偶联到 4% 高度交联的琼脂糖上的。最佳的偶联作用使介质具有很高的与 GST 融合蛋白或能与谷胱甘肽相互作用蛋白的结合能力。1mL 谷胱甘肽琼脂糖凝胶大约可结合 8mg ~ 10mg 融合蛋白,动态结合能力随着外界因素改变,如不同的目标蛋白,流速等。

3. 操作步骤

(1) GST 标签蛋白的表达

① 将表达 GST 融合蛋白的质粒转入 BL21 大肠杆菌菌株中。

② 挑单克隆至 3mL 含氨苄青霉素(Amp)的 LB 液体培养基中,37℃振摇至 OD_{600} 值约为 0.4 ~ 0.6。

③ 将菌液稀释于 50mL 含氨苄青霉素(Amp)的 LB 液体培养基中,使起始 OD_{600} 值为 0.1。37℃摇床培养 2h ~ 3h 至 OD_{600} 值约为 0.3 ~ 0.6。

④ 将菌液晾至室温,加入 IPTG 至终浓度为 1mmol,26℃摇床培养诱导 3h ~ 4h。

⑤ 将培养的细菌转移到两个 50mL 离心管中,4℃,5000 r/min 离心 5min,弃上清液。

⑥ 每管加入 10mL 预冷 PBS,重悬细胞。5000r/min 离心 5min,弃上清液。

⑦ 每管加入 2mL 细菌裂解缓冲液,重悬细胞。转移至 5mL 离心管中。

⑧ 超声破碎细胞。超声前,在细胞悬液中加入 20μL 10mg/mL 的 PMSF、80μL 蛋白酶抑制剂。超声细胞破碎仪的使用功率为 200W,超声时间为 5s,间隔时间为 10s,超声至菌体由混浊变为澄清。

⑨ 向裂解液中加入 100μL 20% 的 TritonX - 100,冰上裂解 30min。将裂解液转移到两个 1.5mL 的 Eppendorf 管中,4℃,12000r/min 离心 10min,取上清液。

⑩ 吸取少量上清液至新的 Eppendorf 管中,加入 5×蛋白电泳上样缓冲液,在沸水中煮沸 10min。12000r/min 离心 5min,取上清液用于 SDS - PAGE 电泳,检测表达情况。

(2) GST 融合蛋白的纯化

① 取 0.2mL ~ 0.5 mL 谷胱甘肽琼脂糖凝胶(beads)至 Eppendorf 管,3000 r/min 离心 2min,弃上清液,但不要吸干。

② 加入 5 倍柱体积的细菌裂解缓冲液,颠倒混匀,3000 r/min 离心 2min,弃上清液,但不要吸干。

③ 向该管中加入上述步骤中新鲜制备的蛋白裂解上清液,4℃,摇床缓慢摇动,反应 30min ~ 60min。

④ 3000r/min 离心 5min,弃上清液,但不要吸干。该谷胱甘肽琼脂糖凝胶上即结合了 GST 融合蛋白(如果仅仅是做纯化效果检测或者蛋白表达量很高,可以只结合一次,如

果要结合更多则接着往下做）。

（可选步骤：向管中加入 1.5mL 新鲜制备的蛋白裂解上清液，4℃，反应 30min～60min。3000r/min 离心 5min，弃上清液，但不要吸干。重复该步骤多次，就可以使谷胱甘肽琼脂糖凝胶上结合 6mL～10mL 裂解液中的 GST 融合蛋白。）

⑤ 向管中加入 1 mL 预冷的 PBS（沿壁加入，小心勿剧烈，以免打断谷胱甘肽琼脂糖凝胶与蛋白的联接），轻晃悬浮谷胱甘肽琼脂糖凝胶，3000r/min 离心 3min，弃上清液，但不要吸干。

⑥ 重复步骤⑤三次（最后一次用最小量程的微量加样器吸净谷胱甘肽琼脂糖凝胶表面水膜，尽量吸净但不吸走谷胱甘肽琼脂糖凝胶），即获得结合有 GST 融合蛋白的谷胱甘肽琼脂糖凝胶。

⑦ 如果用于纯化检测，则向上述谷胱甘肽琼脂糖凝胶中加入 15μL～20μL 的 5×蛋白电泳上样缓冲液，在沸水中煮沸 10min。12000r/min 离心 10min，取上清液作 SDS-PAGE 电泳，观察蛋白纯化情况。

⑧ 如果需要纯化融合蛋白则按以下操作用谷胱甘肽洗脱液洗脱。

a. 沉淀中加入 1 倍柱床体积的谷胱甘肽洗脱缓冲液，室温轻轻搅动 10min，洗脱谷胱甘肽琼脂糖凝胶上结合的蛋白。

b. 如步骤①，②离心，上清液（含洗脱的融合蛋白）移至新管中。

c. 重复步骤 a 和 b，合并三次上清液，4℃保存。

4. 注意事项

① GST 融合蛋白与还原型谷胱甘肽的结合比较缓慢，为获得最大结合量，需要保证足够的作用时间。不同的 GST 融合蛋白结合效率差异显著。

② 使用超声细胞破碎仪裂解细胞时，选择的超声功率应根据所需裂解的细胞溶液体积适当调整，注意超声时溶液中尽量不要出现气泡。

③ 不同的 GST 融合蛋白取得最佳纯化效果所需的还原型谷胱甘肽浓度、洗脱体积和洗脱时间可能有所不同。必要时洗脱液需进行 SDS-PAGE 电泳以及 Western 杂交分析，以确定其最佳纯化条件。

④ A_{280} 处的吸收值可用来估算 GST 融合蛋白浓度，$OD_{280}=1$ 对应蛋白浓度为 0.5mg/mL。

⑤ GST 融合蛋白的浓度可用标准的显色方法测定（如 Lowry，BCA，和 Bradford 法）。若用 Lowry 法和 BCA 法，样品首先要脱盐，或在 PBS 中透析去除谷胱甘肽，因为谷胱甘肽会干扰蛋白的吸收，而 Bradford 法不受谷胱甘肽影响。

⑥ 谷胱甘肽琼脂糖凝胶的再次使用，必须是处理同一个样品，以防止交叉污染。

5. 实验材料

(1) 试剂

① LB 液体培养基。
② 100mmol IPTG。
③ PBS（pH 值为 7.0）。
④ 细菌裂解缓冲液：10 mg/mL 溶菌酶溶于双蒸水（新鲜配置）。
⑤ 100mmol PMSF。
⑥ 蛋白酶抑制剂（公司订购）。
⑦ TritonX-100。
⑧ 谷胱甘肽洗脱缓冲液：10mmol/L 还原型谷胱甘肽、50mmol/L 的 Tris-Cl（pH 值为 8.0）溶液。

(2) 器材

摇菌管，恒温水浴箱，恒温摇床，台式高速离心机，低温高速离心机，微量移液器，灭菌 Tip 头，灭菌 Eppendorf 管，高压灭菌锅，超声细胞破碎仪。

思考题

试述蛋白纯化后出现杂带的原因及解决办法。

附录 Ⅰ　常用缓冲溶液及酸碱指示剂的配制方法

1. 甘氨酸缓冲溶液

pH	0.1mol/L HCl(mL)	0.1mol/L NaOH(mL)	0.1mol/L 甘氨酸氯化钠(mL)
2.28	4.00	—	6.00
2.61	3.00	—	7.00
2.92	2.00	—	8.00
3.34	1.00	—	9.00
3.68	0.50	—	9.50
3.99	0.25	—	9.75
4.44	0.10	—	9.90
6.11	—	—	10.00
7.81	—	0.10	9.90
8.24	—	0.25	9.75
8.57	—	0.50	9.50
8.93	—	1.00	9.00
9.36	—	2.00	8.00
9.71	—	3.00	7.00
10.14	—	4.00	6.00

2. 邻苯二甲酸氢钾-盐酸缓冲溶液

pH	0.1mol/L HCl (mL)	0.1mol/L 邻苯二甲酸氢钾(mL)	蒸馏水 (mL)
2.2	46.70		
2.4	39.60		
2.6	32.95		
2.8	26.42		
3.0	20.32	均加入50.00	均加至100
3.2	14.70		
3.4	9.90		
3.6	5.97		
3.8	2.63		

3. 邻苯二甲酸氢钾-氢氧化钠缓冲溶液

pH	0.1mol/L NaOH (mL)	0.1mol/L 邻苯二甲酸氢钾(mL)	蒸馏水 (mL)
4.0	0.40		
4.2	3.70		
4.4	7.50		
4.6	12.15		
4.8	17.70		
5.0	23.85	均加入50.00	均加至100
5.2	29.95		
5.4	35.45		
5.6	39.80		
5.8	43.00		
6.0	45.45		
6.2	47.00		

4. 乙酸-乙酸钠缓冲溶液

pH	0.2mol/L 乙酸 (mL)	0.2mol/L 乙酸钠 (mL)	pH	0.2mol/L 乙酸 (mL)	0.2mol/L 乙酸钠 (mL)
3.72	9.0	1.0	4.80	4.0	6.0
4.05	8.0	2.0	4.99	3.0	7.0
4.27	7.0	3.0	5.23	2.0	8.0
4.45	6.0	4.0	5.37	1.5	8.5
4.63	5.0	5.0	5.57	1.0	9.0

5. 磷酸氢二钠-磷酸二氢钠缓冲溶液

pH	0.2mol/L Na_2HPO_4 (mL)	0.2mol/L NaH_2PO_4 (mL)	pH	0.2mol/L Na_2HPO_4 (mL)	0.2mol/L NaH_2PO_4 (mL)
5.8	8.0	92.0	7.0	61.0	39.0
6.0	12.3	87.7	7.2	72.0	28.0
6.2	18.5	81.5	7.4	81.0	19.0
6.4	26.5	73.5	7.6	87.0	13.0
6.6	37.5	62.5	7.8	91.5	8.5
6.8	49.0	51.0	8.0	94.7	5.3

6. 磷酸氢二钠-磷酸二氢钾缓冲溶液

pH	1/15mol/L Na_2HPO_4 (mL)	1/15mol/L KH_2PO_4 (mL)	pH	1/15mol/L Na_2HPO_4 (mL)	1/15mol/L KH_2PO_4 (mL)
4.92	0.10	9.90	7.17	7.00	3.00
5.29	0.50	9.50	7.38	8.00	2.00
5.91	1.00	9.00	7.73	9.00	1.00
6.24	2.00	8.00	8.04	9.50	0.50
6.47	3.00	7.00	8.34	9.75	0.25
6.64	4.00	6.00	8.67	9.90	0.10
6.81	5.00	5.00	8.18	10.00	0
6.98	6.00	4.00			

7. 巴比妥钠 – 盐酸缓冲溶液

pH	0.1mol/L 巴比妥钠 (mL)	0.1mol/L HCl (mL)	pH	0.1mol/L 巴比妥钠 (mL)	0.1mol/L HCl (mL)
6.8	5.22	4.78	8.4	8.23	1.77
7.0	5.36	4.64	8.6	8.71	1.29
7.2	5.54	4.46	8.8	9.08	0.92
7.4	5.81	4.19	9.0	9.36	0.64
7.6	6.15	3.85	9.2	9.52	0.48
7.8	6.62	3.38	9.4	9.74	0.26
8.0	7.16	2.84	9.6	9.85	0.15
8.2	7.69	2.31			

8. 碳酸钠 – 碳酸氢钠缓冲液（Ca^{2+}、Mg^{2+} 存在时不得使用）

pH		0.1mol/L Na_2CO_3 (mL)	0.1mol/L $NaHCO_3$ (mL)
20°C	37°C		
9.16	8.77	1	9
9.40	9.12	2	8
9.51	9.40	3	7
9.78	9.50	4	6
9.90	9.72	5	5
10.14	9.90	6	4
10.28	10.08	7	3
10.53	10.28	8	2
10.83	10.57	9	1

9. Tris - 盐酸缓冲液(25°C)*

pH	0.1mol/L Tris (mL)	0.1mol/L HCl (mL)	pH	0.1mol/L Tris (mL)	0.1mol/L HCl (mL)
7.10		45.7	8.10		26.2
7.20		44.7	8.20		22.9
7.30		43.4	8.30		19.9
7.40		42.0	8.40		17.2
7.50	均加入 50.00	40.3	8.50	均加入 50.00	14.7
7.60		38.5	8.60		12.7
7.70		36.5	8.70		10.3
7.80		34.5	8.80		8.5
7.90		32.0	8.90		7.0
8.00		29.2	—		—

*最后加蒸馏水至100mL。

10. 一些常用酸碱指示剂*

指示剂名称（通称）	指示剂本身性质	在酸性环境中的颜色	在碱性环境中的颜色	室温时变色范围(pH)	配制方法**	每10mL试剂用的滴数
百里酚蓝（麝香草酚蓝）	酸	红	黄	1.2~2.8	0.1g指示剂与4.3mL 0.05 mol/L NaOH一起研匀，用水稀释至250mL(0.04%)；或每升20%乙醇中溶解1g	1~2
甲基黄	碱	红	黄	2.8~4.0	每升90%乙醇中溶解1g	1
溴酚蓝	酸	黄	蓝	3.0~4.6	0.1g指示剂与3mL 0.05 mol/L NaOH一起研匀，用水稀释至250mL；或每升20%乙醇中溶解1g	1
甲基橙	碱	红	黄	3.1~4.4	每升水中溶解1g(0.1%)	
溴甲酚蓝（溴甲酚绿）	酸	黄	蓝	3.8~5.4	0.1g指示剂与2.9 mL 0.05 mol/L NaOH一起研匀，用水稀释至250mL；或每升20%乙醇中溶解1g	1
甲基红	碱	红	黄	4.2~6.3	每升60%乙醇中溶解1g	
石蕊	酸	红	蓝	5.0~8.0	1g石蕊溶于50 mL水中，静置一昼夜后过滤。在滤液中加30 mL 95%乙醇，再加水稀释至100mL	1

续 表

指示剂名称（通称）	指示剂本身性质	在酸性环境中的颜色	在碱性环境中的颜色	室温时变色范围(pH)	配制方法**	每10mL试剂用的滴数
溴甲酚紫		黄	紫	5.2~6.8	0.04%水溶液	1
溴百里酚蓝（溴麝香草酚蓝）	酸	黄	蓝	6.2~7.6	0.1g指示剂与3.2 mL 0.05 mol/L NaOH一起研匀,用水稀释至250 mL;或每升20%乙醇中溶解1g	1
苯酚红	碱	黄	红	6.6~8.0	0.1g指示剂与5.7 mL 0.05 mol/L NaOH一起研匀,用水稀释至250mL	1
中性红	碱	红	黄橙	6.8~8.0	每升60%乙醇中溶解1g	1
酚酞	酸	无色	深红	8.2~10.0	每升90%乙醇中溶解1g	1~3
百里酚酞（麝香草酚酞）	酸	无色	蓝	9.4~10.6	每升90%乙醇中溶解1g	1~2

* 参看：Louis Meites,Handbook of Analytical Chemistry,lst ed.,1963. ** 表中"水"系指蒸馏水。

附录 II 几种动物生化常数表

（引自钟品仁主编《哺乳类实验动物》）

哺乳类实验动物的血清生化值（引自田岛）

种类	蛋白总量 (g/dL)	白蛋白 (g/dL)	球蛋白 (g/dL)	葡萄糖 (mg/dL)	总脂类 (mg/dL)	总胆固醇 (mg/dL)	肌酐 (mg/dL)	尿酸 (mg/dL)	Na (mg/dL)	K (mEq/L)	Ca (mg/dL)	P (mEq/L)|L	Cl (mEq/L)
人	5.9~7.2	4.0~4.8	1.8~3.3	61~130	350~720	130~225	0.7~1.1	4.8~4.9	132~144	3.3~5.0	9.0~11.0	3.0~4.5	97~108
猕猴	6.6~7.8	4.1~4.7	—	148	480~540	120~190	—	—	144~153	—	9.2~11.6	4.0~6.8	102~112
狗	6.1~7.8	3.1~4.0	2.0~3.3	60~80	47~725	140~215	1.0~2.0	0~0.5	153~160	3.7~5.8	9.0~15.0	2.0~4.0	99~110
猫	5.2~6.6	1.7~2.9	2.4~4.8	—	376	75~151	0.8~1.9	1.1~2.0	151	4.3	9.0~12.0	5.2~6.9	116
家兔	6.2~6.4	4.1~5.1	1.9~3.6	72~74	100~340	30~80	1.2~1.9	—	135~140	4.1~7.1	12.5~14.0	4.0~6.2	98~109
豚鼠	5.0~5.6	2.8~3.9	1.7~2.6	82~107	100~380	30~80	—	—	130~140	3.8~6.3	8.0~10.8	6.9~9.8	98~110
金黄地鼠	2.4~5.7	—	—	33~118	—	—	10.7~20.3	4.1~5.6	—	—	4.5~4.7	—	—
大鼠	6.3	3.4~4.3	1.8~2.5	56~76	150~320	50~100	—	—	129~150	4.6~6.0	9.6~11.0	6.0~8.0	97~110
小鼠	4.6~5.5	—	—	—	300~600	100~150	—	—	140~155	7.3~8.5	7.0~8.7	6.2~9.5	108~121
猪	7.9~10.3	2.1~4.6	3.9~5.6	45~75	200~360	60~110	1.0~2.0	0.05~2.0	134~140	4.2~5.0	9.5~10.6	6.0~8.5	97~104
山羊	7.3	3.6~4.4	2.3~3.1	45~60	120~350	40~110	0.9~1.8	0.3~1.0	136~146	3.8~5.5	6.2~9.0	5.0~9.5	97~111
绵羊	5.7	3.1	2.3	30~50	100~280	30~90	1.0~2.0	0.05~2.0	140~149	4.7~5.2	7.0~10.7	4.8~11.0	103~112

附录二 几种动物生化常数表

附录 II -1

动物种	血沉 1h (mm)	血清蛋白量 (g/dL)	血蛋白 (%)	α-球蛋白 (%)	β-球蛋白 (%)	γ-球蛋白 (%)	寿命 (年)
小鼠	—	7.3 (6.1~8.3)	48.0±3.97	18.5±7.5	19.0±7.5	14.5±10.8	1~2
大鼠	♂0.7 ♀1.8	6.3	41.03~57.65 40.2	$α_1$ 7.94~15.89 $α_2$ 5.82~12.26 $α_1$ 6.1 $α_2$ 9.0	16.07~27.46 18.2	7.65~17.69 16.5	2~3
豚鼠	1.5	5.5 (5.0~6.1)	54.5 53.5	22.8 $α_1$ 6.4 $α_2$ 18.9	8.1 8.0	14.6 11.4	4~5
家兔	1~2	5.6 (4.3~7.0)	66.8±7.9 62.5 59.0~62.8	6.7±2.3 10.7 $α_1$ 2.9~5.4 $α_2$ 6.3~7.6	9.6±3.2 14.8 14.1~19.11	16.8±6.8 12.0 10.2~11.7	5~6
黄金地鼠	1.2	4.1 (2.4~5.7)	48.2±5.3	$α_1$ 8.4±1.9 $α_2$ 20.3±7.5	11.9±4.6	11.2±3.4	2~3
狗	2.0	6.4 (5.3~7.3)	43.0 51.1 49.3	16.3 11.3 12.0	25.4 17.7 22.3	15.3 19.9 16.4	15
猫	3.0	7.58	41.4	$α_1$ 8.1 $α_2$ 20.2 $α_3$ 4.7	β8.7 φ5.2	12.5	10
日本猴	—	—	—	—	—	—	22~30
猕猴	—	7.2	61.1	14.5	38.6	21.8	20
绵羊	0.5	5.38	54.4	—	—	—	10~15
山羊	0.5	6.67	54.8	—	—	—	8~10

注：白蛋白、α-球蛋白、β球蛋白、γ球蛋白的测定方法有三种：Antwiler 法、滤纸电泳法和 Tiselius 法，所以与的数值是三组

附录Ⅲ 离心机的转速与相对离心力间的换算

相对离心力 RCF 值（g 值）取决于转子的转速（rpm）和旋转半径（r，以 mm 计算），可用如下公式表示

$$\text{RCF}(g) = 1.11 \times 10^{-6}(\text{rpm})^2 r$$

此外，根据 RCF 值（g 值）、rpm 值、r 值之间的关系，可从图 A，图 B 中大致读出各种数值。

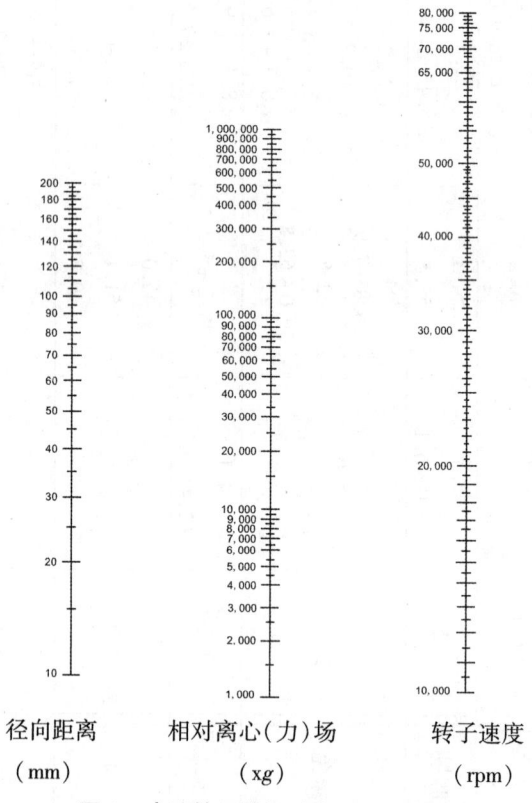

径向距离　　相对离心（力）场　　转子速度
（mm）　　　　（×g）　　　　　（rpm）

图 A　高速转子的相对离心力列线图

要确定某一列上的未知值时，用尺子排列其他两列的已知值，所需值落在尺子与第三列的交切处。
如：转子速度为 80,000rpm，旋转半径为 20mm 时，相对离心力 RCF 值约为 150,000g。

附录Ⅲ 离心机的转速与相对离心力间的换算

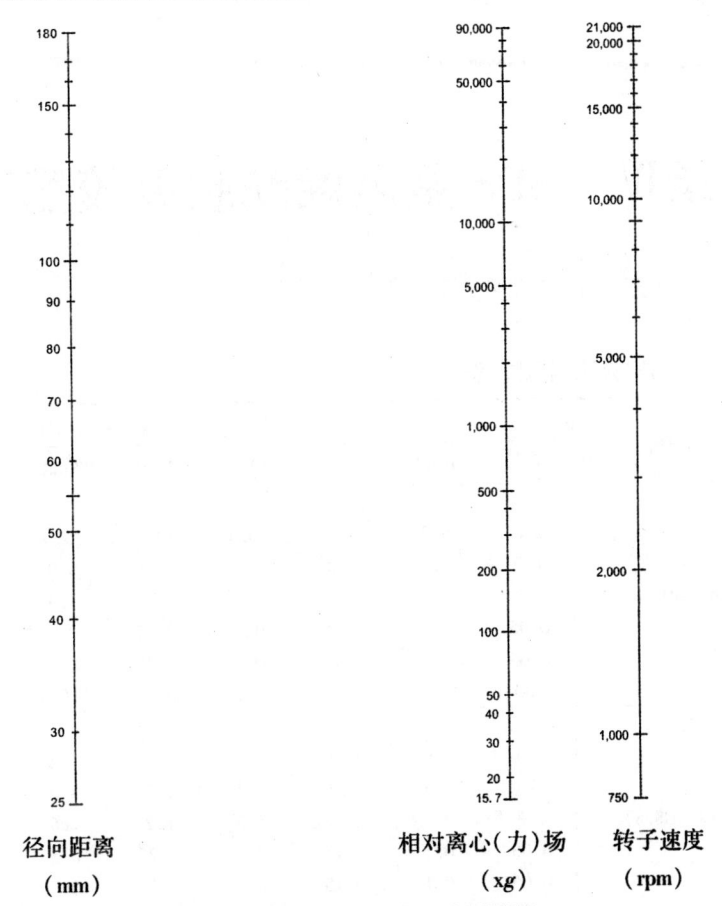

图 B 低速转子的相对离心力列线图

要确定某一列上的未知值时,用尺子排列其他两列的已知值,所需值落在尺子与第三列的交切处。
如:转子速度为 5,000rpm,旋转半径为 40mm 时,相对离心力 RCF 值约为 1100g。

附录 Ⅳ SDS 聚丙烯酰胺凝胶配方表

1. SDS-PAGE 分离胶配方表

各种组分名称	各种凝胶体积所对应的各种组分的取样量							
	5mL	10mL	15mL	20mL	25mL	30mL	40mL	50mL
6% Gel								
H_2O	2.6	5.3	7.9	10.6	13.2	15.9	21.2	26.5
30% Acrylamide	1.0	2.0	3.0	4.0	5.0	6.0	8.0	10.0
1.5M Tris-HCl(pH8.8)	1.3	2.5	3.8	5.0	6.3	7.5	10.0	12.5
10% SDS	0.05	0.1	0.15	0.2	0.25	0.3	0.4	0.5
10% 过硫酸铵	0.05	0.1	0.15	0.2	0.25	0.3	0.4	0.5
TEMED	0.004	0.008	0.012	0.016	0.02	0.024	0.032	0.04
8% Gel								
H_2O	2.3	4.6	6.9	9.3	11.5	13.9	18.5	23.2
30% Acrylamide	1.3	2.7	4.0	5.3	6.7	8.0	10.7	13.3
1.5M Tris-HCl(pH8.8)	1.3	2.5	3.8	5.0	6.3	7.5	10.0	12.5
10% SDS	0.05	0.1	0.15	0.2	0.25	0.3	0.4	0.5
10% 过硫酸铵	0.05	0.1	0.15	0.2	0.25	0.3	0.4	0.5
TEMED	0.003	0.006	0.009	0.012	0.015	0.018	0.024	0.03
10% Gel								
H_2O	1.9	4.0	5.9	7.9	9.9	11.9	15.9	19.8
30% Acrylamide	1.7	3.3	5.0	6.7	8.3	10.0	13.3	16.7
1.5M Tris-HCl(pH8.8)	1.3	2.5	3.8	5.0	6.3	7.5	10.0	12.5
10% SDS	0.05	0.1	0.15	0.2	0.25	0.3	0.4	0.5
10% 过硫酸铵	0.05	0.1	0.15	0.2	0.25	0.3	0.4	0.5
TEMED	0.002	0.004	0.006	0.008	0.01	0.012	0.016	0.02
12% Gel								
H_2O	1.6	3.3	4.9	6.6	8.2	9.9	13.2	16.5
30% Acrylamide	2.0	4.0	6.0	8.0	10.0	12.5	16.0	20.0
1.5M Tris-HCl(pH8.8)	1.3	2.5	3.8	5.0	6.3	7.5	10.0	12.5
10% SDS	0.05	0.1	0.15	0.2	0.25	0.3	0.4	0.5
10% 过硫酸铵	0.05	0.1	0.15	0.2	0.25	0.3	0.4	0.5
TEMED	0.002	0.004	0.006	0.008	0.01	0.012	0.016	0.02

15% Gel								
H₂O	1.1	2.3	3.4	4.6	5.7	6.9	9.2	11.5
30% Acrylamide	2.5	5.0	7.5	10.0	12.5	15.0	20.0	25.0
1.5M Tris-HCl(pH8.8)	1.3	2.5	3.8	5.0	6.3	7.5	10.0	12.5
10% SDS	0.05	0.1	0.15	0.2	0.25	0.3	0.4	0.5
10% 过硫酸铵	0.05	0.1	0.15	0.2	0.25	0.3	0.4	0.5
TEMED	0.002	0.004	0.006	0.008	0.01	0.012	0.016	0.02

2. SDS-PAGE 浓缩胶(5% Acrylamide)配方表

各种组分名称	各种凝胶体积所对应的各种组分的取样量							
	1mL	2mL	3mL	4mL	5mL	6mL	8mL	10mL
H₂O	0.68	1.4	2.1	2.7	3.4	4.1	5.5	6.8
30% Acrylamide	0.17	0.33	0.5	0.67	0.83	1.0	1.3	1.7
1.0M Tris-HCl(pH8.8)	0.13	0.25	0.38	0.5	0.63	0.75	1.0	1.25
10% SDS	0.01	0.02	0.03	0.04	0.05	0.06	0.07	0.1
10% 过硫酸铵	0.01	0.02	0.03	0.04	0.05	0.06	0.07	0.1
TEMED	0.001	0.002	0.003	0.004	0.005	0.006	0.008	0.01

打造学术精品　服务教育事业
河南大学出版社
读者信息反馈表

尊敬的读者：

感谢您购买、阅读和使用河南大学出版社的＿＿＿＿＿＿＿＿＿＿一书，我们希望通过这张小小的反馈表来获得您更多的建议和意见，以改进我们的工作，加强我们双方的沟通和联系。我们期待着能为您和更多的读者提供更多的好书。

请您填妥下表后，寄回或发 E－mail 给我们，对您的支持我们不胜感激！

1. 您是从何种途径得知本书的？
    □书店　□网上　□报刊　□图书馆　□朋友推荐
2. 您为什么决定购买本书？
    □工作需要　□学习参考　□对本书感兴趣　□随便翻翻
3. 您对本书内容的评价是：
    □很好　□好　□一般　□差　□很差
4. 您在阅读本书的过程中有没有发现明显的专业及编校错误？如果有，它们是：
   _____
   _____
   _____
5. 您对哪一类的图书信息比较感兴趣：_____
   _____
6. 如果方便，请提供您的个人信息，以便于我们和您联系（您的个人资料我们将严格保密）：
    您供职的单位：_____
    您教授的课程（老师填写）：_____
    您的通信地址：_____
    您的电子邮箱：_____

请联系我们：
电话:0371－86059712　0371－86059713　0371－86059715
传真:0371－86059713
E－mail:hdgdjyfs@163.com
通信地址:河南省郑州市郑东新区 CBD 商务外环路商务西七街中华大厦2304室
河南大学出版社高等教育出版分社